Gabi Müller-Ballin

Andreas, Lubov, Jacques

Gabi Müller-Ballin

ANDREAS, LUBOV, JACQUES

Vergessene *Fremdarbeiterkinder* in Nürnberg während des Zweiten Weltkrieges

Illustrationen von Lisa Ott

METROPOL

Für Sophie

Umschlagillustrationen:
© Lisa Ott

ISBN: 978-3-86331-759-1

Ansbacher Str. 70 | D–10777 Berlin
https://metropol-verlag.de

Druck: AALEXX Druck Produktion, Großburgwedel

Inhalt

Anhang

Vorwort

Suchen und Finden

Ausgangspunkt meiner Suche nach den Kindern ausländischer Arbeiterinnen in Nürnberg während des Zweiten Weltkrieges war ein Schreiben der Nürnberger Schraubenfabrik vom August 1943, auf das ich Mitte der 1980er-Jahre bei meinen Recherchen zum Thema „Zwangsarbeit in Nürnberg" gestoßen war. In diesem Schreiben beantragte der Metallbetrieb die Genehmigung für den *Bau eines Säuglingszimmers.* Zu diesem Zeitpunkt lebten im Barackenlager des Betriebes vier Säuglinge, weitere sieben wurden in den nächsten zwei bis drei Monaten erwartet. 1989 wurde dieser Bauantrag in einer Ausstellung des Bildungszentrums erstmals veröffentlicht.[1] Die Säuglinge und das *Säuglingszimmer* blieben mir im Kopf.

Inzwischen nicht mehr berufstätig, begab ich mich im Januar 2020 auf die Suche nach den Namen der Kinder, ihrem Alter, ihren Wohnorten, Lebensumständen und Überlebenschancen. Wer waren ihre Eltern? Seit wann waren sie in Nürnberg? Wo lebten und arbeiteten sie? Wie war ihre Lebenssituation, und wie waren die Umstände für die werdenden Mütter? Konnten sie sich um ihre Kinder kümmern?

Das Ziel meiner Spurensuche war es, möglichst viele Antworten auf diese Fragen zu finden, den Kindern auf diese Weise ihre Identität zu geben und an sie zu erinnern. Erste Rechercheansätze über Zwangsarbeiterlager in Nürnberg oder über das Stichwort *Ausländerkinderpflegestätten* liefen ins Leere.

Die Säuglinge und Kleinkinder, Jungen und Mädchen, zu finden und zumindest teilweise ihr Schicksal zu rekonstruieren, gelang durch den biografischen Ansatz. Diesen Weg zeigte mir Gerhard Jochem vom Sachgebiet NS-Zeit im Stadtarchiv Nürnberg. Als Quellen hierfür kamen die Bestände

1 Gabi Müller-Ballin (Bearb.): 1.9.1939 – Überfall auf Polen – Entfesselung des Zweiten Weltkriegs. Ausstellung im Rahmen der Nürnberger Gespräche 1989.

Ausländerpolizeiakten, Ausländerpolizei / Firmenakten, Ausländermeldekarteien, Standesregister und Bestattungsamt infrage. Registrierungsdokumente in den Arolsen Archives bildeten die zweite wesentliche Fundstelle.

Die Literaturrecherche ergab, dass für Nürnberg einzig die holländische Arbeiterin Cornelia Verbaan-Lisowska in ihren „Erinnerungen an Nürnberg 1942–1945" über ihre Schwangerschaft, die Geburt ihres Sohnes Jan Alexander am 16. Dezember 1944 im Hochbunker des städtischen Klinikums und die ersten Monate als junge Familie berichtete.[2]

Nach etwa zweijähriger Recherche waren für Nürnberg mehr als 400 ausländische Kinder gefunden, unter ihnen die beiden Jungen Andreas Mi. und Jacques Dinjon sowie das Mädchen Lubov Begun. Andreas Mi. wurde am 21. 10. 1943 im Klinikum Nürnberg geboren und lebte mit seiner Mutter, die aus Polen stammte, im Barackenlager der Nürnberger Schraubenfabrik, das sich in der Hasstraße befand. Lubov Begun war vier Wochen alt, als die Mutter mit ihr am 16. 2. 1943 in Nürnberg ankam. Hier wurden Mutter und Kind getrennt. Der Säugling kam in ein *Kinderheim* im Kleinreuther Weg 27. Jacques Dinjon, geboren am 19. 2. 1945, war der Sohn von Lucette Dinjon. Sie stammte aus Frankreich und musste in den Kabel- und Metallwerken Neumeyer arbeiten. Ihr Neugeborenes überlebte nur einen Tag.

Die Publikation enthält zwei Teile.

Teil A beginnt mit einer Skizze des historischen Hintergrunds. Es folgt der Start ins Leben, der exemplarisch Antworten gibt auf die Fragen: Wer waren die Kinder, wann und wo wurden sie geboren und wer waren ihre Mütter und Väter? Die Spurensuche führte ins städtische Klinikum Nürnberg und in Zwangsarbeiterlager in der Stadt, in das Durchgangslager Neumarkt in der Oberpfalz sowie nach Weißenburg in Bayern in das Ostarbeiterlager Am Lehenwiesen Weg. Anschließend erfolgt eine Annäherung an das Überleben der Kinder, u. a. im *Säuglingszimmer* der Nürnberger Schraubenfabrik, im *Säuglingsheim* der Haeberlein-Metzger AG und im *Kinderheim* der Lyra-Orlow Bleistiftfabrik. Die Hinwendung zu ihrem Leiden und Sterben brachte Einblick in Krankheitsgeschehen, Todesfälle und

2 Cornelia Verbaan-Lisowska, Erinnerungen an Nürnberg 1942–1945, aufgezeichnet von Barbara Jablonska, in: Gerhard Jochem (Hrsg.), transit nürnberg # 3 – Menschen & Leben, Nürnberg 2009, S. 203–241.

-ursachen und Sterbeorte, darunter private Quartiere, Lagerunterkünfte und die städtische Säuglingsklinik. Für einige ausländische Kinder fanden sich Überlebensspuren nach Kriegsende. Mit einem Exkurs darüber endet Teil A.

Auf ihn folgt in Teil B das Herzstück des Buches, der biografische Teil. In ihm sind 321 ausländische Kinder, Mädchen und Jungen, mit ihren Müttern und Vätern in Nürnberg während des Zweiten Weltkrieges dokumentiert. Diese Dokumentation ermöglichte es, Teil A zu schreiben, die individuellen Schicksale in einen Zusammenhang zu stellen, Gemeinsamkeiten und Verbindendes zu entdecken, Unterschiede zu erkennen. Entstanden ist die Geschichte von Neugeborenen, Säuglingen und Kleinkindern, die auch als *Fremdarbeiterkinder* bezeichnet werden, in Anlehnung an das Standardwerk von Ulrich Herbert, *Fremdarbeiter* aus dem Jahr 1985.

Der Verlag testimon veröffentlichte 2020 eine Skizze meines Forschungsvorhabens und erste rekonstruierte Kinderschicksale.[3] In der Folge erhielt ich Einladungen in das Dokumentationszentrum Reichsparteitagsgelände in Nürnberg und an das berufliche Gymnasium in Halle (Saale) zu Vortrag und Diskussion über Ziele, Methode, Ergebnisse. Die biografische Methode erwies einmal mehr ihre Stärke, indem sie einen besonderen, weil persönlichen Zugang ermöglicht, vielfältige Anknüpfungspunkte bietet und, wie ich finde, zum Weiterforschen einlädt.

Mein Dank gilt den Mitarbeiterinnen und Mitarbeitern des Staatsarchivs Nürnberg und der Stadtarchive Neumarkt, Nürnberg und Weißenburg für die vielen hilfreichen Hinweise während der Recherche. Ebenso danke ich Natalia Rybakova, Sprachmittlerin, und Dr. Horst Seithe, Kinderarzt, für ihre Unterstützung sowie meiner Familie für die großzügige finanzielle Förderung der Arbeit.

Nürnberg, im Frühjahr 2024
Gabi Müller-Ballin

3 Gabi Müller-Ballin, Fremdarbeiterkinder in Nürnberg während des Zweiten Weltkrieges, in: n-lite 7, Frauen und Kinder im Visier der Nazis, Nürnberg 2020, S. 19–32.

A | Historischer Hintergrund

Krieg, Kriegswirtschaft, Zwangsarbeit, schwangere ausländische Arbeiterinnen

Am 1.9.1939 hatte die deutsche Wehrmacht Polen überfallen. Angesichts des Mangels an Arbeiterinnen und Arbeitern im Deutschen Reich wies Hermann Göring bereits am 16. November desselben Jahres die Arbeitsverwaltung an, „die Hereinnahme ziviler polnischer Arbeitskräfte, insbesondere polnische Mädchen, in größtem Ausmaß zu betreiben. Ihr Einsatz und ihre Entlöhnung müssen zu Bedingungen erfolgen, die den deutschen Betrieben leistungsfähige Arbeitskräfte billigst zur Verfügung stellen". Konkret wurde der Masseneinsatz polnischer Arbeiter/innen dann im Januar 1940 durch eine Anordnung des deutschen Generalgouverneurs in Polen in Gang gesetzt: „Bereitstellung und Transport von mindestens 1 Million Land- und Industriearbeitern und -arbeiterinnen ins Reich [...] zur Sicherstellung der landwirtschaftlichen Erzeugung im Reich und als Ersatz für im Reich fehlende Industriearbeiter."

Anwerbekampagnen schlugen fehl. Um die geforderte Zahl zu erreichen, kam es deshalb überall im besetzten Polen zu brutalen Einschüchterungs- und Zwangsmaßnahmen bis hin zu Umstellungen von Kinos und Schulen, zu Razzien in ganzen Stadtteilen und Städten, zu Repressalien gegen die Bevölkerung der Dörfer, deren dienstverpflichtete Bewohner geflüchtet waren.[1] Ein Paket von Erlassen des *Reichssicherheitshauptamtes* – der Zentrale für die Polizeiapparate, die die politische und soziale Kontrolle der Bevölkerung organisierten – entrechtete die vom NS-Regime als minderwertig und unterlegen eingestuften Menschen aus Polen. Sie mussten in Lagern leben und ein deutlich sichtbares Zeichen (*P*) auf der Kleidung tragen. Jeder Kontakt mit Deutschen außer bei der Arbeit war ihnen verboten.

1 Siehe Ulrich Herbert, Geschichte der Ausländerbeschäftigung in Deutschland 1880 bis 1980, Berlin 1986, S. 126.

Bei sexuellem Kontakt polnischer Männer mit deutschen Frauen drohte den Polen die öffentliche Hinrichtung.

Die rüstungswirtschaftlichen Vorbereitungen auf den Krieg gegen Frankreich machten deutlich, dass in den Industriebetrieben weiterhin Arbeitskräfte fehlten. Eine Maßnahme, hier Abhilfe zu schaffen, waren Anwerbungen ziviler Arbeiter in den befreundeten, abhängigen und besetzten Ländern Süd- und Westeuropas.

Nach den schnellen Siegen über Polen und Frankreich waren die nationalsozialistischen Machthaber auch von einem schnellen Sieg über die Sowjetunion überzeugt. Im Dezember 1941 stoppte die sowjetische Armee vor Moskau den deutschen Vormarsch. Der Krieg nahm eine Wende. Mit einer baldigen Rückkehr der deutschen Soldaten der Ostfront an ihre Arbeitsplätze zu Hause war nicht mehr zu rechnen. Die deutsche Kriegswirtschaft brauchte in möglichst kurzer Zeit eine große Zahl weiterer ausländischer Arbeitskräfte – aus der Sowjetunion.

Ab Mai/Juni 1942 wurden unter der Leitung des Generalbevollmächtigten für den Arbeitseinsatz Fritz Sauckel Frauen und Männer aus den besetzten Gebieten der Sowjetunion in Massentransporten ins Deutsche Reich verschleppt:

> „Der Zweck des gigantischen neuen Arbeitseinsatzes ist nun, alle jene reichen und gewaltigen Hilfsquellen, die uns das kämpfende Heer [...] in so überwältigend reichem Ausmaß errungen und gesichert hat, für die Rüstung der Wehrmacht und ebenso für die Ernährung der Heimat auszuwerten [...]. Ich habe das Transportprogramm [...] verdreifacht. Der Schwerpunkt dieses Transportes wurde zeitlich in die Monate Mai / Juni [1942] vorverlegt. [...] Alle diese Menschen müssen so ernährt, untergebracht und behandelt werden, dass sie bei denkbar sparsamstem Einsatz die größtmögliche Leistung hervorbringen. [...] Die Arbeitskraft dieser Leute muss in größtem Maße ausgenutzt werden. [...] Ich bitte dabei zu bedenken, dass auch eine Maschine nur das zu leisten vermag, was ich ihr an Treibstoff, Schmieröl und Pflege zur Verfügung stelle.“[2]

2 Fritz Sauckel, Das Programm des Arbeitseinsatzes, zit. nach Gabi Müller-Ballin, Die Nürnberger Prozesse 1945–1949. Vorgeschichte – Verlauf – Ergebnis – Dokumente, Nürnberg 1995, S. 56–63.

Die Arbeiterinnen und Arbeiter aus der Sowjetunion wurden als *Ostarbeiter* gebrandmarkt. Das Reichssicherheitshauptamt ordnete in den sogenannten *Ostarbeitererlassen* eine Vielzahl von Vorschriften zu ihrer Behandlung an: Unterbringung in geschlossenen Wohnlagern, umzäunt, Männer und Frauen getrennt, gemeinsame Unterbringung von *Ostarbeiterfamilien*. Rücktransport von Arbeitsunfähigen, Kindern unter 15 Jahren und Schwangeren. Verbot der Freizügigkeit und des Verlassens des Lagers außer zur Arbeit. *Freizeitbetreuung* durch die Deutsche Arbeitsfront. Ausflüge mit deutschem Begleitpersonal als Belohnung möglich. Arbeit vor allem in geschlossenen Gruppen, Verhinderung jedes *Solidaritätsgefühls* zwischen Deutschen und *Russen*. Bewachung durch Werkschutz, Bewachungsgewerbe und deutsche Arbeiter als Hilfswerkschutzmänner, Führung der Lager durch von politischem Abwehrbeauftragten des Betriebes ernannte Lagerleiter. Bewachung weiblicher sowjetischer Arbeitskräfte ebenfalls durch Männer. Kennzeichnungspflicht (*Ost*-Abzeichen an der Kleidung). Zweimal monatlich Möglichkeit zum Postverkehr. Rücksichtsloses Durchgreifen – auch Waffengebrauch – bei Ungehorsam. Eigenes Strafsystem – Ordnungsstrafen wie Stubendienst, Entziehung der warmen Tagesverpflegung bis zu drei Tagen, Arrest bis zu drei Tagen, Züchtigungserlaubnis für Lagerleiter. Einweisung in Arbeits- oder Konzentrationslager bei Arbeitsflucht. Todesstrafe bei Kapitalverbrechen, politischen Delikten und Geschlechtsverkehr mit Deutschen.[3]

Auch im Westen Europas und in Polen verstärkten die NS-Behörden in der zweiten Hälfte des Jahres 1942 die Anwerbe- und Rekrutierungsmaßnahmen und griffen verstärkt zu Zwangsmaßnahmen. Die Arbeits- und Lebensbedingungen waren für die Frauen und Männer aus der Sowjetunion am schlechtesten, die der polnischen Arbeiterinnen und Arbeiter unterschieden sich nur wenig. Demgegenüber ging es den Arbeitskräften aus dem Westen etwas besser, ihre Situation war aber deutlich schlechter als die der Deutschen. Die rassistische Hierarchie – Deutsche – Westarbeiter – Arbeitskräfte aus dem Osten war in der Praxis überall sichtbar.

Mit der Niederlage der deutschen Wehrmacht gegen die Rote Armee Anfang 1943 in Stalingrad nahm der Krieg die entscheidende Wende. Im Zeichen des „totalen Krieges“ (Joseph Goebbels) mussten mehr und mehr

3 Siehe Herbert, Geschichte, S. 137.

deutsche Rüstungsarbeiter aus den Betrieben an die Ostfront. Im ersten Halbjahr 1943 fehlten der deutschen Kriegswirtschaft 1,5 Millionen Arbeitskräfte. Um die Arbeitsleistung der sowjetischen Arbeitskräfte, die unter den unmenschlichen Lebens- und Arbeitsbedingungen extrem litten, zu erhöhen, ergriff das NS-Regime verschiedene Maßnahmen: Die Ernährungssätze wurden erhöht, umfangreiche Maßnahmen zur Anlernung in Gang gesetzt und gewisse Lockerungen beim Ausgang und bei den Einsatzmöglichkeiten in den Betrieben zugestanden. Die diskriminierenden Vorschriften der Sicherheitsbehörden aber blieben in Kraft, und das Strafsystem wurde sogar noch verschärft. Zeitgleich wurde die Rekrutierung ziviler Arbeitskräfte in ganz Europa durch immer brutalere Methoden ausgeweitet. Es gelang der Führung des NS-Regimes, trotz der militärischen Rückschläge zwischen Anfang 1943 und Kriegsende noch einmal etwa 2,5 Millionen ausländische zivile Arbeitskräfte und Kriegsgefangene, die ebenfalls zur Arbeit eingesetzt wurden, ins Deutsche Reich zu transportieren.

Im September 1944 war die Zahl der zivilen ausländischen Arbeitskräfte auf 5 976 673 angestiegen; 1 990 367 von ihnen – etwa ein Drittel – waren Frauen. Sie stammten vor allem aus Belgien, Frankreich, Italien, Jugoslawien und Kroatien, den Niederlanden, der Slowakei, Ungarn, der Sowjetunion und Polen.[4] Fast alle ausländischen Arbeiterinnen waren im gebärfähigen Alter. Im Falle einer Schwangerschaft wurden sie in den ersten Kriegsjahren vom NS-Regime in ihre Heimatländer abgeschoben. Ab 1942 ließ die verschärfte Arbeitseinsatzlage diese Maßnahme nicht mehr zu.

Um den Zugriff auf die Arbeiterinnen auch nach der Niederkunft zu gewährleisten, stoppten Heinrich Himmler, *Reichsführer SS*, *Chef der Deutschen Polizei* sowie *Reichskommissar für die Festigung deutschen Volkstums* und der Generalbevollmächtigte für den Arbeitseinsatz Fritz Sauckel Ende 1942 einvernehmlich die Abschiebung von schwangeren Ausländerinnen in ihre Heimatländer.[5] In einem Schreiben vom 15. 12. 1942 wurden die Präsidenten der Landesarbeitsämter über die neuen Regelungen informiert. Demnach war „von einer Rückführung aller Schwangeren, sonst aber einsatzfähigen Ostarbeiterinnen […] grundsätzlich abzusehen.

4 Siehe ebenda, S. 142 f.

5 Siehe Andreas Heusler, Ausländereinsatz. Zwangsarbeit für die Münchner Kriegswirtschaft 1939–1945, München 1996, S. 360.

Bei Angehörigen anderer Nationalitäten ist die Rückführung nur ganz ausnahmsweise auf eigenen Wunsch der Schwangeren einzuleiten, wenn einsatzmäßige Erwägungen nicht entgegenstehen [...]." Die Landesarbeitsämter wurden angewiesen „in Zusammenarbeit mit den Gesundheitsdienststellen der Partei, des Staates und mit den Betrieben für Sicherstellung der unbedingt notwendigen Entbindungsmöglichkeiten zu sorgen". Entbindungen sollten u.a. in Krankenbaracken in den Lagern der Industriebetriebe stattfinden. Auch die Aufnahme in Krankenhäuser und Kliniken wurde gestattet – *Ostarbeiterinnen* eingeschlossen.[6]

Weiter hieß es in dem Erlass vom Dezember 1942, dass in den Betrieben „Still-Einrichtungen und Kleinkinderbetreuungs-Einrichtungen einfachster Art" geschaffen werden und „weibliche Angehörige des entsprechenden Volkstums" die Betreuung übernehmen sollten. Unter keinen Umständen durften die Kinder durch deutsche Einrichtungen betreut werden, ausgenommen Kinder von Arbeiterinnen „germanischer Abstammung. Sie konnten selbstverständlich von für deutsche Kinder geschaffenen Einrichtungen betreut werden. Kinder von gutrassigen Polinnen waren in die Sondereinrichtungen der NSV (Nationalsozialistische Volkswohlfahrt) für gutrassige Kinder aus dem Osten zu überweisen."[7]

Im Erlass des Generalbevollmächtigten für den Arbeitseinsatz vom 20.3.1943 wurde die rassistische Einteilung der ausländischen Schwangeren weiter ausgeführt. Gesonderte Behandlung sollten erhalten: schwangere *Ostarbeiterinnen*; schwangere Frauen *anderer Nationalität*; schwangere Ausländerinnen, die den deutschen Frauen im Sinne des Mutterschutzes gleichgestellt werden sollten, d.h. Schwangere aus: Bulgarien, Italien, Kroatien, der Slowakei, Spanien und Ungarn. Schwangere Polinnen wurden in diesem Erlass nicht eigens erwähnt; sie wurden in der Praxis den *Ostarbeiterinnen* gleichgestellt.[8] Polinnen und *Ostarbeiterinnen* durfte „nur so viel Stoff bewilligt werden, wie zur Änderung der vorhandenen Kleidung

6 Siehe Raimond Reiter, Tötungsstätten für ausländische Kinder im Zweiten Weltkrieg. Zum Spannungsverhältnis von kriegswirtschaftlichem Arbeitseinsatz und nationalsozialistischer Rassenpolitik in Niedersachsen, Hannover 1993, S. 247, und Gisela Schwarze, Kinder, die nicht zählten. Ostarbeiterinnen und ihre Kinder im Zweiten Weltkrieg, Essen 1997, S. 152.

7 Siehe Reiter, Tötungsstätten, S. 248.

8 Siehe ebenda, S. 236.

unbedingt erforderlich war". Wenn der Arbeitseinsatz beeinträchtigt war, sollte ausnahmsweise bequemeres Schuhwerk ausgegeben werden.

Die Ernährungsanweisung für schwangere Ausländerinnen zeigt besonders die rassistische Fratze: „Ausländische Arbeiterinnen sind den deutschen Arbeiterinnen auf dem Lebensmittelsektor gleichgestellt. Demgemäß erhalten werdende und stillende Mütter sowie Wöchnerinnen die üblichen Ernährungszulagen. Keine Zulage erhalten Ostarbeiterinnen und Polinnen."[9] Für die Säuglingsausstattung regelte der Erlass: „Polnische Säuglinge und Säuglinge ausländischer Arbeiterinnen (einschl. Ostarbeiterinnen) werden über Bezugsschein versorgt. Den werdenden Müttern können bei dringender Notwendigkeit nach Erreichung des 8. Monats der Schwangerschaft Bezugsscheine über Bekleidungsgegenstände für Säuglinge bis zur Hälfte derjenigen Bezugsrechte ausgestellt werden, die einer deutschen Mutter im entsprechenden Fall auf Grund der Säuglingskarte zustehen." Es war eine Kann-Bestimmung. Sie ließ der Willkür von Bezugsscheinämtern, Lagerführern und Betriebsleitern alle Möglichkeiten offen. Bettwäsche und Bettwaren sollten die Betriebe zur Verfügung stellen. Zur Ernährung der Säuglinge bestimmte der Erlass, dass sie so lange wie möglich gestillt und entsprechende Zeiten zum Stillen zur Verfügung gestellt werden sollten. „Die Säuglinge der ausländischen Arbeiterinnen erhalten die gleiche Ernährung wie deutsche Kleinstkinder. Die Säuglinge von Ostarbeiterinnen und Polinnen erhalten bis zu drei Jahren ½ l Vollmilch", hieß es weiter.[10]

Ebenfalls im März 1943 erließ der Reichsgesundheitsführer Conti *geheim* und *nur für den inneren Dienstgebrauch* eine Anordnung über Schwangerschaftsabbrüche bei *Ostarbeiterinnen.* Sie sah im Gegensatz zum strengen Abtreibungsverbot für deutsche Frauen vor, dass „auf Wunsch der Schwangeren die Schwangerschaft unterbrochen werden kann", und regelte das Verfahren. Auch auf polnische Schwangere konnten die Bestimmungen angewendet werden. Angesichts der unmenschlichen Arbeits- und Lebensbedingungen, denen die polnischen und sowjetischen Arbeiterinnen in Feindesland ausgeliefert waren, kann von einer eigenen Entscheidung zur Abtreibung in keinem Fall gesprochen werden.[11]

9 Zit. nach Schwarze, Kinder, S. 153.

10 Ebenda.

11 Ebenda, S. 150.

In Nürnberg

In Nürnberg, der zweitgrößten Stadt in Bayern, war die Metall- und Elektroindustrie ein bedeutender Wirtschaftszweig, so auch im Zweiten Weltkrieg. In einem Verzeichnis, herausgegeben vom Oberkommando des Heeres, Heereswaffenamt, sind 129 Nürnberger Betriebe genannt, die für die Kriegswirtschaft produzierten. Unter ihnen die MAN, die Siemens-Schuckertwerke, Diehl, AEG, die Aluminiumwerke, das Eisenwerk Nürnberg vorm. J. Tafel, die Kabel- und Metallwerke Neumeyer, die Lumophon-Werke, die Nürnberger Schraubenfabrik, die Süddeutsche Apparatefabrik und die TEKADE, um nur einige zu nennen. Sie besaßen eine erhebliche Bedeutung für die Produktion von U-Boot-Motoren, Kampfpanzern, gepanzerten Fahrzeugen, Lastwagen und anderen Militärfahrzeugen, Zubehörteilen für den Fahrzeug- und Flugzeugbau, ferner bei der Herstellung von Elektromotoren, Schweinwerfern und anderen elektrotechnischen Geräten. Das Bahnbetriebswerk der Deutschen Reichsbahn in der Fürther Straße und das Bahnbetriebswerk am Rangierbahnhof hatten eine zentrale Funktion für die Aufrechterhaltung des Bahnverkehrs.[12]

Die ersten ausländischen Arbeitskräfte in Nürnberg waren Kriegsgefangene zunächst aus Polen und seit Mai 1940 entsprechend dem Kriegsverlauf auch aus Belgien, Frankreich und Serbien. Im Oktober 1941 war ihre Zahl auf 8195 angestiegen, unter ihnen nunmehr 6102 Kriegsgefangene, 1879 zivile ausländische Arbeiter und 214 ausländische Arbeiterinnen.[13]

Zu den ersten ausländischen Arbeiterinnen in Nürnberg gehörten Rosa van Da., Giokonda Ga. und Wanda Kr. Rosa van Da., geboren 1923, war ledig und stammte aus Belgien. Ihren ersten Arbeitseinsatz hatte sie im Juli 1941 im Hotel Merkur in der Pillenreutherstraße, in dem sie auch untergebracht war. Die Italienerin Giokonda Ga., Jahrgang 1913, war verheiratet. Sie wohnte und arbeitete seit August 1940 zunächst als Hausgehilfin in der Burgschmietstraße 10. Die ledige polnische Arbeiterin Wanda Kr., geboren

12 Siehe Georg Wolfgang Schramm, Bomben auf Nürnberg: Luftangriffe 1940–1945, München 1988, S. 30 f.

13 Siehe Gerhard Jochem, Der Einsatz ausländischer Arbeitskräfte während des Zweiten Weltkriegs am Beispiel der Stadtverwaltung Nürnberg, in: Barbara Ostyn, Die steinerne Rose. Erinnerungen einer polnischen Fremdarbeiterin in Deutschland 1942–1943, Berlin 2003, S. 41 u. 45.

1922, musste seit September 1941 in Nürnberg arbeiten. Ihre erste Unterkunft befand sich in der Äußeren Sulzbacher Straße 60. Die drei Frauen wurden später in Nürnberg schwanger (siehe B 37, B 57 u. B 103).

Die ledige polnische Hausgehilfin Marjanna Pa., im März 1941 von Brüssel (Belgien) nach Nürnberg gekommen, musste in einem Haushalt in der Krelingstraße arbeiten. Sie wurde ein Jahr später wegen Schwangerschaft mit einem *Rückkehrschein* nach Brüssel abgemeldet. Nach fünf Monaten arbeitete sie ab September 1942 wieder in der Krelingstraße. Marjanna Pa. wurde erneut schwanger. Zwei Monate vor der Entbindung führte ihre Spur in das Lager der Nürnberger Schraubenfabrik in der Hasstraße. Ihr zweites Kind, ein Junge, dem sie den Namen Richard Georg gab, wurde am 29. 7. 1943 in Nürnberg geboren (siehe B 149).

Unter dem Vorsitz von Direktor Dr. Knott von den Siemens-Schuckertwerken fand im April 1942 eine Besprechung über die Errichtung von Wohnbaracken für die zu erwartenden Arbeitskräfte aus dem besetzten Teil der Sowjetunion statt. Anwesend waren Vertreter der Rüstungsinspektion und der größeren Nürnberger Industriebetriebe. Der Leiter des Landesarbeitsamtes, Regierungsdirektor Ritter, referierte, „dass durch die Maßnahmen des neuen Beauftragten für den Arbeitseinsatz, Sauckel, mit einer sehr schnellen Vermehrung der russischen Zivilarbeiter in Nürnberg gerechnet werden müsse. [...] Nürnberg [würde] innerhalb eines Monats rund 10 000 bekommen."[14]

Sie mussten entsprechend den strengen Auflagen in den *Ostarbeitererlassen* – separate Lager, geschlossener Arbeitseinsatz, Bewachung – untergebracht werden. Eines der ersten großen *Ostarbeiterlager* in Nürnberg war das von der Deutschen Arbeitsfront betreute *Gemeinschaftslager* in der Witschelstraße im Südwesten der Stadt mit zunächst 1800 Plätzen. In ihm wurden *Ostarbeiter* aus verschiedenen Nürnberger Betrieben untergebracht. Gleichzeitig errichteten die Nürnberger Rüstungsfirmen eigene Barackenlager, bei ausreichendem Platz direkt auf dem Betriebsgelände. War dieser nicht vorhanden, wurden sie auf bis dahin unbebauten Flächen, die möglichst nahe zu den Produktionsstätten lagen, gebaut.

Mit einem der ersten, möglicherweise sogar dem ersten, Zwangsarbeitertransport aus der Ukraine kam Sofia Selenkowa, geboren 1919 und verheiratet, in Nürnberg an. Sie war am 7. 4. 1942 aus ihrer Heimat verschleppt worden

14 Zit. nach Jochem, Der Einsatz ausländischer Arbeitskräfte, S. 53 f.

und elf Tage später im Barackenlager in Nürnberg-Langwasser eingetroffen. Dort musste sie Unerträgliches aushalten. Barbara Ostyn, die im Lager Langwasser als Dolmetscherin eingesetzt war, schrieb in ihren Erinnerungen:

> „Dann führt man uns in den Baderaum. […] Ganz nackt gehen wir in einen Saal mit vielen Duschen, sie werden von einem Mann bedient. Man gibt uns ein Stück grauer Seife, hart wie Stein. Man empfiehlt uns, die Haare in den Eimern mit Petroleum zu waschen, nein das werde ich nicht machen, ich bin nicht verlaust. […] Man verteilt uns auf die Baracken. Sie sind sehr sauber mit hölzernen zwei- und dreistöckigen Betten ausgestattet, auf jedem Bett ein Strohsack aus etwas wie Papierstoff und zwei Decken. Wir bekommen zu trinken – man nennt es Kaffee – und ein Stück Brot mit Margarine. […] Ein Arzt kommt ins Lager, mit ihm vier Krankenpflegerinnen. […] Das Bad und die Untersuchung erschienen diesen Frauen und Mädchen als etwas Unheimliches. […] Die Mädchen kamen nacheinander schluchzend aus dem Arztzimmer heraus, zutiefst erschrocken. Die Zwangsuntersuchung war für sie eine Demütigung, mehr noch, eine Vergewaltigung … Ich sah, dass die Diakonisse diese Situation verstand und sie als sehr peinlich empfand, die anderen Krankenschwestern ebenso. […] Der Arzt entschied: keine gynäkologischen Untersuchungen mehr. Man könne den Frauen diese Demütigung nicht zumuten."

Sofia Selenkowa wurde in Nürnberg schwanger und gebar am 9. 7. 1944 ein Mädchen, dem sie den Namen Swetlana gab.[15]

Die seit März 1943 geltende Anordnung zum Schwangerschaftsabbruch bei *Ostarbeiterinnen* wurde auch in Nürnberg umgesetzt. Nicht in der städtischen Frauenklinik, deren Leiter hatte ihre Umsetzung aus ethischen Gründen verweigert, sondern in der Erlangener Universitäts-Frauenklinik.[16]

15 Vgl. Ostyn, Die steinerne Rose, S. 151 u. S. 155; zu Mutter und Kind Selenkowa siehe B 299.

16 Siehe Wolfgang Frobenius, Abtreibungen bei „Ostarbeiterinnen" in Erlangen. Hochschulmediziner als Helfershelfer des NS-Regimes, in: Andreas Frewer/Günther Siedbürger (Hrsg.), Medizin und Zwangsarbeit im Nationalsozialismus. Einsatz und Behandlung von „Ausländern" im Gesundheitswesen, Frankfurt a. M./New York 2004, S. 283–308, hier S. 297.

Dass an *Ostarbeiterinnen*, die in Nürnberger Betrieben arbeiten mussten, Schwangerschaftsabbrüche vorgenommen wurden, belegt ein Schreiben der Erlanger Universitäts-Frauenklinik an das Arbeitsamt Nürnberg. Es enthält die Namen von neun Frauen, ihr Geburtsdatum und ihren Geburtsort, die Adresse des Lagers, in dem sie untergebracht waren, und den Betrieb, in dem sie arbeiten mussten, darunter die Kabel- und Metallwerke Neumeyer, die Siemens-Schuckertwerke, die Werke und Bahnen der Stadt Nürnberg und das Reichsbahn Ausbesserungswerk. Für die Fahrt von Nürnberg nach Erlangen beantragte der Betrieb bei der Ausländerpolizei eine *Reiseerlaubnis* nach Erlangen. Für Nastja De und Walli Hr., beide Zwangsarbeiterinnen in den Siemens-Schuckertwerken, ist eine solche Reiseerlaubnis wegen Schwangerschaftsabbruchs für September bzw. Oktober 1944 überliefert.[17]

In der Erlanger Universitäts-Frauenklinik wurden zwischen Juli 1943 und März 1945 mindestens 136 Schwangerschaftsabbrüche bei *Ostarbeiterinnen* vorgenommen. In den meisten Fällen war die Schwangerschaft schon zwölf Wochen fortgeschritten, mindestens 30 Frauen hatten die zwanzigste Woche überschritten. Drei Frauen starben unter dem erzwungenen Eingriff.[18] Barbara R., die vom Juli bis September 1944 als *Famula* in der Erlanger Universitäts-Frauenklinik arbeitete, erklärte nach dem Krieg an Eides statt, dass dort im ersten Stock ein Zimmer mit ca. sechs Betten für schwangere *Ostarbeiterinnen* reserviert gewesen sei. In der Klinik wurde auch bekannt, dass *Ostarbeiterinnen* ihre Meinung geändert hatten und die Schwangerschaftsunterbrechung nicht mehr wollten. Auf sie sollte „eingewirkt" werden, mit dem Hinweis auf die „sozial ungünstige Lage der Mutter und des zu erwartenden Kindes". Barbara R. sollte auch Schwangere in diesem Sinne „beeinflussen", lehnte dies aber aus „ideeller Haltung" ab, ohne in der Folge Schwierigkeiten zu bekommen.[19] Anni L., Sekretärin und Sprechstundenhilfe für Dr. B. an der Universitäts-Frauenklinik Erlangen, erklärte in ihrer Vernehmung: „Ich weiß nicht, wann die ersten Russinnen und Polinnen uns zugewiesen worden sind." Nachdrücklich bestritt sie die Aussagen von Barbara R. und verwies mehrfach auf den „Befehl von oben",

17 Siehe Staatsarchiv Nürnberg (StAN), KV-Anklage Dokumente, Umdrucke deutsch, NO-155 und StadtAN, C 31/III Nr. 188-5079 und Nr. 207-6215.

18 Siehe Frobenius, Abtreibungen, S. 284 u. S. 294.

19 StAN, KV-Anklage Interrogations, R 87.

„dass, wenn die notwendigen Papiere vorhanden sind, wir diese Unterbrechung durchführen müssen".[20]

Michael Sch., Verantwortlicher des Arbeitsamts Nürnberg für die Ausländerinspektion bei den Betrieben, gab in seinem Verhör durch die amerikanische Militärregierung 1946 zu, „er habe von Frauen gehört, die dagegen waren". Die Schwangerschaftsabbrüche erklärte er damit, „dass man eben bei der großen Zahl der doch vorgekommenen Schwangerschaften nicht mehr wusste, was man mit den Kindern anfangen sollte, in Bezug auf Unterbringung, Wartung, Pflege usw."[21]

20 Siehe StAN, KV-Anklage Interrogations, L 51.

21 Siehe StAN, KV-Anklage Interrogations, Sch. 133.

A | Start ins Leben

Wer waren die Kinder? Wann und wo wurden sie geboren? Wer waren ihre Mütter und Väter? Auf diese Fragen gibt dieses Kapitel exemplarisch Antworten. Die Spurensuche führte in das städtische Klinikum Nürnberg und in Zwangsarbeiterlager in der Stadt. Sie führte auch in das Durchgangslager Neumarkt in der Oberpfalz, in das Frauenzuchthaus Aichach und nach Weißenburg i. Bayern in das Ostarbeiterlager Am Lehenwiesen Weg.

Die ersten Kinder ausländischer Arbeiterinnen in Nürnberg kamen im August 1940 zur Welt, unter ihnen die beiden Jungen Johann Ma. und Themistokles van Me.

Johann Ma., geboren im städtischen Klinikum, war der Sohn der ledigen Arbeiterin Maria Ma., die in ihrer polnischen Heimat in der Landwirtschaft gearbeitet hatte. Als sie in Nürnberg ankam, war sie bereits im fünften Monat schwanger. Die Ausländerpolizei registrierte sie als ukrainische Volksangehörige und Staatsangehörige der ehemaligen Republik Polen. Vier Monate nach der Entbindung im städtischen Klinikum führte die Spur des Säuglings und seiner Mutter in deren Heimatort (siehe B 133).

Themistokles' Mutter, die Holländerin Edith Agnes van Me., war ledig und Studentin der Akademie der angewandten Künste in München. Nach ihrer Ankunft in Nürnberg, sie war im sechsten Monat schwanger, schrieb sie an das Ausländeramt, dass sie durch die „Kriegsverhältnisse“ kein Geld mehr von ihren Eltern aus Holland bekommen könne und deswegen „irgendeine Arbeit sucht, um ihre Lebenskosten zu decken“. Sie bekam eine Arbeitskarte „für ausländische Arbeitnehmer als Handelshilfsarbeiterin“ und arbeitete als Verkäuferin in der Bayerischen Milchversorgung. Am 23. 11. 1940 kehrte die ledige Mutter mit polizeilicher Erlaubnis nach Holland zurück. Die Spur ihres inzwischen drei Monate alten Kindes führte nach Tüchersfeld in der Fränkischen Schweiz, wo es ab dem 20. 11. 1940 in einer deutschen Familie lebte (siehe B 134).

Die Zahl der im Jahr 1940 in Nürnberg geborenen ausländischen Kinder war noch gering und lag im einstelligen Bereich. Im folgenden Jahr stieg sie unmerklich an. Mit vierzehn Geburten zwischen Januar und Dezember 1941 blieb sie im niedrigen zweistelligen Bereich.[1] Zur Erinnerung: Im Oktober 1941 waren in Nürnberg 214 ausländische Arbeiterinnen registriert.

Geboren im städtischen Klinikum Nürnberg

Mit Johann Ma., dem Kind einer polnischen Arbeiterin, führte die Spur erstmals in das städtische Klinikum Nürnberg. Das NS-Regime gestattete die Aufnahme von ausländischen Schwangeren zur Entbindung in Krankenhäuser und Kliniken als Hausschwangere. Es knüpfte an eine alte Gepflogenheit an, die darin bestand, ledige Schwangere vor und nach der Entbindung im Krankenhaus zu beschäftigen und zu „Lehrzwecken" zu entbinden. Die 1930 eröffnete Frauenklinik im städtischen Klinikum verfügte auf der Wöchnerinnenstation über eine Abteilung für Hausschwangere mit 20 Betten. Neuendettelsauer Diakonissen und städtische Säuglings- und Wochenpflegeschwestern waren in der Pflege tätig. Sie wurden 1937 auf „Ersuchen der Gauamtsleitung Franken des Amtes für Volksgesundheit" durch ideologisch geschulte NS-Schwestern und -schülerinnen ersetzt.[2]

Im Jahr 1942 stieg die Zahl der in Nürnberg geborenen ausländischen Kinder auf sechsundzwanzig an, neun Mädchen und siebzehn Jungen. Das waren fast doppelt so viele wie im Vorjahr.[3] Von den sechsundzwanzig Kindern kamen drei Mädchen und acht Jungen im städtischen Klinikum zur Welt.

1 Eigene Berechnung, Quellen: Arolsen Archives, Registrierungsdokumente und StadtAN, Ausländermeldekartei.

2 Siehe Schwarze, Kinder, S. 152, u. Bernd Windsheimer, 100 Jahre Klinikum Nürnberg. Die Geschichte des Nürnberger Gesundheitswesens im späten 19. und 20. Jahrhundert. Hrsg. von Michael Diefenbacher, Nürnberg 1997, S. 162 u. S. 197.

3 Eigene Berechnung, Quellen: Arolsen Archives, Registrierungsdokumente und StadtAN, Ausländermeldekartei.

Valentine Grete Kr.

*** 3.2.1942**

Die Eltern von Valentine Grete stammten aus Polen und waren in ihrer Heimat getrennt worden. Der Vater, Eugenius Kr., kam im Dezember 1941 in Nürnberg an und musste hier als Schweißer arbeiten. Die Mutter des Mädchens, Barbara Kr., traf Anfang Januar 1942 in der Stadt ein. Sie war zu diesem Zeitpunkt hochschwanger. In der Knauerstraße 11 bekamen die Eheleute eine gemeinsame Unterkunft. Fünf Monate nach der Geburt des Kindes wurde die junge Familie in der Schnieglinger Straße 290 einquartiert. Ihre gemeinsame Zeit dort endete im Oktober 1942, als der Ehemann und Vater aus Nürnberg abgemeldet wurde. Seine Tochter war inzwischen acht Monate alt (siehe B 104).

Albert Hendricus Ho.

*** 10.9.1942**

Auguste Victoria, die Mutter von Albert Hendricus, war Deutsche, hatte 1936 in ihrer Geburtsstadt Bottrop den niederländischen Frauenarzt Willem Polycarpus Ho. geheiratet und besaß seitdem die niederländische Staatsangehörigkeit. Das Ehepaar lebte nach der Hochzeit in den Niederlanden. Von dort führte seine Spur im April 1941 zunächst nach Marburg/Lahn in Hessen. Bei ihrer Ankunft in Nürnberg am 26.3.1942 war Auguste Viktoria im dritten Monat schwanger. Ihr Mann, der eine Vollausbildung als Frauenarzt hatte, musste im städtischen Klinikum arbeiten und wurde dort zum Assistenzarzt degradiert. Er war verpflichtet, sich wöchentlich bei der *Schutzpolizei/3. Polizeirevier* zu melden. Im August 1943 bekam der Arzt einen *Rückkehrschein ausgestellt*, und die Eheleute kehrten mit ihrem inzwischen zehn Monate alten Sohn nach Holland zurück (siehe B 72).

Katharina Po.

*** 17.11.1942**

Katharinas Eltern, die Eheleute Matrona und Gregore Po., stammten laut Ausländermeldekartei aus Russland. Beide waren im *Zivillager* in der Hasstraße 25 untergebracht. Nach der Entbindung kam die Wöchnerin mit ihrem Neugeborenen dorthin zurück. Ihr Kind war der erste Säugling im Barackenlager in der Hasstraße, das zur Nürnberger Schraubenfabrik gehörte. Die Kinder in diesem Lager und das spätere *Säuglingszimmer* dort erhalten im Kapitel „Überleben“ einen eigenen Abschnitt (siehe B 166).

*

Die Suche nach den ausländischen Kindern führte von Anfang an auch zu Geschwisterpaaren.

Benito Ga. **Giovanni Ga.**
18.4.1941 – 29.6.1941 *** 2.11.1943**

Benito und Giovanni waren die Söhne des Ehepaares Giokonda und Enrico Ga. Das Paar hatte im Sommer 1929 in Fiesso Umbertiano (Region Veneto, Italien) geheiratet. Giokonda Ga. kam Anfang August 1940 von Weimar nach Nürnberg und arbeitete hier als Hausgehilfin in der Burgschmietstraße 10. Nach der Entbindung im Klinikum kehrte sie mit ihrem Erstgeborenen an ihren Arbeitsplatz und in das dortige private Quartier zurück. Der Säugling starb im Alter von zwei Monaten „in dieser Wohnung“ einen „plötzlichen Herztod“. Seine Mutter wurde zu Beginn des Jahres 1943 erneut schwanger. Ihr zweiter Junge, Giovanni, überlebte (siehe B 57 u. B 256).

Stefan Le. **Natalia Le.**
26.10.1941 – 27.10.1941 *** 14.12.1942**

Stefan war das erste Kind von Maria und Stephanus Le. Die Eltern hatten 1934 geheiratet. Sie gaben ihrem Erstgeborenen den Namen des Vaters. Der Junge war eine Frühgeburt und starb einen Tag nach der Entbindung. Das zweite Kind des polnischen Ehepaares, ein Mädchen, dem sie den Namen Natalia gaben, überlebte den Krieg. Natalias Spur und die ihrer Eltern führte 1951 nach Übersee (siehe B 277 u. B 113).

*

Kein Kind ist wie das andere, das wurde bei der Suche nach ihnen schon früh deutlich. Bereits die ersten rekonstruierten Einzelschicksale zeigen, wie unterschiedlich und vielfältig sich die Kriegsereignisse auf das Leben der ausländischen Kinder und ihrer Eltern auswirkten. Die ersten Entbindungen ausländischer Kinder im Klinikum der Stadt Nürnberg lenken darüber hinaus den Blick auf ein bisher unerforschtes Kapitel in der Geschichte des kommunalen Krankenhauses.

Zunahme der Geburten im Jahr 1943

Im Jahr 1943 kamen im Vergleich zu den ersten Kriegsjahren deutlich mehr ausländische Kinder in Nürnberg zur Welt. 41 Mädchen und 47 Jungen und ihre Mütter sind in den Quellen namentlich dokumentiert. Die Mütter stammten aus Belgien, Estland, Frankreich, Holland, Italien, Kroatien, Polen, Rumänien, Russland, Serbien, der Ukraine, Ungarn und Weißrussland. Fast die Hälfte der Kinder wurde im städtischen Klinikum geboren.[4]

Der spürbare Geburtenanstieg kam nicht überraschend und war kein Zufall. Infolge des Arbeitseinsatzprogramms des NS-Regimes vom März 1942 stieg die Zahl der ausländischen Arbeiterinnen in Nürnberg ab Frühsommer dieses Jahres spürbar an. Aus den in Teil B dokumentierten Kurzbiografien der Kinder mit dem Geburtsjahr 1943 geht hervor, dass etwa die Hälfte der Mütter seit 1942 in Nürnberg zur Arbeit eingesetzt war. Leider fehlen insgesamt für die Stadt Zahlen und Statistiken über die ausländischen Arbeiterinnen bzw. über die ausländischen Arbeitskräfte in Nürnberg, ausgenommen die Statistik vom Oktober 1941, und ihre Gesamtzahl gegen Ende des Krieges, die auf 100 000 bzw. 110 000 beziffert wird. Die Herkunftsländer der Mütter spiegeln die Ausweitung der Rekrutierung auf immer mehr Länder in Europa wider.

Ausländische Arbeiterinnen, die bei ihrer Ankunft in Nürnberg bereits schwanger waren, blieben kein Einzelfall. Trotz des offiziellen Kurswechsels in der NS-Politik Ende Dezember 1942, schwangere ausländische Arbeiterinnen nicht mehr in ihr Heimatland zurückzuschicken, war dies in Einzelfällen weiterhin Praxis bzw. wurde es versucht, wie das Schicksal des Mädchens Milica und ihrer Mutter weiter unten zeigt. Im zweiten Halbjahr 1943 lag die Zahl der Entbindungen knapp ein Drittel über der des ersten Halbjahres. Auf die einzelnen Monate gesehen war sie mit fünf bzw. sechs Geburten von Januar bis März etwas geringer, im Juli mit elf Geburten am höchsten, gefolgt von November und Dezember mit jeweils zehn Entbindungen.

Das städtische Klinikum nahm als Entbindungsort an Bedeutung zu. Dem entgegen hatte Heinrich Himmler in seinem Runderlass vom 27. 7. 1943

4 Eigene Berechnung, Quellen: Arolsen Archives, Registrierungsdokumente und StadtAN, Ausländermeldekartei

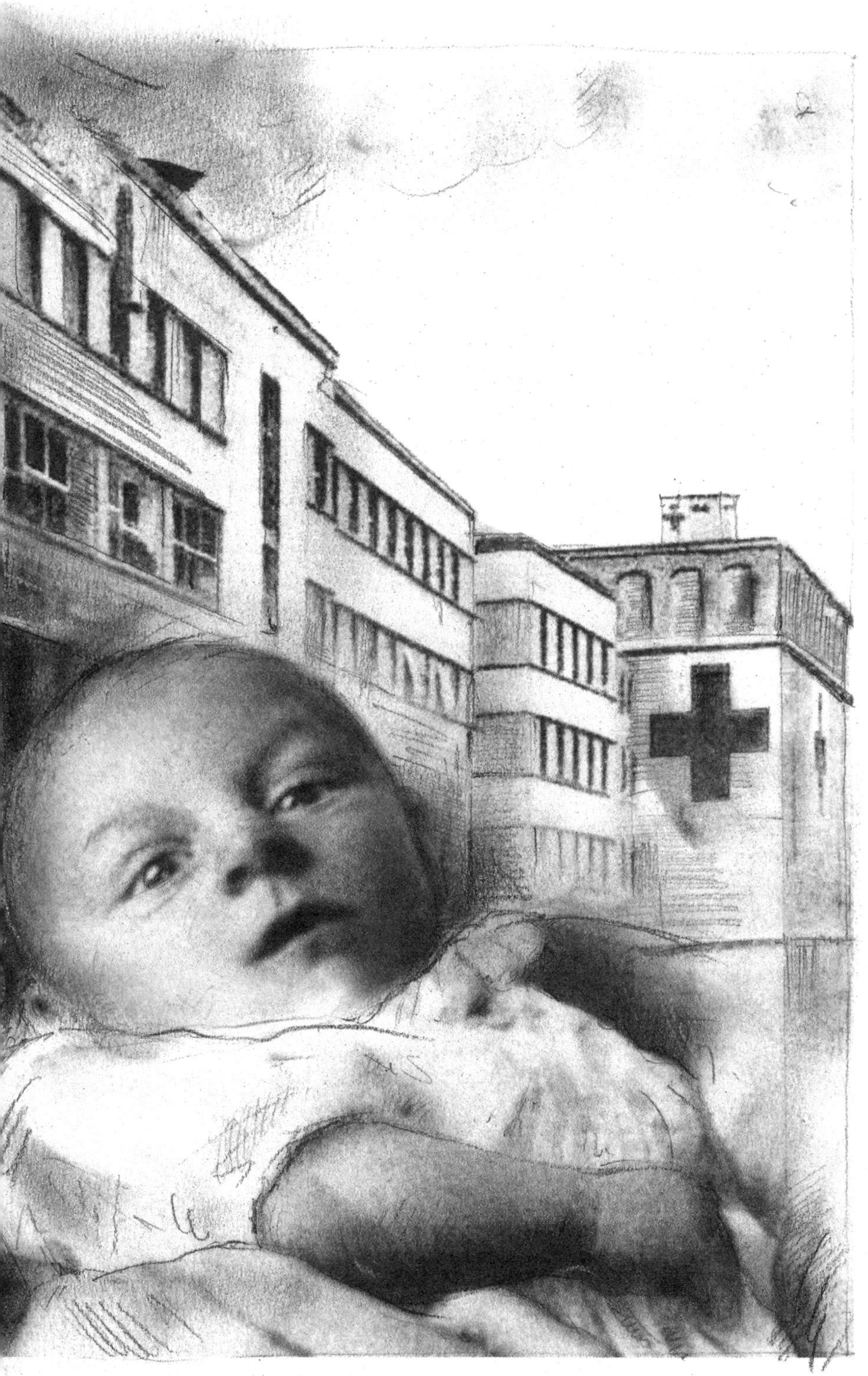

bekräftigt: „Die Aufnahme in eine Ausländer-Krankenbaracke bei einem deutschen Krankenhaus oder ganz ausnahmsweise in eine deutsche Krankenanstalt kommt nur beim Vorliegen von Regelwidrigkeiten in Frage oder bei der Notwendigkeit, für die Ausbildung von Studenten oder Hebammen-Schülerinnen das Untersuchungsgut zu schaffen. In diesen Fällen muss die Trennung von deutschen Schwangeren gewährleistet sein."[5]

Die Praxis in Nürnberg stand im Widerspruch zur offiziellen Linie des NS-Regimes. Singulär war sie nicht, wie die Forschungen zu München und zu Städten in Westfalen zeigen.[6]

Eine einschneidende Veränderung brachte der Luftangriff in der Nacht vom 10.8./11.8.1943. In dieser Nacht wurde auch die Frauenklinik im städtischen Klinikum durch Bomben schwer beschädigt, und die vier *Entbindungssäle* wurden restlos vernichtet. Nur noch im Hochbunker, der unmittelbar in der Nähe der Frauenklinik auf dem Klinikgelände errichtet worden war, „kann noch eine primitive geburtshilflich-gynäkologische Arbeit geleistet werden", meldete die Klinikleitung unmittelbar nach dem Luftangriff. Der Hochbunker blieb über das Kriegsende hinaus Ausweichort für die Entbindungen im Klinikum.[7]

Petrus Hendricus Vr. * 10.1.1943 — Margareta Wilhelmine Vr. 10.1.1943 – 12.1.1943

Die Zwillinge Petrus Hendricus und Margareta Wilhelmine waren die Kinder von Rida Wilhelmina und Hendrikus Florentinus Vr. Das Paar hatte im Mai 1942 in seiner holländischen Heimat geheiratet, wurde dort getrennt und kam im Juli und August desselben Jahres in Nürnberg an. Die Ehefrau war bei ihrer Ankunft in der Stadt etwa im fünften Monat schwanger. Sie arbeitete als Hausgehilfin in einem bekannten Gasthof in der Innenstadt. Ihr Ehemann war Lagerarbeiter. Untergebracht wurden die Eheleute gemeinsam, zunächst in der Innenstadt, anschließend in der Ebenseestraße. Ende November 1942 erfolgte die Abmeldung des Ehemanns nach Feucht im Nürnberger Land. Ob seine hochschwangere Ehefrau bei ihm war, ist nicht dokumentiert. Rida Vr. brachte am 10.1.1943 im Klinikum Nürnberg

5 StAN, KV-Anklage Umdrucke deutsch, NO 1383.

6 Siehe Heusler, Ausländereinsatz und Schwarze, Kinder.

7 StadtAN, C 23/ Nr. 190.

Zwillinge zur Welt. Sie kamen zu früh zur Welt. Das Mädchen starb zwei Tage nach der Entbindung. Der Junge überlebte. Er war in Feucht in der Bahnhofsstraße 118 gemeldet (siehe B 228 u. B 314).

Wera Ol.

*** 26.1.1943**

Raißa Ol., die Mutter von Wera, war mit Wassilij Ol. verheiratet. Das Paar stammte aus der Ukraine und wurde in einem der ersten Zwangsarbeitertransporte gemeinsam nach Nürnberg verschleppt. Die Ehefrau war bei der Ankunft in der Stadt am 19.6.1942 seit einigen Wochen schwanger. In die Heimat zurückgeschickt wurde sie nicht. Sie und ihr Mann mussten in der Nürnberger Schraubenfabrik arbeiten. Die gelernte Kindergärtnerin stand nun an einer Maschine. Untergebracht wurde das Ehepaar im Barackenlager des Betriebes in der Hasstraße (siehe B 146).

Diana Un.

*** 13.4.1943**

Diana war die Tochter der ledigen Hausgehilfin Gabriella Un. aus Hansbeke in Belgien. Ende Mai 1942 in Nürnberg angekommen, brachte sie knapp ein Jahr später im städtischen Klinikum ihr Kind zur Welt. Das Mädchen war fast drei Monate alt, als seine Mutter in Nürnberg den rumänischen Staatsangehörigen Karl Johann Sch. heiratete und das Kind *legitimiert* wurde (siehe B 220).

Nadja Jurkow

24.7.1943 – 31.10.1943

Nadja war die Tochter der Eheleute Galina und Kizil Jurkow aus der Ukraine. Sie hatten im Mai 1942 in ihrer Heimat den Bund der Ehe geschlossen. Nach der Entbindung im Klinikum lebte das Kind in einem Barackenlager in der Austraße 108. In diesem Lager waren Zwangsarbeiter*innen der Firma Keim & Co. Blechindustrie untergebracht. Der Name der Mutter ist für dieses Lager nicht dokumentiert, sodass die Frage, ob Mutter und Kind dort gemeinsam lebten, unbeantwortet bleiben muss. Nadja starb im Lager in der Austraße 108 im Alter von drei Monaten (siehe B 267).

Torga (w) Tsch.
*** 29.7.1943, Waisenkind**
Die Mutter von Torga, Raisa Tsch., stammte aus Russland und war unverheiratet. Sie musste in Reuth im Landkreis Nürnberg in der Landwirtschaft arbeiten. Einen Tag, nachdem sie ihr Kind entbunden hatte, verstarb sie im Klinikum. Der Standesbeamte trug als Todesursache „Placenta pravis“ und „Herzschwäche“ ein. Ihr Neugeborenes kam ins *Durchgangslager für Ostarbeiter* in Neumarkt in der Oberpfalz. Dieses NS-Durchgangslager für Zwangsarbeiter*innen aus den besetzten Gebieten der Sowjetunion war seit Juni 1942 in Neumarkt in Betrieb. Ende August 1943, Torga war einen Monat zuvor dorthin verbracht worden, lebten darin 843 Männer, 1132 Frauen und 849 Kinder.[8]

Nadja Ch.
*** 1.9.1943**
Nadja war die Tochter der Eheleute Wera und Pawlo Ch. Die Eltern stammten aus Dnepropetrowsk in der Ukraine und kamen am 12.7.1942 in Nürnberg an. Hier mussten sie als Hilfsarbeiter in den Kabel- und Metallwerke(n) Neumeyer arbeiten und waren im Barackenlager des Betriebes in der Klingenhofstraße 72 untergebracht. Zehn Tage nach der Entbindung im Klinikum wurde die Mutter zur Firma Keim & Co. in der Fürther Straße 188 umgesetzt. Ob mit ihrem Neugeborenen zusammen, ist namentlich nicht dokumentiert. Aber es ist denkbar, lebten doch im Lager der Firma Keim & Co. in der Austraße 108 bereits Mütter mit Säuglingen. Im Lager Klingenhofstraße 72 gab es zu diesem Zeitpunkt noch keine Kinder. Die Spur des ersten Kindes dort beginnt im Oktober 1943 (siehe B 34).[9]

Offiziell galt für die Mutter von Nadja Ch. der im Mutterschutzgesetz von 1942 festgelegte sogenannte Mindestschutz für polnische und sowjetische Zwangsarbeiterinnen. Er sah eine Schutzfrist von zwei Wochen vor der Entbindung und sechs Wochen danach vor. In dieser Schutzfrist war

8 Siehe B 213 u. Frank Präger, Die erste Station für Zwangsarbeiter im nationalsozialistischen Deutschland. Das Durchgangslager bei Neumarkt in der Oberpfalz 1942–1945, in: Herbert May (Hrsg.), Zwangsarbeit im ländlichen Franken, Bad Windesheim 2008, S. 58–71, hier S. 59 u. 61.

9 Zu den Kindern im Lager Klingenhofstraße 72 siehe Seite 92.

Heimarbeit zulässig. In Wirklichkeit hatte die junge Mutter nicht einmal eine Schonzeit von zwei Wochen nach der Geburt ihres Kindes, bevor sie wieder in einer Fabrik arbeiten musste.

Andreas Mi.
* 21.10.1943

Andreas, eines der Titelkinder des Buches, war das zweite Kind der ledigen polnischen Arbeiterin Eugenie Mi. Die junge Frau war „ohne Beruf", vermerkte die Ausländerpolizei. Wann hätte Eugenie Mi. einen Beruf erlernen können? Sie war im Alter von 16 Jahren im September 1940 aus ihrem Heimatland ins Deutsche Reich verschleppt worden und musste zuerst in einer Porzellanfabrik in Mitterteich im Landkreis Marktredwitz (Oberfranken) arbeiten. Von dort wurde sie im September 1941 nach Fischbach bei Nürnberg überstellt. Im Fischbacher Kurhaussaal, Adresse: Fischbach 88, war ein Lager für polnische Arbeiterinnen eingerichtet worden, das das Arbeitsamt im Falle von Umvermittlungen als Zwischenaufenthaltsort nutzte.

Die junge Polin wehrte sich gegen die Entrechtung durch das NS-Regime. Sie verweigerte das Tragen eines deutlich sichtbaren Zeichens (*P*) auf ihrer Kleidung und durchbrach die strengen Regeln, die den (Wohn-) Aufenthalt bestimmten, d. h. wann sie wo zu sein hatte. Eugenie Mi. wurde deshalb „wegen unerlaubten Verlassens des Wohnbezirks und Nichttragens des polnischen Kennzeichens" zu zwei Monaten und drei Wochen Gefängnis verurteilt, die sie vom 13. 12. 1941 bis 3. 3. 1942 im *Haftraum Nr. 50* in Fischbach verbüßte.

Ende Juli 1942 wurde Eugenie Mi. nach Nürnberg umvermittelt und musste nun in der Nürnberger Schraubenfabrik arbeiten. Drei Monate nach ihrer Ankunft stellte ihr der Betrieb wegen Schwangerschaft einen Rückkehrschein in die Heimat aus. Die *Deutsche Arbeitsfront Gauwaltung Franken Hauptabteilung Arbeitseinsatz* bewilligte die Benutzung des *Regelzugs*. Eine Fahrkarte wurde ausgestellt, vom Betrieb bezahlt, und Eugenie Mi. wurde polizeilich aus Nürnberg abgemeldet. Das Kind verstarb gleich nach der Geburt.

Eugenie Mi. war seit 6. 2. 1943 wieder in Nürnberg gemeldet und musste hier erneut in der Nürnberger Schraubenfabrik arbeiten. Sie wurde ein weiteres Mal schwanger. Drei Jahre, nachdem sie aus ihrer polnischen Heimat verschleppt worden war, brachte sie am 1. 10. 1943 ihr zweites Kind,

Andreas, zur Welt. Der Junge lebte mit seiner Mutter im Lager der Nürnberger Schraubenfabrik in der Hasstraße (siehe B 136).[10]

*

Erstmals im Dezember 1942 – und wiederholt ab 1943 – führte die Spur der Kinder nach der Entbindung im Klinikum in ein betriebliches Zwangsarbeiterlager. Und es fanden sich vermehrt Hinweise auf das Schicksal der Mütter. Mehr Arbeitseinsatzorte traten zutage, Fabriken, vereinzelt auch Bauernhöfe. Private Quartiers- und Lagerunterkünfte wurden sichtbar. Besondere Funde waren die Quellen, die widerständiges Verhalten gegen die Entrechtung schildern und Gegenwehr gegen Abschiebung, wie im Fall des Kindes Milica und seiner Mutter Etela Ne.

Milica Ne.
* 28.10.1943

Milica, die Tochter von Etela und Dragoljub Ne., war deren erstes Kind. Das Paar hatte 1941 in seiner serbischen Heimat geheiratet. Etela Ne. war bei ihrer Ankunft in Nürnberg Anfang August 1943 etwa Ende des sechsten Monats schwanger. Sie und ihr Mann arbeiteten in den Siemens-Schuckertwerken und waren in unterschiedlichen Lagern des Betriebes untergebracht.

Zwei Wochen nach Beginn ihres Arbeitseinsatzes stellten die Siemens-Schuckertwerke der schwangeren Arbeiterin einen Rückkehrschein in die Heimat aus, mit einer Fahrkarte bis zur Reichsgrenze. Der Rückkehrschein war von der Betriebskrankenkasse und vom Arbeitsamt abgezeichnet. Etela Ne. trat die Fahrt nicht an. Sie brachte am 28.10.1943 ihre Tochter Milica im Nürnberger Klinikum zur Welt.

Mit der Begründung „mangels Unterbringungsmöglichkeit Ihres neugeborenen Kindes“ stellte der Betrieb der Wöchnerin wenige Tage nach der Entbindung erneut einen *Rückkehrschein* inklusive Fahrkarte bis zur Reichsgrenze aus. Das Arbeitsverhältnis erklärte die Firma für „ordnungsgemäß beendet“. Das Arbeitsamt zeichnete auch den neuen Rückkehrschein ab und die *DAF Gauwaltung Franken* bewilligte die Benutzung des *Regelzugs*. Etela Ne. trat auch diese Fahrt nicht an. Daraufhin wurde die junge Mutter als Arbeitskraft bei der Stadt Nürnberg in der städtischen Frauen-

10 Zu Fischbach 88 siehe B 279.

klinik und im Bäderamt eingesetzt. Der Vater des Kindes arbeitete weiterhin als Mechaniker bei Siemens. Ab 22. 3. 1944, das Mädchen Milica war inzwischen fast fünf Monate alt, durfte die Familie laut Bestätigung der *Deutschen Arbeitsfront Kreiswaltung Nürnberg Hauptabteilung Arbeitseinsatz* privat in der Von-der-Tann-Straße 120 wohnen.

Vier Jahre nach Kriegsende führte die Spur der nunmehr fünfköpfigen Familie nach Australien. Milica war zu diesem Zeitpunkt sechs Jahre alt und hatte zwei jüngere Geschwister im Alter von vier und zwei Jahren (siehe B 142).

Peter Si.
*** 3.11.43**
Peters Mutter, die ledige Landarbeiterin Maria Si., war 15 oder 16 Jahre jung, als sie am 1. 6. 1942 aus Polen in Nürnberg ankam. Sie musste als Magd auf einem Bauernhof im Norden der Stadt arbeiten. Ihr Junge war ein Jahr alt, als sie mit ihm Ende November 1944 von Nürnberg-Buch nach Poppenreuth bei Fürth abgemeldet wurde. Maria Si. heiratete in Fürth wenige Wochen nach Kriegsende einen Landsmann, den landwirtschaftlichen Arbeiter Ilko Pa. (siehe B 191).

1944, das geburtenstärkste Jahr

Das vorletzte Kriegsjahr war das geburtenstärkste Jahr. Von Januar bis Dezember kamen in Nürnberg 188 ausländische Kinder zur Welt: 104 Jungen und 84 Mädchen, unter ihnen wieder Geschwisterkinder und Zwillinge. Die Mütter stammten aus Belgien, Frankreich, Galizien, Griechenland, Holland, Italien, Kroatien, Lettland, dem Protektorat Böhmen und Mähren, Polen, Russland, Serbien, Slowenien, der Ukraine, Ungarn und Weißrussland. Nahezu die Hälfte der Kinder, 92 Jungen und Mädchen, wurde im städtischen Klinikum geboren.[11]

Ein großer Teil der ausländischen Arbeiterinnen, die 1944 ein Kind zur Welt brachten, arbeitete seit 1942 in Nürnberg. 1943 und 1944 trafen weitere ausländische Arbeitskräfte in der Stadt ein, unter ihnen schwangere Frauen,

11 Eigene Berechnung, Quellen: Arolsen Archives, Registrierungsdokumente u. StadtAN, Ausländermeldekartei.

deren Schwangerschaft schon weit fortgeschritten war, so bei der ukrainischen Landarbeiterin Wera Sa. und den französischen Arbeiterinnen Raymonde Fu. und Margareta Marie Helene Jégu, die bei ihrer Ankunft im siebten Monat bzw. Ende des siebten Monats schwanger waren. Raymonde Fu. und ihre Tochter Ingride Jeanine werden weiter unten noch vorgestellt.[12]

Selbst hochschwangere ausländische Arbeiterinnen wurden 1944 zum Arbeitseinsatz nach Nürnberg transportiert, unter ihnen die Russin Sinaida Ja. aus Smolensk, die Polin Hedwig Piuro, deren Neugeborenes einen Tag nach der Entbindung im Klinikum starb, und die lettische Hausfrau Martha Alvine Oz. Sie erfuhren keinerlei Schonung (siehe B 82, B 293 u. B 148).

Die Geschichte von Martha Alvine Oz., ihrem Mann und den beiden Kindern wird im Kapitel „Überleben“ erzählt.

Nikolei Masenko
10.1.1944 – 27.2.1945

Nikolei war der Sohn der Eheleute Marija und Grigory Masenko. Das Paar stammte aus dem Bezirk Kiew in der Ukraine, hatte 1939 geheiratet und in der Landwirtschaft gearbeitet. Es kam am 12.6.1942 aus dem NS-Durchgangslager Neumarkt in der Oberpfalz in Nürnberg an. Hier mussten Mann und Frau nun in Fabriken arbeiten; zunächst in der Lyra-Orlow Bleistiftfabrik und ab November 1943 in der Süddeutschen Apparatefabrik. Als die Ehefrau als Montiererin in die Süddeutsche Apparatefabrik umgesetzt wurde, war sie bereits im achten Monat schwanger. Ihr Sohn Nikolei war nach der Geburt im städtischen Klinikum im Lager Maiachstraße 100 gemeldet. Er starb in diesem Lager im Alter von einem Jahr und sechs Wochen (siehe B 284).

Robert Cu.
11.2.1944 – 29.2.1944

Noelle Cu.
*** 21.3.1945**

Die Eltern von Robert und Noelle, Berthe und Fernand Cu., hatten 1940 in ihrer Heimatstadt Esterelles in Frankreich geheiratet. Berthe Cu. musste seit Ende Januar 1943 in Nürnberg zuerst als Hausangestellte arbeiten und wohnte währenddessen in einem privaten Quartier. Drei Monate später

12 Siehe S. 48; zu den beiden anderen Frauen und ihren Kindern siehe B 178 u. B 267.

wurde sie in das Lager Hasstraße überstellt, das zur Nürnberger Schraubenfabrik gehörte. Das erste Kind des Paares, ihr Junge Robert, war eine Frühgeburt und starb zweieinhalb Wochen nach der Entbindung in der städtischen Säuglingsklinik. Das zweite Kind, ein Mädchen, dem sie den Namen Noelle gaben, überlebte (siehe B 248 u. B 36).

Lubitza St.
*** 8.4.1944**
Lubitzas Mutter, die ledige Arbeiterin Mila St. aus Jugoslawien, war seit August 1943 in Nürnberg. Sie musste in den Siemens-Schuckertwerken arbeiten und war in verschiedenen Lagern der Fabrik untergebracht. Drei Monate vor der Niederkunft wurde sie im Saallager in der Gaststätte Bäckerhof in der Schlehengasse einquartiert. Aus diesem Saallager kam sie zur Entbindung ins Klinikum. Neun Tage später wies das Arbeitsamt die Wöchnerin der Lebkuchen- und Schokoladenfabrik Haeberlein-Metzger als Arbeitskraft zu. Sie wurde im Lager der Fabrik, das sich auf dem Betriebsgelände in der Neudörferstraße 8 befand, untergebracht, und ihre neun Tage alte Tochter kam in das dortige *Säuglingsheim* (siehe B 195).

Roger Be.
*** 21.5.1944**
Nastja Be., Rogers Mutter, war ledig und arbeitete in ihrer ukrainischen Heimat in der Landwirtschaft. Seit Ende November 1942 in Nürnberg, musste sie hier als Presserin in der Bayerischen Metallwarenfabrik arbeiten. In dieser Fabrik arbeitete seit Februar 1941 auch der belgische Metallarbeiter Roger Na. Nastja Be. gab ihrem Kind den Vornamen seines Vaters: Roger. Neun Tage nach der Entbindung kam die junge Mutter mit dem Neugeborenen zur Lebkuchen- und Schokoladenfabrik Haeberlein-Metzger und in deren Lager auf dem Betriebsgelände in der Neudörferstraße (siehe B 16).

NN Chible (m)
*** 18.8.1944, Totgeburt**
Die ledige französische Arbeiterin Solange Chible war seit Juni 1942 in Nürnberg und musste hier in den Siemens-Schuckertwerken arbeiten. Ihr Junge kam am 18.8.1944 im Klinikum tot zur Welt (siehe B 246).

Wilhelm Julius van Ly.
*** 9.9.1944**
Wilhelm Julius war das jüngste von drei Geschwistern. Seine Eltern, die Eheleute Magdalene Felizia und André Charles van Ly., hatten 1940 in Halle/Belgien geheiratet und dort 1941 und 1943 die beiden Töchter Liliana und Erika bekommen. 1944 führte die Spur der Mädchen und ihrer Eltern nach Nürnberg, in die Hintere Marktstraße 40. Unter dieser Adresse war der Ehemann und Vater, der als kaufmännischer Angestellter eingesetzt war, gemeldet. Als Wilhelm Julius, das dritte Kind der Familie, zur Welt kam, war seine ältere Schwester Liliana drei Jahre alt, die jüngere, Erika, zählte dreizehn Monate. Erika starb in Nürnberg im Cnopf'schen Kinderspital. Sie wurde ein Jahr und vier Monate alt (siehe B 122 u. B 280).

Christian Andre Paul Hi.
*** 15.9.1944**
Denise Georgette Hi., die Mutter von Christian Andre Paul war von Beruf Sekretärin. Von Selles-sur-Cher in Frankreich kam sie am 30.4.1942 nach Nürnberg und lebte hier in der Schildgasse. Christians Vater, ein französischer Arzt, kam im November 1943 in Nürnberg an und wurde hier zum Assistenzarzt degradiert. Er war im städtischen Krankenhaus und in einem Barackenlager in der Nopitschstraße eingesetzt. Die Eltern des Kindes heirateten im September 1944 in Nürnberg. Zwei Tage nach der Trauung kam ihr Kind ehelich im städtischen Klinikum zur Welt. Die junge Familie lebte nach der Geburt des Kindes etwa drei Monate lang gemeinsam in der Schildgasse. Im Januar 1945, der Säugling war vier Monate alt, führte dessen Spur nach Bamberg in die Erlichstraße im Stadtteil Wunderburg. Dort überlebte das Kind den Krieg (siehe B 71).

Jurji Kl.
*** 27.9.1944**
Jurji war der Sohn der ledigen ukrainischen Landarbeiterin Ljuba Kl. Im November 1942 aus dem Durchgangslager in Neumarkt in der Oberpfalz in Nürnberg angekommen, wurde sie hier im Lager der Deutschen Arbeitsfront (DAF) in der Witschelstraße einquartiert. Sie war zunächst als Betriebsarbeiterin bei den städtischen Werken & Bahnen (WuB) eingesetzt. Ab Februar 1943 musste sie als Putzfrau bei der Fa. Wayss und Freytag auf

deren Baustelle am Gaswerk arbeiten. Ihr Sohn Jurji wurde nach der Entbindung im Klinikum ebenfalls im DAF-Lager in der Witschelstraße untergebracht (siehe B 91).

NN Jasuiska **Josef Jasuiska**
*** 21.10.1944, Totgeburt** **21.10.1944 – 23.10.1944**

Die ledige polnische Arbeiterin Julia Jasuiska brachte am 21. 10. 1944 im Klinikum Nürnberg Zwillinge zur Welt. Die beiden Buben waren zu früh geboren. Ein Zwilling war tot. Der zweite, mit Namen Josef, starb zwei Tage nach der Entbindung im Klinikum an „Lebensschwäche" (siehe B 264 u. B 265).

Lucien Nénant
31.10.1944 – 16.2.1945

Madeleine und René Nénant, die Eltern von Lucien, stammten aus Frankreich. Der Vater arbeitete in Nürnberg als Drucker und war in der Eberhardshofstraße 18 einquartiert. Madeleine wurde schwanger, und das Paar heiratete Anfang Mai 1944 in Nürnberg. Sechs Monate nach der Eheschließung wurde ihr Sohn Lucien geboren. Das Kind lebte ebenfalls in der Eberhardshofstraße 18. Es starb *in dieser Wohnung* im Alter von dreieinhalb Monaten (siehe B 286).

Jan Alexander Verbaan
*** 16.12.1944**

Als es so weit war, machte sich die holländische Arbeiterin Cornelia Verbaan, begleitet vom Vater ihres Kindes, Antoni Lisowski, am 15. 12. 1944 auf den Weg zur Frauenklinik im Hochbunker des Klinikums. Die jungen Leute hatten sich im Opernhaus während ihres Arbeitseinsatzes – sie als Hilfskraft in der Küche und in der Kantine und er als Bühnenarbeiter – kennengelernt. Sie hatten sich ineinander verliebt und freuten sich sehr auf ihr Kind. Der werdende Vater, aus Polen stammend, konnte nicht bis zum Eingang der Klinik mitkommen und musste rechtzeitig verschwinden.

*

Nachfolgend ein Ausschnitt aus den Erinnerungen von Cornelia Verbaan-Lisowska an ihre Entbindung während des Krieges in Nürnberg und an den *Besuch* der Gestapo an ihrem Wöchnerinnenbett am folgenden Tag:

„Die Frauenklinik war eigentlich ‚nur für Deutsche', aber auch hier herrschte damals wie überall ein babylonisches Durcheinander. Nicht weit von mir brachte eine Italienerin ihr Kind zur Welt. Sie war zur gleichen Zeit wie ich, am 15. Dezember um 11 Uhr vormittags, gekommen. Schon um 15:30 Uhr war das Kind auf der Welt.
Mir ging es am Anfang gar nicht gut. Vielleicht störte mich die stete Bewegung im Raum, das Herumlaufen der Leute. Mein Bett stand direkt gegenüber dem Eingang, das hemmte mich. Ich konnte die Wehen nicht unterstützen, nicht pressen, auch war die Luft im Bunker recht schwül. Schließlich habe ich gewagt zu sagen, dass ich nicht gebären kann, wenn man mich nicht woandershin verlegt. Also wurde mein Bett verschoben und ein Wandschirm darum aufgestellt. Jetzt hatte ich Ruhe und alles ging besser. Draußen heulten immer wieder die Sirenen, aber im Bunker hörte man sie kaum, auch war das jetzt für mich unwichtig.
Unser Sohn Jan Alexander kam am 16. Dezember 1944 um 10 Uhr vormittags zur Welt. Er war 58 Zentimeter groß und wog 4800 Gramm, ein strammes, gesundes Kerlchen.
Sein Papa konnte ihn nicht gleich nach seiner Ankunft in die Arme nehmen, er konnte ihn nicht einmal als seinen Sohn anerkennen. [...] Der Krieg [war] schuld daran, dass wir nicht zusammen sein konnten in diesem großen Moment.
Nach der Entbindung habe ich eine Tasse Fleischbrühe bekommen und später eine Mahlzeit, die ganz gut schmeckte in so ungewöhnlichen Umständen. Ich unterhielt mich mit der Frau, die im Nachbarbett lag. Sie hat gleich begriffen, dass ich eine unverheiratete Mutter war, denn solche gab es damals sehr viele. Diese Frau hat mich gewarnt, dass die Klinik unter der Beobachtung der Gestapo stand, die die Entbindungen von Alleinstehenden kontrollierte, ‚der Rasse wegen'. Sie hat mir gesagt, dass ich, wenn die Gestapo käme, nur nicht bekennen dürfe, dass der Vater meines Kindes kein Deutscher sei. In einem solchen Fall nähmen sie das Kind weg, um es in ein Heim zu stecken.
In der Tat erschienen am nächsten Tag zwei Männer von der Gestapo. Sie kamen zu mir und fragten: ‚Du hast einen hübschen Sohn. Wer ist sein Vater?' Mit ihrem Duzen haben sie mich wütend gemacht, aber ich bin ruhig geblieben und antwortete, dass der Vater ein Soldat sei,

dessen Bekanntschaft ich zufällig gemacht hätte, als er als Urlauber in Nürnberg war. Er sollte bald an die Front zurückkehren, war deshalb traurig und ich hatte ihn trösten wollen. Die Gestapoleute ließen mich daraufhin in Ruhe."[13]

*

Etwa eine Woche nach der Entbindung wurden Mutter und Kind aus der Klinik entlassen. Die junge Familie überlebte den Krieg in Nürnberg und verließ die Stadt im Juni 1945.

Robert Papini
15.12.1944 – 24.3.1945

Roberts Mutter, die verheiratete Hilfsarbeiterin Angela Papini, war die Italienerin, von der Cornelia Verbaan-Lisowska berichtete und die zeitgleich mit ihr zur Entbindung in den Hochbunker des Klinikums kam. Ihr Ehemann Mario Santi Papini arbeitete seit April 1944 als Presser in Nürnberg und war in verschiedenen Lagern der Stadt untergebracht. Das Kind der Eheleute war in der Siegfriedstraße 35b gemeldet. Es starb im Alter von drei Monaten in der städtischen Säuglingsklinik (siehe B 291).

*

Die Spur ausländischer Kinder, die 1944 im städtischen Klinikum zur Welt kamen, führte nach der Entbindung zunehmend in Zwangsarbeiterlager, Nationalitäten übergreifend. Zur größten Gruppe entwickelte sich bis Kriegsende die der ukrainischen Kinder. 1944 nahmen Frühgeburten zu, und Kinder wurden tot geboren. Immer mehr Säuglinge starben, manche sehr früh. Im Kapitel „Leiden und Sterben" wird darauf näher eingegangen.

In den letzten Kriegsmonaten

Von Januar 1945 bis zum 20. April 1945, an diesem Tag befreiten US-amerikanische Soldaten Nürnberg, wurden in der Stadt noch 79 ausländische Kinder geboren: 34 Mädchen und 45 Jungen. Die Geburtenzahl blieb hoch. Sie lag über der Anzahl der Geburten in den Vergleichsmonaten des

13 Verbaan-Lisowska, Erinnerungen, S. 223f.; weitere Informationen zu Jan Alexander und seinen Eltern siehe B 225.

Jahres 1944. Von den 79 Kindern kamen 24 im städtischen Klinikum zur Welt.[14]

Unter den ausländischen Arbeiterinnen, die 1945 ein Kind zur Welt brachten, waren immer wieder Frauen, die ohne Rücksicht auf die bestehende Schwangerschaft im Jahresverlauf 1944 aus verschiedenen Durchgangslagern für Zwangsarbeiter*innen nach Nürnberg transportiert wurden, so aus dem Durchgangslager Straßhof bei Wien in Österreich, dem Durchgangslager Dachau in der Nähe von München und aus dem schon mehrfach genannten Durchgangslager Neumarkt in der Oberpfalz.

Gregor Tsch.
*** 28.1.1945**

Gregor lebte nach der Geburt im städtischen Klinikum mit seiner Mutter Hascha Tsch. im *Gemeinschaftslager* der DAF in der Witschelstraße. Die ledige ukrainische Landarbeiterin, seit Dezember 1942 in Nürnberg, musste in der Georg Beißbarth Metallwarenfabrik in der Fürther Straße an einer Maschine arbeiten (siehe B 216).

Edith Martha To.
*** 6.12.1943**

Elfriede Monika To.
2.3.1945 – 8.3.1945

Die Mutter der beiden Mädchen, die ledige ungarische Arbeiterin Maria To., seit Mai 1942 in Nürnberg, wurde zunächst in der Bogenstraße 12 untergebracht, nach der Geburt ihres ersten Kindes zusammen mit diesem. Nach einigen Monaten trennten sich die Wege von Mutter und Kind. Die Spur des Kindes führte in ein deutsches Kinderheim. Näheres dazu im Kapitel „Überleben". Die Spur der Mutter führte in verschiedene Unterkünfte in der Stadt, unterbrochen von einer zeitweisen Abmeldung nach Bad Windsheim im Landkreis Neustadt a. d. Aisch im ersten Halbjahr 1944. Zurück in Nürnberg, kam Maria To. im August 1944 in das *Ledigenheim* der Reichsbahn in der Conradtystraße. Möglich, dass sie zu diesem Zeitpunkt mit dem zweiten Kind schwanger war. Im Dezember 1944, etwa Ende des sechsten Monats ihrer zweiten Schwangerschaft, musste die ungarische Arbeiterin noch einmal in ein anderes Quartier wechseln, in das *Reichsbahnlager* in

14 Eigene Berechnung, Quellen: Arolsen Archives, Registrierungsdokumente und StadtAN, Ausländermeldekartei.

der Eilgutstraße 7. Während der Zeit dort brachte sie im Klinikum ihr zweites Kind, wieder ein Mädchen, zur Welt. Sie gab ihm den Namen Elfriede Monika. Es starb sechs Tage nach der Entbindung (siehe B 203 und B 308).

Ludmilla Ni.
* 13.3.1945

Ludmillas Mutter, die ukrainische Schülerin Galina Ni., Anfang Oktober 1944 von Wien nach Nürnberg gekommen, war bei ihrer Ankunft in der Stadt 16 oder 17 Jahre jung und im vierten oder fünften Monat schwanger. Sie wurde als Hilfsarbeiterin in einem Autohaus in der Deutschherrnstraße eingesetzt (siehe B 144).

Gernadi Schitowa (m)
18.3.1945 – 26.3.1945

Gernadi war der Sohn der Eheleute Alexandra Schitowa und Wassilij Schitow. Sie stammten aus dem Bezirk Leningrad in der Sowjetunion. Die Ehefrau war von Beruf Fischerin. Sie kam Ende Oktober 1944 von Strasshof bei Wien in Nürnberg an. Bei ihrer Ankunft in der Stadt war sie Ende des vierten Monats schwanger. Sie und ihr Mann mussten nun in einem Metallbetrieb namens Thomas Ammon Alteisen und Metalle in der Industriestraße arbeiten. Auf dem Betriebsgelände diente ein Eisenbahnwagen als Unterkunft. Dorthin führte nach der Entbindung im Klinikum auch die Spur des Kindes. Es starb in diesem Eisenbahnwagen acht Tage nach seiner Geburt (siehe B 296).

Jacqueline Gabriella Pr.
* 3.4.1945

Jacqueline Gabriella war die Tochter von Renée Suzanne Pr. Die ledige Französin, seit Juli 1942 in Nürnberg, musste als Montiererin in den Siemens-Schuckertwerken arbeiten und war in verschiedenen Quartieren des Betriebs untergebracht. Am 30.4.1943 wurde sie vom Amtsgericht Nürnberg wegen verbotenen Umgangs mit Kriegsgefangenen zu einer Gefängnisstrafe von sechs Monaten verurteilt. Nach ihrer Entlassung aus dem Frauenstrafgefängnis Rothenfeld bei Starnberg kam sie in Nürnberg zunächst als Arbeiterin in die Süddeutsche Apparatefabrik; wurde dann aber erneut in die Siemens-Schuckertwerke umgesetzt. Als sie im vierten

Monat schwanger war, erfolgte ihre Abmeldung aus Nürnberg nach Zirndorf im Landkreis Fürth. Ihr Kind brachte sie im Klinikum Nürnberg zur Welt (siehe B 167).

*

Seit Dezember 1942 kamen ausländische Fabrikarbeiterinnen aus betrieblichen Zwangsarbeiterlagern zur Entbindung ins städtische Klinikum und anschließend mit dem Neugeborenen zurück ins Lager, Nationalitäten übergreifend. Im Lager in der Klingenhofstraße 72 schloss dies französische Zwangsarbeiterinnen und ihre Kinder mit ein – ein Widerspruch innerhalb des NS-Regimes. Französische Arbeiterinnen sollten besser behandelt werden als diejenigen aus Polen und den besetzten Gebieten der Sowjetunion. Ihre französische Staatsangehörigkeit schützte die Frauen nicht vor der Einquartierung in ein *Russenlager.*

Norbert Moissl kam in seiner Untersuchung für die I. Frauenklinik der Universität München zu dem Ergebnis, dass „Unterbringung, Betreuung und Medikation der ‚fremdvölkischen' Frauen [...] keine nennenswerten Unterschiede zu den deutschen Frauen erkennen [ließen]. [...] Den Ausländerinnen [wurde] die gleiche Aufmerksamkeit zuteil wie den übrigen Patienten. [...] Bei der Durchführung der Geburt und der Betreuung im Wochenbett konnten keine Unterschiede festgestellt werden. Großen Wert legte die Klinikleitung jedoch auf eine räumliche Trennung der deutschen von den ausländischen Wöchnerinnen."[15]

Trifft diese Feststellung auch auf das städtische Klinikum in Nürnberg zu? Die Frage bleibt unbeantwortet. Die einzige Quelle, die Informationen zur Unterbringung und Betreuung enthält, sind die Erinnerungen der holländischen Arbeiterin Cornelia Verbaan-Lisowska über ihre Entbindung im Hochbunker der Klinik. Mit der Zerstörung der vier Entbindungssäle im August 1943 und dem Umzug der Geburtshilfe und gynäkologischen Abteilung des Klinikums in den Hochbunker änderten sich die Bedingungen für die räumliche Trennung der deutschen von den ausländischen Wöchnerinnen. Nachdem *die Klinik unter Aufsicht der Gestapo* stand, ist davon auszugehen, dass sie praktiziert wurde.

15 Norbert Moissl, Aspekte der Geburtshilfe in der Zeit des Nationalsozialismus 1933–1945 am Beispiel der I. Frauenklinik der Universität München, München 2005, S. 113.

In Zwangsarbeiterlagern zur Welt gekommen

Schwangere ausländische Arbeiterinnen kamen aus Zwangsarbeiterlagern zur Entbindung ins Klinikum. Schwangere ausländische Arbeiterinnen brachten ihr Kind aber auch in Zwangsarbeiterlagern zur Welt, wie die zwanzig Einzelschicksale, die rekonstruiert werden konnten, zeigen. Sie sind in Teil B dokumentiert. Für das Jahr 1943 und für die letzten Kriegsmonate 1945 fanden sich in den Quellen für jeweils zwei Kinder Informationen über die Geburt in einem Lager einschließlich der Lageradresse und Informationen über ihren Aufenthalt im Lager. Für 1944, das geburtenstärkste Jahr, gibt es Informationen zu sechs Mädchen und zehn Buben.

Jurii Kr., der Sohn einer ukrainischen Lehrerin, wurde am 18.8.1943 im *Russenlager* in der Austraße 108 geboren.

Im *Gemeinschaftslager Buchenbühl* entband die ledige polnische Arbeiterin Josefa Lo. am 15.1.1945 ein Kind. Sein Vorname ist nicht genannt.

Wladimir Fj., dessen Mutter als Küchenhilfe in den Kabel- und Metallwerken Neumeyer arbeiten musste und im Lager der Fabrik in der Klingenhofstraße 72 untergebracht war, kam am 16.9.1944 in diesem Lager zur Welt. Das Kind lebte bei der Mutter (siehe B 101, B 119 u. B 52).

Im *Gemeinschaftslager* in der Hasstraße 23/25 haben nachweislich eine ukrainische und eine polnische Zwangsarbeiterin der Nürnberger Schraubenfabrik ein Kind entbunden.

Die verheiratete Ukrainerin Warwara Ko. brachte am 8.7.1944 ein Mädchen, Wera, zur Welt. Sein Vater, Nikolaj Ko. musste ebenfalls in der Nürnberger Schraubenfabrik arbeiten und war im Lager in der Hasstraße untergebracht. Die Eltern und das Kind lebten im Lager.

Die ledige polnische Arbeiterin Salomea Nowieka, als Packerin in der Nürnberger Schraubenfabrik eingesetzt, entband sieben Monate nach ihrer Ankunft in Nürnberg am 25.1.1945 im Lager einen Jungen, dem sie den Namen Roman gab. Mutter und Kind, es war drei Wochen alt, wurden beim Luftangriff vom 21.2.1945 im Lager getötet (siehe B 94 u. B 288).

Drei Geburten sind im Lager in der Ludwig-Feuerbach-Straße 77 belegt. Hier waren Zwangsarbeiter und Zwangsarbeiterinnen der Victoria-Werke untergebracht.

Sergo, geboren am 14.5.1944, war der Sohn von Wera Woltschanskaja, einer ukrainischen Schülerin, die 1942 im Alter von 16 oder 17 Jahren aus

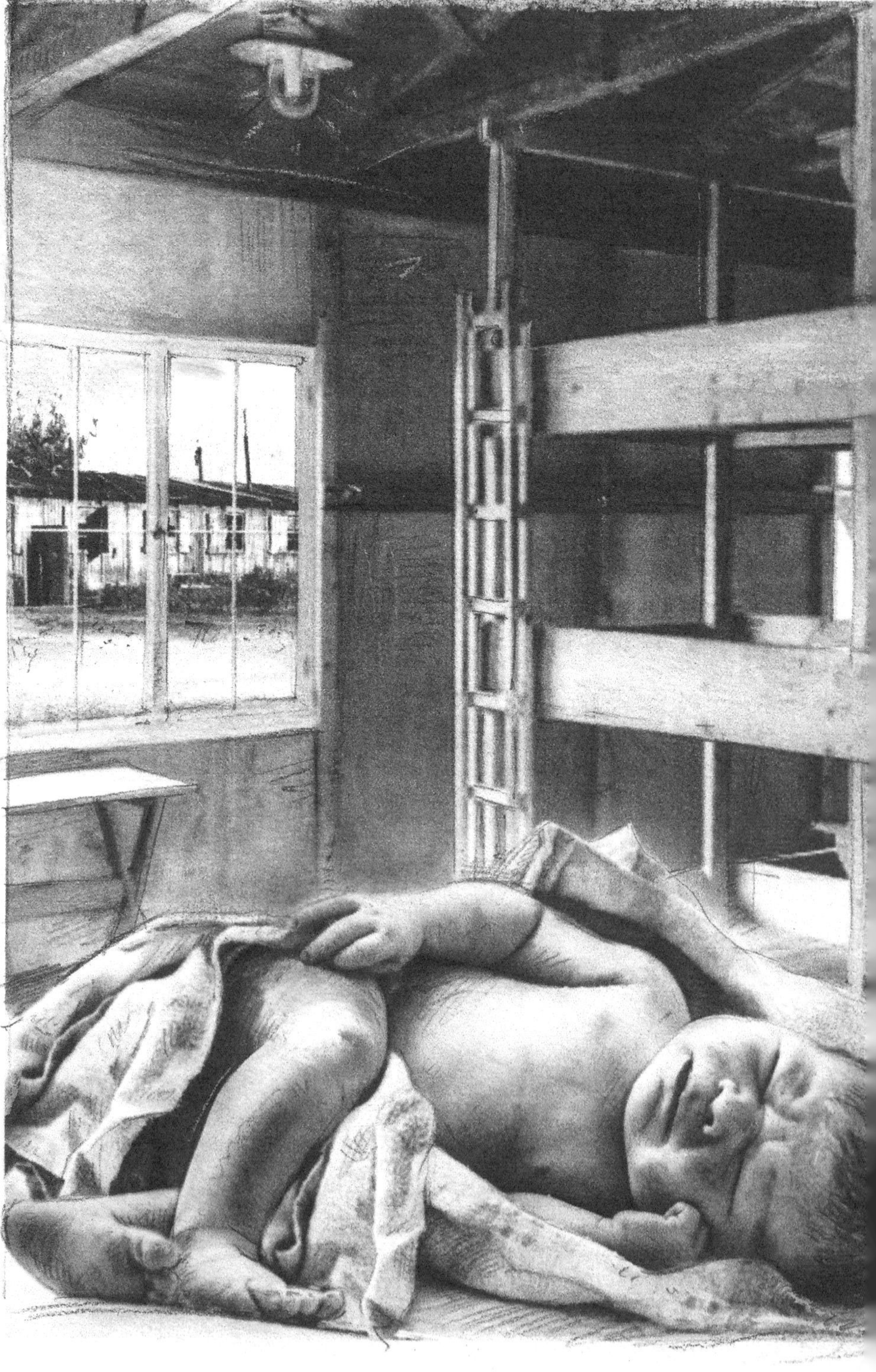

ihrem Heimatort im Bezirk Dnepropetrowsk verschleppt worden war. Ihr Neugeborenes starb dreizehn Tage nach der Entbindung im Lager.

Mit Antonius Tsch. kam am 23.6.1944 ein weiterer Junge im Lager in der Ludwig-Feuerbach-Straße 77 zur Welt. Seine Mutter, eine ehemalige Landarbeiterin, ebenfalls aus dem Bezirk Dnepropetrowsk in der Ukraine, war verheiratet. Das Kind lebte nach der Geburt bei ihr im Lager.

Zwei Monate später entband die verheiratete Arbeiterin Alexandra Kr. am 27.8.1944 ihren Sohn Nikolai im Lager. Das Kind lebte im selben Lager wie seine Mutter und sein Vater, Peter Kr. (siehe B 317, B 211 u. B 99).

Geboren im Russenlager in der Mettingstraße 1–3

Anna Ko.

*** 22.6.1943**

Annas Mutter, die ledige Ukrainerin Marija Ko., hatte in der Heimat in der Landwirtschaft gearbeitet und wurde ab Mai 1942 in Kallmünz im Landkreis Regensburg an einen Bauernhof vermittelt. Ende Januar 1943 wurde die Landarbeiterin vom Arbeitsamt Regensburg nach Nürnberg umgesetzt. Sie war zu diesem Zeitpunkt im fünften Monat schwanger. Ihr neuer Arbeitseinsatzort waren die Lumophon-Werke, eine Fabrik für Radioapparate. Ihre Tätigkeit war die einer Hilfsarbeiterin. Untergebracht wurde Marija Ko im *Ostarbeiterlager* des Betriebes, auch *Russenlager, Ostlager* oder *Gemeinschaftslager Goldbach* genannt, in der Mettingstraße 1–3. Nach der Entbindung lebte auch ihr Kind in diesem Lager. Der Vater des Kindes, Theodor Ta., war Landarbeiter in Regensburg und lebte dort.

Das Mädchen Anna war vier Jahre alt, als seine Eltern im November 1947 in Regensburg heirateten. Im Juni 1948 *erlangte* es *durch Beschluss des Amtsgerichts Regensburg die Rechtsstellung eines ehelichen Kindes* (siehe B 92).[16]

*

16 Die Mettingstraße wird seit 1964 Metthingstraße geschrieben; siehe Michael Diefenbacher/Steven M. Zahlaus (Hrsg.), Lexikon der Nürnberger Straßennamen, 2., verb. und erw. Aufl., Nürnberg 2012.

Als die Kinder Natalija Bo. und Nikolay Gr. im Abstand von drei Wochen am 20.5. und 11.6.1944 im Lager in der Mettingstraße zur Welt kamen, überlebte das Kind Anna dort schon fast ein Jahr. Die Mütter von Natalja und von Nikolay, vor ihrer Verschleppung Landarbeiterinnen im Bezirk Poltawa in der Ukraine, waren am selben Tag, dem 14.12.1942, mit einem Transport aus dem Durchgangslager in Neumarkt in der Oberpfalz nach Nürnberg gekommen, wurden hier als Fabrikarbeiterinnen in den Lumophon-Werken eingesetzt und im *Russenlager* des Betriebes in der Mettingstraße einquartiert. Ihre Kinder lebten bei ihnen im Lager (siehe B 25 u. B 65).

Aleksej Umanez
13.11.1944 – 14.11.1944
Aleksej war das zweite Kind der ledigen Ukrainerin Marija Uman[j]ez, geboren 1924. Die ehemalige Landarbeiterin kam ebenfalls aus dem Bezirk Poltawa in der Ukraine über das Durchgangslager Neumarkt in der Oberpfalz am 14.12.1942 nach Nürnberg in die Lumophon-Werke, wurde dort in der Montage eingesetzt und im *Gemeinschaftslager Goldbach* in der Mettingstraße untergebracht. Sie entband am 22.12.1943 in Nürnberg ihr erstes Kind, einen Jungen, den sie Wlademir nannte. Das Kind war eine Frühgeburt und starb einen Tag nach der Entbindung in der städtischen Säuglingsklinik. Elf Monate später brachte Maria Uman[j]ez im Lager in der Mettingstraße ihr zweites Kind, Aleksej, zur Welt. Aleksej starb am Tag nach seiner Geburt im Lager.

Wlademir und Aleksej, Geschwister, starben innerhalb von elf Monaten. Ihre Lebenszeit: jeweils ein Tag (siehe B 312 u. B 313).

*

Bei den Zwangsarbeiterinnen, die im Lager Mettingstraße ein Kind zur Welt brachten, lassen sich Gemeinsamkeiten erkennen: Sie gehörten zu den ausländischen Arbeiterinnen aus den besetzten Gebieten der Sowjetunion, die am 14.12.1942 aus dem Durchgangslager Neumarkt nach Nürnberg in die Lumophon-Werke zur Arbeit überstellt wurden und im Lager des Betriebes in der Mettingstraße untergebracht waren. Sie stammten aus der Ukraine, teils aus demselben Bezirk. Sie waren in der Heimat Landarbeiterinnen gewesen und mussten nun in einer Fabrik arbeiten. Und sie waren sehr jung, im Jahr 1924 bzw. 1922 geboren.

Geboren im Lager in der Rückertstraße 9

Im Lager der J. S. Staedtler Mars-Bleistiftfabrik in der Rückertstraße 9 wurden zwischen Februar und Oktober 1944 drei Jungen und zwei Mädchen geboren: Alexander Gr. am 6. 2., Lubov Ar. (w) am 7. 5., Wera Sch. am 3. 6., Anatoly Pa. am 28. 6. und Grigorij St. am 15. 10. 1944. Die Mütter der Kinder stammten aus der Ukraine, z. T. aus demselben Bezirk, Dnepropetrowsk. Sie waren ledig und hatten, soweit bekannt ist, in ihrer Heimat in der Landwirtschaft gearbeitet, bevor sie zur Zwangsarbeit verschleppt wurden. In Nürnberg mussten sie in genannter Bleistiftfabrik arbeiten und waren in deren betrieblichem Lager untergebracht. Bei drei Müttern ist der Beginn ihres Arbeitseinsatzes mit Datum vom 2. 7. 1942 dokumentiert. Nach der Entbindung blieben die Kinder bei ihren Müttern im Lager.

Zu einem der Kinder fanden sich ergänzende Informationen: Anatoly Pa. war der Sohn der ledigen Laborantin Jewdokija Pa. und des Mechanikers Tichon Ag. Dieser stammte auch aus dem Bezirk Dnepropetrowsk, arbeitete ebenfalls seit 2. 7. 1942 in der Bleistiftfabrik und war im selben Lager untergebracht. Der Junge kam zwei Jahre nach Beginn des Arbeitseinsatzes zur Welt. Im Alter von sechs Monaten erkrankte er im Lager. Die städtische Säuglingsklinik nahm ihn auf. Mehr dazu im Kapitel „Überleben" (siehe B 67, B 5, B 185, B 152 u. B 196).

Geboren im Ostarbeiterlager in der Veilhofstraße 91

Im *Ostarbeiterlager* in der Veilhofstraße 91 kamen im Oktober 1944 ein Junge und zwei Mädchen zur Welt. In diesem Lager waren die Zwangsarbeiter*innen des Eisenwerk Nürnberg vormals Tafel & Co. untergebracht. Die Kinder lebten nach der Geburt bei den Müttern.

Anadoli Maksimenko
2. 10. 1944 – 27. 12. 1944

Anadolis Eltern, Dusja und Leonid Maksimenko aus der Ukraine, hatten im Dezember 1943 in Nürnberg geheiratet. Der Junge bekam im Lager eine Lungenentzündung. Er starb im Alter von zwei Monaten und drei Wochen im Cnopf'schen Kinderspital (siehe B 281).

Elfriede Ja.
*** 24.10.1944**
Elfriede war die Tochter der Eheleute Lilija und Wladimir Ja. Die Mutter, eine Arbeiterin aus dem Bezirk Witebsk in Weißrussland, kam am 7.9.1942 aus dem Durchgangslager Neumarkt in der Oberpfalz in Nürnberg an. Sie und ihr Mann lebten beide im Lager in der Veilhofstraße. Die Ehefrau arbeitete im Eisenwerk Nürnberg als Küchenhilfe. Ihr Mann war dort als Koch eingesetzt (siehe B 83).

Ingride Jeanine Fu.
*** 29.10.1944**
Vier Tage nach Elfriede Ja. kam Ingride Jeanine im Lager in der Veilhofstraße 91 zur Welt. Die Mutter des Mädchens, Raymonde Fu., war Ende des siebten Monats schwanger, als sie von Bordeaux in Frankreich zum Arbeitseinsatz in das Eisenwerk Nürnberg vorm. Tafel & Co. kam. Zwei Monate nach ihrer Ankunft brachte sie ihr Kind im Lager zur Welt. Die Französin Raymonde Fu. war im NS-Regime offiziell als Arbeiterin, Schwangere, Gebärende und Wöchnerin bessergestellt als *Ostarbeiterinnen.* Das schützte sie nicht vor der Zuweisung ins *Ostarbeiterlager.* Arbeitskräfte wurden gebraucht, und der Arbeitseinsatz hatte Vorrang. Der Ehemann und Vater des Kindes, Yvan Pierre Fu., lebte in Pforzheim (Baden-Württemberg).

Am 2.2.1945 wurde Raymonde Fu. von Nürnberg nach Lenzkirchen abgemeldet. Über den Verbleib ihrer zu diesem Zeitpunkt drei Monate alten Tochter ist nichts bekannt. Raymonde und Yvan Pierre Fu., sie Jahrgang 1911, er Jahrgang 1906, wurden für die damalige Zeit vergleichsweise spät Eltern (siehe B 55).

*

Die Entbindungen in den betrieblichen Lagern sollten „in besonders abgetrennten und von den Betriebsführern zweckentsprechend einzurichtenden Teilen der Betriebsunterkünfte erfolgen“.[17] Inwieweit die oben genannten Lager diese Anordnung umsetzten, ist nicht dokumentiert. Das führt zu dem Gedanken, dass Schwangere ihr Kind auch einfach nur

17 Zit. nach Bernhild Vögel, Das „Entbindungsheim für Ostarbeiterinnen“ Braunschweig, Broitzemer Str. 200, Hamburg 1989, S. 15.

auf der Bettstatt in der Frauen-Wohnbaracke entbanden. „Zur Hilfe bei der Entbindung und zur Pflege der Wöchnerinnen und der Kinder sind bei Ostarbeiterinnen, soweit Osthebammen nicht zur Verfügung stehen, so wie es in den Ostgebieten ebenfalls üblich ist, geeignete ältere Ostarbeiterinnen, die selbst Kinder gehabt haben, einzusetzen", hatte der Generalbevollmächtigte für den Arbeitseinsatz Fritz Sauckel in seinem Erlass vom März 1943 angeordnet.[18] Immer wieder wurde versucht, den Eindruck zu erwecken, slawische Frauen seien primitiv und würden deshalb problemlos gebären.

Die Frage, wie viele ausländische Kinder in Nürnberg in Lagern geboren sind, beantworten die Quellen nicht. Das gilt auch für die Frage, ob in anderen als den hier genannten Lagern Kinder entbunden wurden. Dass in den großen Gemeinschaftslagern der Deutschen Arbeitsfront in der Stadt Kinder zur Welt kamen bzw. dort *Entbindungsstationen* existierten, dafür gibt es keine Belege.

Fremdarbeiterkinder, zwischen 1940 und Kriegsende 1945 in Nürnberg geboren

Jahr	Mädchen	Jungen	Gesamt	davon im städtischen Klinikum
1940–1942	16	27	43	19
1943	41	47	88	41
1944	84	104	188	92
Januar - 20.4.1945	34	45	79	24
Summe 1940 - Kriegsende 1945	175	223	398	176

Eigene Berechnung, Quellen: Arolsen Archives, Registrierungsdokumente und StadtAN, Ausländermeldekartei

18 Zit. nach Schwarze, Kinder, S. 151.

44 % der in Nürnberg geborenen *Fremdarbeiterkinder* kamen im städtischen Klinikum zur Welt, Nationalitäten übergreifend. Die Quellen enthalten keine Anhaltspunkte, dass es in der Stadt eigens zu diesem Zweck eingerichtete Gebärbaracken oder ein zentrales Entbindungslager gab. Anders verhielt es sich im Durchganslager in Neumarkt in der Oberpfalz und im Weißenburger Ostarbeiterlager, in denen auch ausländische Arbeiterinnen, die in Nürnberger Betrieben arbeiteten, Kinder zur Welt brachten.

Geboren im Durchgangslager Neumarkt in der Oberpfalz

Das im Juni 1942 eröffnete Durchgangslager Neumarkt, 38 km südöstlich von Nürnberg gelegen, war als sogenanntes Verteilungslager konzipiert worden. Die in Gruppentransporten aus den besetzten Gebieten der Sowjetunion angekommenen Zwangsarbeiter*innen sollten nach der *Entlausung* und einem möglichst kurzen Aufenthalt im Lager auf die *zugewiesenen Arbeitsorte* verteilt werden. Zu diesem Zweck betrieb die Deutsche Arbeitsfront im Verwaltungsbereich des Lagers *eine Verteilungsstelle in der Form eines Arbeitsamts, das den Einsatz und die Verteilung der Zwangsarbeiter*innen organisierte.* Das Lager war für 900 Personen ausgelegt. Es bot bald zu wenig Platz, sodass ein Jahr nach seiner Inbetriebnahme fünf neue Baracken errichtet wurden; zwei davon dienten der *medizinischen Versorgung,* in einer der Baracken gab es nun auch einen *Entbindungsraum.*

Zum medizinischen Personal gehörten ein Arzt-Hebammen-Ehepaar und eine ukrainische Ärztin aus Charkow. Ende August 1943 lebten im Durchgangslager Neumarkt 843 Männer, 1132 Frauen und 849 Kinder. Im Mai 1944 war die *Entbindungsabteilung* mit 55 an Masern erkrankten Kindern und sechs Müttern in nur 15 Betten überbelegt, meldete das zuständige Gesundheitsamt an den Regierungspräsidenten in Regensburg. Fünf Monate später war das Krankenrevier im Lager von der Regierung als *Hilfs-Krankenhaus* anerkannt worden. *Die geburtshilfliche Abteilung* verfügte jetzt über 54 Betten. Das Durchgangslager diente als zentrale Entbindungseinrichtung eines weiten Umfelds.[19]

19 Präger, Die erste Station, S. 60–62.

Konrad Fischtschuk
11.9.1943 – 6.4.1944
Konrad war der Sohn der ledigen landwirtschaftlichen *Ostarbeiterin* Ekaterina Fischtschuk aus der Ukraine. Sie war Dienstmagd auf einem Bauernhof in der Mittelstraße im Norden Nürnbergs. Ihr Kind entband sie im Durchgangslager Neumarkt. Der Junge lebte nach der Geburt bei seiner Mutter in deren Quartier auf dem Bauernhof. Dort starb er im Alter von sechs Monaten infolge einer Lungenentzündung. Die Landwirtsehefrau zeigte den Tod des Säuglings beim Standesamt an (siehe B 255).

Nina Nesterenko
13.3.1944 – 6.12.1944
Die Eltern von Nina, das Ehepaar Tatjana und Paul Nesterenko, stammten ebenfalls aus der Ukraine. Sie lebten in Nürnberg. Die Adresse ist nicht dokumentiert. Der Vater des Kindes arbeitete als Feuerwerker. Nach der Entbindung im Durchgangslager in Neumarkt war das Mädchen in Nürnberg im Lager in der Bayernstraße 66 gemeldet. Es starb in diesem Lager im Alter von acht Monaten. Die Mutter des Kindes starb in Nürnberg vier Monate nach Kriegsende im *Ausländerkrankenhaus* in der Regensburger Straße 622 (siehe B 287).

Marie Si.
*** 2.2.1944**
Marie war die Tochter der Eheleute Nastia und Iwan Si. aus der Ukraine. Die Mutter musste in Nürnberg in der Firma Keim & Co. Blechindustrie arbeiten. Sie brachte ihr Kind im Durchgangslager Neumarkt zur Welt. Ob es anschließend bei der Mutter in Nürnberg lebte ist nicht dokumentiert. Der Vater des Kindes wurde Ende Februar „mit zehn weiteren sowjetrussischen Arbeitskräften (Ukrainer) von der Fahrbereitschaft Kitzingen der Fahrbereitschaft Nürnberg zugewiesen“. Mitte August 1944 „wurden die insgesamt 380 Ostarbeiter der Fahrbereitschaft Nürnberg auf Anordnung des Gauarbeitsamtes Nürnberg [...] zurückgezogen und der Industrie zur Verfügung gestellt“ (siehe B 190).

Im Frauenzuchthaus Aichach geboren, gestorben in Nürnberg

Iwan Wasilenko
3.4.1944 – 20.9.1944

Iwan Wasilenko kam am 3.4.1944 im Frauenzuchthaus in Aichach (Oberbayern) zur Welt. Seine Spur führte nach Nürnberg. Nachfolgend eine Rekonstruktion der Umstände seiner Geburt und seines kurzen Lebens.

Iwan war der Sohn von Fewronja Wasilenko. Der Junge war ihr zweites Kind. Die Mutter stammte aus dem Bezirk Kiew in der Ukraine, hatte in ihrer Heimat geheiratet und 1937 dort ihr erstes Kind zur Welt gebracht. Es war vier Jahre alt, als der Vater 1941 starb und Fewronja Wasilenko Witwe wurde.

Im Mai 1942 zur Zwangsarbeit ins Deutsche Reich verschleppt, musste Fewronja Wasilenko bei einem Bauern im Landkreis Kulmbach in Oberfranken arbeiten. Am 7.10.1943 wurde sie wegen *deutschfeindlichen Verhaltens* von der Geheimen Staatspolizei (Gestapo) Nürnberg-Fürth festgenommen und saß in Nürnberg in Haft. Bei einer polizeiärztlichen Untersuchung wurde eine Schwangerschaft festgestellt. Mit der Bitte um Mitteilung, ob die *Ostarbeiterin* zur Entbindung in die dortige Anstalt überstellt werden kann, wandte sich die Gestapo Nürnberg Ende November 1943 an die Frauenvollzugsanstalt Aichach. Das Ersuchen begründete die Gestapo wie folgt: „Auf Grund ihrer kommunistischen Einstellung und ihrer bisherigen Haltung kann zurzeit eine Freilassung nicht befürwortet werden. Es ist beabsichtigt W. nach ihrer Entbindung in ein Konzentrationslager einzuweisen."

Der Vorstand des Frauenzuchthauses Aichach bekundete gegenüber dem Generalstaatsanwalt in München, dass „die Aufnahme der Wasilenko möglich [wäre], wenn sie nach der Geburt des Kindes mit dem Kind wieder der Polizei überstellt werden könnte". Mit Nachdruck wies die Anstaltsleitung auf „die Unterbringungsschwierigkeiten gerade bei ausländischen Kindern" hin und betonte, dass – sollte die Polizei nicht auf die Rücküberstellung von Mutter und Kind in Polizeigewahrsam eingehen – bei der Unterbringung des Kindes in der Frauenvollzugsanstalt ganz erhebliche Schwierigkeiten entstehen würden. In diesem Sinne schrieb der Anstaltsdirektor Mitte Dezember 1943 an die Gestapo in Nürnberg, „dass der Aufnahme der Polizeigefangenen Wasilenko in der Entbindungsabteilung des Zuchthauses keine Bedenken entgegenstehen, wenn diese nach der

Entbindung samt dem Kind von dort wieder übernommen wird, sobald sie transportfähig ist".

Am 7.1.1944 wurde Fewronja Wasilenko in einem Einzeltransport aus dem Polizeigefängnis Nürnberg in die Frauenvollzugsanstalt in Aichach überstellt. Ihre persönlichen Sachen musste sie dort abgeben: „zwei Jacken, ein blaues Kleid, ein blaues und ein weißes Tuch, ein Handtuch, eine weiße Schürze, einen Lumpen, ein Paar Schuhe und ein Paar Stiefel, Nähzeug, eine Mundharmonika, ein Schal, zwei Paar Strümpfe, zwei Unterröcke, zwei Hemden, einen Putzlumpen, eine Hose, ein weißes Leiberl, ein Kamm".

Unmittelbar nach der Ankunft musste sich die Gefangene einer *Aufnahmeuntersuchung* unterziehen. Sie wurde gemessen, 150 cm, und gewogen, 43 kg, und gynäkologisch untersucht. Weiter heißt es in dem ärztlichen Befund: „Geschlechtskrankheiten negiert, jetzt schwanger im 7. Monat, Uterus zwischen Nabel und Rippenbogen, Brustdrüsen sezernieren [sondern ein Sekret ab], innere Organe ohne Befund, Reflexe gehörig." Arbeitsfähigkeit der Schwangeren wurde attestiert. Auf den Arbeitseinsatz beim Bauern folgte der Arbeitseinsatz im Zuchthaus bis zur Niederkunft.

Fewronja Wasilenko, sie war inzwischen 33 Jahre alt, entband einen Jungen und gab ihm den Namen Iwan. Sechs Wochen nach der Entbindung erfolgte per Einzeltransport die Überstellung von Mutter und Kind aus dem Frauenzuchthaus Aichach nach Nürnberg.

Der Arbeitskräftemangel verhinderte möglicherweise die ursprünglich geplante und angekündigte Einweisung in ein Konzentrationslager. In ihrem dritten Arbeitseinsatz nach Landwirtschaft und Zuchthaus wurde Fewronja Wasilenko als Hilfsarbeiterin in die Lyra-Bleistiftfabrik überstellt. Das Kind wurde von ihr getrennt und im *Kinderheim* des Betriebes im Kleinreuther Weg 27 untergebracht. Dort starb Iwan im Alter von fünf Monaten am 20.9.1944. „Tot aufgefunden im Heim" trug der Standesbeamte im Sterberegister ein.

Iwan Wasilenko: Die Mutter war in den letzten Wochen der Schwangerschaft im Zuchthaus, er sechs Wochen mit ihr. Trennung von ihr in Nürnberg. Unter diesen Lebensumständen hat er fünf Monate überlebt. Ein Kind mit Widerstandskraft.[20]

20 Staatsarchiv München, Justizvollzugsanstalten Nr. 11520 u. B 315. Zum Kinderheim im Kleinreuther Weg 27 siehe S. 75.

Ihr Leben begann in Weißenburg, im *Ostarbeiterlager* Am Lehenwiesenweg

Im Juli 1942 fand in der 47 km südlich von Nürnberg gelegenen mittelfränkischen Kleinstadt Weißenburg unter der Leitung des Landrats eine „Besprechung wegen Unterkunft, Bewachung und Betreuung der russischen Arbeitskräfte statt, die in der Stadt Weißenburg i./B. und im Landkreis eingesetzt sind". An dieser Besprechung nahmen teil: ein Kriminalrat der Geheimen Staatspolizei Nürnberg, ein Vertreter der Gauleitung der Deutschen Arbeitsfront (DAF), ein Vertreter des Arbeitsamts und der Kreisbauernschaft sowie örtliche Betriebsführer, die russische Arbeitskräfte einsetzten und diese bisher in mehreren Lagern untergebracht hatten. Es wurde beschlossen, dass das Arbeitsamt im Benehmen mit der Stadt und mit dem Landrat das Weitere veranlassen und dass die Stadt das Gelände zur Verfügung stellen und die Trägerschaft für das Lager übernehmen sollte. Die Lagerbaracken waren beim Rüstungskommando der Wehrmacht in Nürnberg zu bestellen, zuständig für deren Ausstattung sowie für den Lagerleiter und die Verpflegung war die Deutsche Arbeitsfront.

Ende Januar 1943 wurde das *Ostarbeiterlager* Am Lehenwiesenweg in Betrieb genommen, bestehend aus einer Wohnbaracke für 100 männliche Arbeiter, zwei Wohnbaracken für je 100 weibliche Arbeitskräfte, einer Wirtschafts- und einer Abortbaracke. Vier Monate später erhielt das Arbeitsamt Weißenburg im Mai 1943 ein Schreiben, dass im Lager drei Säuglinge lebten, fünf weitere in den folgenden sechs bis acht Wochen erwartet wurden und es deshalb „notwendig sein [wird] aus den Lagerinsassinnen eine Frau zu bestimmen, die nicht für eine Arbeit eingesetzt wird, dafür aber die Säuglinge betreut". Das Arbeitsamt sollte bestimmen, welche Frau diese Betreuung übernehmen sollte. Am 5. 10. 1943 wurde die 24-jährige Ostarbeiterin Marga K. von der Stadt *zur Betreuung der Kinder* im Ostarbeiterlager eingestellt.

Aus einer Korrespondenz des Bürgermeisters der Stadt Weißenburg mit dem *Baubevollmächtigten des Reichsministeriums Speer im Bezirk der Rüstungsinspektion XIII in Nürnberg* vom Februar 1944 geht wiederholt hervor, dass dem Ostarbeiterlager der Stadt vom Arbeitsamt „ständig schwangere Ostarbeiterinnen zugewiesen [werden], die hierher zur Entbindung kommen [...] Vom Gauarbeitsamt werden alle schwangeren Ostarbeiterinnen dem hiesigen Ostarbeiterlager zugewiesen“. In dieser Situation wurde beschlossen, die Wirtschaftsbaracke des Ostarbeiterlagers zur „Entbindungsbaracke auszustatten – mit hölzernen Bettgestellen, Strohsäcken und Spinden“.

Ursprünglich für 300 Arbeitskräfte ausgelegt, war das Weißenburger Ostarbeiterlager ab 1944 stark überbelegt. Ende Juni dieses Jahres lebten in ihm 307 Erwachsene und 63 Kinder, davon 25 Säuglinge und 38 Kinder im Alter von ein bis zehn Jahren. Die Überbelegung hatte eine Überhandnahme von Ungeziefer zur Folge, was zu zahlreichen Klagen über das Lager führte, wie *der Gaubeauftragte für Lagerbetreuung bei der Gauwaltung Franken der Deutschen Arbeitsfront* dem *Gauwirtschaftsberater der NSDAP Gauleitung Franken* berichtete. „Diese Kinder“, heißt es in dem Schreiben, „befanden sich samt und sonders bei ihren Müttern in den einzelnen Stuben [die Unterkunftsbaracken waren in Stuben eingeteilt]. Außerdem wird das Lager auch als Wöchnerinnenheim durch das Gauarbeitsamt verwendet. Diese unliebsamen Verhältnisse trugen stark zur Verwesung des Lagers bei, da die Stuben begreiflicherweise nicht in der wünschenswerten Weise gereinigt und gelüftet werden konnten.“

Der Gaubeauftragte für Lagerbetreuung ordnete eine sachgemäße Entwesung an, wofür zunächst Frauen, Säuglinge und Kinder in eine andere zum Lager gehörende (Wirtschafts-)Baracke, die bisher von der Wehrmacht zu Lagerzwecken beansprucht war, umzuquartieren waren. Nach vollständiger sachgemäßer Entwesung des gesamten Lagers waren „sämtliche Kinder und Wöchnerinnen in der eben genannten freigewordenen Baracke dauernd unterzubringen, sodass die übrigen Unterkünfte sauber gehalten und gelüftet werden können. Die Durchführung dieser Maßnahme wurde mir zugesichert. Es ist anzunehmen, dass die Klagen über dieses Lager dann gegenstandslos werden, namentlich wenn die Entwesungen in regelmäßigen Zeiträumen wiederholt werden. Die hier genannte Baracke wurde zur Entbindungsbaracke“.

Außer den erwähnten hölzernen Bettgestellen, Strohsäcken und Spinden gibt es keine Hinweise auf Einrichtungsgenstände in der Entbindungsbaracke. Für den Winter wurden vier Öfen zur Beheizung beantragt, zwei wurden geliefert, zwei wurden aus dem im Lager vorhandenen Bestand umgestellt.

Die schwangeren Frauen wurden von einem ukrainischen Arzt betreut, und eine serbische Dolmetscherin, die sehr gut Deutsch sprach, hat sich nach Angaben eines damals knapp 14-jährigen Lehrlings um sie gekümmert.[21]

Ludmilla Ke.
* 12.4.1944

Ludmilla war die Tochter der Eheleute Katerina und Paul Ke. Die Mutter, von Beruf Köchin, stammte aus der ukrainischen Stadt Kriwoj Rog und wurde mit einem der ersten *Ostarbeitertransporte* zur Zwangsarbeit ins Deutsche Reich verschleppt. Im Alter von 21 Jahren kam sie im Mai 1942 in Nürnberg an und musste laut Ausländerpolizei hier als Metallhilfsarbeiterin in der Rüstungsfabrik Heinrich Diehl arbeiten. Katerina Ke. wurde in Nürnberg schwanger. Etwa einen Monat vor ihrer Niederkunft überstellte das Arbeitsamt sie *zur Entbindung* nach Weißenburg, wies sie dort zunächst aber noch einem Betrieb als Arbeitskraft zu: der *Gebrüder Aurnhammer, Uniform-Effekten-Fabrik und Fabrik Leonischer Waren, Metall-Draht-Werk* – gemäß der Anweisung aus dem Mutterschutzgesetz, das „leichte Arbeit“ für hochschwangere Arbeiterinnen aus den besetzten Gebieten der Sowjetunion ausdrücklich vorsah.

Sieben Tage, nachdem Katerina Ke. im Weißenburger *Ostarbeiterlager* ihre Tochter Ludmilla entbunden hatte, wurden Mutter und Kind zurück nach Nürnberg überstellt – nun in das (*Ostarbeiter*-)Lager der Lebkuchen- und Schokoladenfabrik Haeberlein-Metzger in der Neudörferstraße. Auf diesem Gelände befanden sich die Fabrik sowie das betriebliche Barackenlager mit *Säuglingsheim*.[22]

Georg Go.
* 12.4.1944

Georg, der Sohn der polnischen Arbeiterin Stanislawa Go,. wurde am selben Tag wie Ludmilla geboren. Seine Mutter war am 6.4.1944 für die bevorstehende Entbindung aus dem Barackenlager in der Hasstraße in das

21 Stadtarchiv Weißenburg i.Bay., Rep. V 1007 u. Reinhard Schwirzer, Einsatz ausländischer Arbeitskräfte. Bemerkungen zum Aufenthalt von „Fremd- und Zwangsarbeitern“ während des Zweiten Weltkriegs in der Stadt Weißenburg in Bayern, in: villa nostra. Weißenburger Blätter. Geschichte, Heimatkunde, Kultur 2 (2008), Teilheft II, S. 27–60.

22 Siehe B 90 u. StAN, LRA Weißenburg Abgabe 1996 Nr. 165.

Weißenburger Ostarbeiterlager überstellt worden. Hier brachte sie sechs Tage später ihr Kind zur Welt. Das Neugeborene war eine Woche alt, als Mutter und Kind zurück nach Nürnberg in das Barackenlager in der Hasstraße kamen (siehe B 62).

Viktor Jakowenko
6.7.1944 – 25.3.1945

Katja Jakowenko, die Mutter von Viktor, war in Nürnberg bei den städtischen Werken und Bahnen (WuB) zur Arbeit eingesetzt. Auf Anordnung des Arbeitsamtes Nürnberg wurde sie am 23.6.1944 an das Arbeitsamt Weißenburg überführt, meldeten die städtischen Werke und Bahnen der Ausländerpolizei. Und sie käme „nach der Entbindung nicht mehr zurück". Etwa zwei Wochen nach der Ankunft im Weißenburger *Ostarbeiterlager* brachte Katja Jakowenko dort ihren Sohn zur Welt. Mutter und Kind blieben eine Woche im Lager. Die Arbeitskraft der jungen Mutter wurde in Nürnberg gebraucht. Katja Jakowenko wurde mit ihrem Neugeborenen nach Nürnberg zurücküberstellt, als Arbeiterin im Eisenwerk Nürnberg eingesetzt und mit dem Kind im betrieblichen Barackenlager in der Veilhofstraße untergebracht. Der Junge starb im Alter von acht Monaten (siehe B 263).

NN Tsch. (w)
*** 19.8.1944**

Raisa Tsch., 1925 geboren, Mutter eines Mädchens unbekannten Vornamens, stammte aus der Ukraine und war ledig. Drei Tage nach der Entbindung im Weißenburger *Ostarbeiterlager* wurde sie mit ihrem Neugeborenen in Nürnberg im *Gemeinschaftslager* in der Allersberger Straße 190 untergebracht und als Arbeiterin in der TEKADE (Süddeutsche Telefon-Apparate, Kabel- und Drahtwerke AG) eingesetzt. Der Vater ihres Kindes, Velemir Dy., war ein serbischer Kriegsgefangener, der am 22.7.1944 verstorben war, schrieb die Firma TEKADE zwei Tage nach dem Eintreffen von Mutter und Kind an das Ausländeramt im Polizeipräsidium Nürnberg-Fürth (siehe B 214).

A | Überleben

Wohin führten die Lebensspuren der ausländischen Kinder nach ihrer Geburt? Wie war ihre Lebenssituation?

Rückkehrschein

Bis Ende 1942 galt unter der Herrschaft des NS-Regimes, dass ausländische Arbeiterinnen, die während des Arbeitseinsatzes im Deutschen Reich schwanger wurden, in ihre Heimat zurückzuschicken waren. Mütter mit Neugeborenen, mit Säuglingen und Kleinkindern wurden ebenfalls zurückgeschickt, so auch in Nürnberg wie die Geschichte einiger polnischer, tschechischer und serbischer Arbeiterinnen zeigt. Der Betrieb stellte einen *Rückkehrschein* in die Heimat aus. Die *Deutsche Arbeitsfront Gauwaltung Franken Hauptabteilung Arbeitseinsatz* bewilligte die Benutzung des *Regelzugs.* Das Arbeitsamt zeichnete den Rückkehrschein ab.

Richard Ignatz Pe.
*** 1.11.1941**

Richard Ignatz war der Sohn von Johanna und Ignatz Pe. Das Ehepaar war 1940 in seiner polnischen Heimat getrennt worden. Der Ehemann wurde zunächst im *Stalag XIII* (Strafgefangenenlager im Wehrkreis XIII) inhaftiert und musste ab August 1940 in Nürnberg arbeiten. Die Ehefrau traf vier Monate später in der Stadt ein. Getrennt voneinander kamen die Eheleute in verschiedene Unterkünfte. Ihr kleiner Sohn war zwei Monate alt, als die Mutter, *von ihrem Arbeitgeber entlassen* und mit *Einverständnis des Arbeitsamtes,* mit dem Kind am 3. 1. 1942 in ihren polnischen Heimatort in Begleitung ihres Mannes zurückgeschickt wurde. Etwa zwei Monate später arbeitete dieser wieder in Nürnberg. Laut Ausländermeldekartei gab es während des Krieges einen weiteren Aufenthalt des Ehemanns und Vaters bei Frau und Kind (siehe B 154).

Zdenek Re.
*** 8.12.1940**

Franz Re.
*** 10.8.1942**

Die Eltern der beiden Jungen Zdenek und Franz, Franziska und Zdenek Re., stammten aus dem Protektorat Böhmen und Mähren und kamen getrennt voneinander im Juli und September 1939 in Nürnberg an. Franziska Re. war Hilfsarbeiterin. 1940 das erste Mal schwanger, wurde sie im siebten Monat der Schwangerschaft in ihren Heimatort abgemeldet. Ihr erstes Kind brachte sie dort zur Welt. Drei Wochen nach der Entbindung waren Mutter und Kind in Nürnberg gemeldet. Zusammen mit dem Ehemann und Vater wohnten sie nun in der Trierer Straße. Ein zweites Kind kam hinzu: Franz, geboren im städtischen Klinikum. Er war fünf Wochen alt, als die Mutter mit beiden Kindern im September 1942 in ihren Geburtsort abgemeldet wurde. Der Erstgeborene war zu diesem Zeitpunkt ein Jahr und neun Monate alt (siehe B 173).

Ende 1942 vollzog das NS-Regime einen Kurswechsel. Schwangere ausländische Arbeiterinnen sollten nicht mehr zurückgeschickt werden. Es kam dennoch weiterhin vor.

Josef Ba.
*** 23.5.1944**

Josefs Mutter Helena Ba. kam im September 1941 im Alter von 18 Jahren von Litzmannstadt in Polen als Arbeitskraft nach Nürnberg, wurde hier als Hilfsarbeiterin im Betrieb Vereinigte Deutsche Metallwerke eingesetzt und zunächst in der Kreutzerstraße untergebracht. Die junge Frau war ledig. Der Vater ihres Kindes, Josef Anton Ko., stammte aus der Tschechoslowakei. Nach der Entbindung lebten Mutter und Kind in einem privaten Quartier in der Gibitzenhofstraße. Drei Monate nach der Geburt ihres Sohnes wurde Helena Ba. nach Köslin in Polen *abgemeldet*. Zum Kind enthalten die Quellen keine Informationen (siehe B 11).

Stefan Ca.
*** 12.7.1944**

Stefans Eltern, die Eheleute Nadezda und Dragomir Ca. aus Leskovac in Serbien, mussten seit Oktober 1943 in Nürnberg im Betrieb Vereinigte Margarine-Werke in der Klingenhofstraße arbeiten, der Ehemann als Schlosser, die Ehefrau als Hilfsarbeiterin. Untergebracht waren beide im Lager in der

Klingenhofstraße 52. In diesem Lager ist nach der Entbindung im Klinikum zunächst auch ihr Sohn Stefan gemeldet.

Das Ehepaar wurde aus dem Betrieb Vereinigte Margarine-Werke zur Firma Düll & Stark *umgesetzt.* Der Zeitpunkt ist nicht dokumentiert. Dokumentiert ist, dass Mutter und Kind bestätigt von der Deutschen Arbeitsfront (DAF) in einem Privatquartier der Firma Düll & Stark in der Humboldtstraße *wohnen durften.* Der Vater bekam eine Unterkunft in einem von der Firma gemieteten Zimmer in der Schweiggerstraße 15 zugeteilt. Offenkundig lebte er in diesem Zimmer dann zusammen mit Frau und Kind. Vierzehn Tage nach der Entbindung erhielt die junge Mutter am 26.7.1944 für sich und ihr Neugeborenes einen Rückkehrschein nach Leskovac, einschließlich einer Fahrkarte, ausgestellt. Auch der Vater bekam einen Rückkehrschein mit der Begründung: *Rückbringung von Frau und Kind* und dem Vermerk, dass sein *Arbeitsverhältnis* in der Fa. Düll & Stark *ordnungsgemäß beendet* war (siehe B 30).

Renate Hedwig Ma.

*** 7.10.1944**

Renate Hedwig war die Tochter von Irena Ma. Die junge Polin (Jg. 1926) war ledig und stammte aus Litzmannstadt. Von dort kam sie Ende September 1941 zum Arbeitseinsatz nach Nürnberg – als Hilfsarbeiterin in der Metrawatt AG, Fabrik Elektrischer Messgeräte. Drei Monate nach der Geburt des Kindes wandte sich die Metrawatt AG an das Polizeipräsidium betreffs einer „Reisegenehmigung für die Polin Ma Irene" für die Zeit von 20.1.1945 bis einschließlich 28.1.1945; Reiseziel Litzmannstadt. Irena Ma., so heißt es in dem Schreiben weiter, „will ihr 3 Monate altes Kind zu ihren Eltern nach Litzmannstadt bringen in Begleitung ihres Bräutigams Za., da es in unserem Ausländer-Lager, das am 2.1.1945 vollständig zerstört wurde, nicht mehr untergebracht werden kann. Unsere Ausländerinnen sind zur Zeit in einer Notunterkunft untergebracht. Reiseschein anbei."

Es ist nicht belegt, ob die *Reise* nach Litzmannstadt genehmigt wurde. Dokumentiert ist, dass die Mutter des Kindes am 30.4.1946 in Nürnberg ihren Bräutigam Johann Za. heiratete und das Kind dessen Namen erhielt (siehe B 124).

Unterkunft in privaten Quartieren

Ausländische Arbeiterinnen, die während des Zweiten Weltkrieges in Nürnberg in privaten Haushalten oder in der Landwirtschaft arbeiten mussten, waren in privaten Quartieren am Ort des Arbeitseinsatzes untergebracht. Und auch ausländischen Arbeiterinnen in Industriebetrieben wurden private Unterkünfte zugewiesen. Die Spur von Mutter und Kind führte wiederholt dorthin.

Willi Joseph Va. **Rudolph Va.**
*** 31.7.1943** *** 21.11.1944**

Willi Joseph lebte nach der Geburt im städtischen Klinikum bei seiner ledigen Mutter Clara Jeanette Va. in deren Unterkunft in der Ottostraße 13. Unter dieser Adresse arbeitete die Belgierin, die im Januar 1942 nach Nürnberg gekommen war, als Hausangestellte. Sie bekam Ende November 1944 ein zweites Kind, wieder einen Jungen, den sie Rudolph nannte. Die ledige zweifache Mutter heiratete nach dem Krieg 1957 in Nürnberg den deutschen Staatsangehörigen Christian St. (siehe B Nr. 222 u. B 223).

Karl Dieter Baudoin **Claude Jablonski**
7.4.1942 – 8.7.1942 **15.8.1944 – 30.10.1944**

Die Mütter der beiden Jungen Karl Dieter und Claude, Lucie Baudoin und Marie Jablonski, kamen aus Frankreich, waren ledig und seit 1941 als Hausangestellte bzw. Hausgehilfin in Nürnberg eingesetzt. Ihr Arbeitseinsatz erfolgte zeitweise im selben Haushalt, registriert unter der Adresse Äußere Rollnerstraße 27. Die Kinder waren bei den Müttern untergebracht und starben *in dieser Wohnung* im Alter von drei bzw. zweieinhalb Monaten. Das erste Kind, Karl Dieter, wurde *tot im Bett aufgefunden.* Die Staatsanwaltschaft war eingeschaltet. Sie meldete den Tod des Säuglings beim Standesamt. Der zweite Junge, Claude, starb an „Lebensschwäche" (siehe B 240 u. B 262).

Walther Zabawa **Anna Tscherewatsch**
16.9.1944 – 29.9.1944 **18.9.1944 – 29.9.1944**

Die Mütter der beiden Kinder mussten in der Landwirtschaft arbeiten. Walthers Mutter, die ledige Polin Helena Zabawa, war seit März 1942 landwirtschaftliche Magd auf einem Bauernhof in Nürnberg-Buch im Norden der

Stadt. Ihr Kind, geboren im städtischen Klinikum, lebte nur wenige Tage bei ihr in der Unterkunft auf dem Hof. Es starb nach dreizehn Tagen. Die Mutter von Anna, Maria Tscherewatsch, stammte aus der Sowjetunion, war ledig und musste auf einem Bauernhof in der Ziegelsteinstraße, ebenfalls im Stadtnorden gelegen, arbeiten. Ihr Kind kam in Weißenburg zur Welt und starb bereits elf Tage nach der Geburt im Quartier der Mutter in der Ziegelsteinstraße. Die Landwirtsehefrau meldete den Tod des Neugeborenen beim Standesamt.

Zwischen dem Geburtstag des Jungen und dem des Mädchens lagen zwei Tage; ihr Sterbetag war derselbe. Ihre Lebenszeit denkbar kurz. Als Todesursache wurde für beide „Lebensschwäche" eingetragen (siehe B 318 u. B 311).

Emil Johann Di.
* 22.10.1944

Emil Johann war der Sohn des belgischen Ehepaares Marie und Camille Di. Es kam im August 1941 in Nürnberg an. In der Heimat Hausfrau musste Marie Di. nun in der Industrie arbeiten, zuerst im Betrieb VDM Halbzeugwerke Nürnberg und zwei Monate später im Reichsbahn-Ausbesserungswerk Nürnberg, in dem bereits ihr Ehemann zur Arbeit eingesetzt war. Nach verschiedenen Quartieren in der Stadt bekam der Ehemann schließlich eine Unterkunft in der Bauernfeindstraße 4. Hier wohnten die Eltern dann auch zusammen mit ihrem Sohn Emil Johann. Die Familie war unter dieser Adresse noch bis 1946 in Nürnberg gemeldet (siehe B 42).

Liljana Da.
* 15.10.1944

Die Eltern von Liljana, die Eheleute Milona und Georgije Da., trafen Mitte September 1943 aus Belgrad in Serbien (Jugoslawien) in Nürnberg ein. Hier wurden sie voneinander getrennt. Der Ehemann, als Hilfsarbeiter eingesetzt, erhielt ein Quartier in SS-Baracken auf dem Reichsparteitagsgelände. Die Ehefrau musste in den Siemens-Schuckertwerken arbeiten und wurde in den folgenden zwölf Monaten in verschiedenen Lagern untergebracht, darunter das betriebliche Barackenlager in der Pachelbelstraße und das Saallager in der Schlehengasse. Etwa fünf Wochen vor der Entbindung bekam die hochschwangere Ehefrau eine Unterkunft in einer Wohnung im Schußleitenweg 59. Sechs Tage nach der Geburt des Kindes im städtischen

Klinikum kehrte die junge Mutter mit ihrer Tochter in das Quartier im Schußleitenweg zurück (siehe B 38).

Jan Alexander Verbaan (2)
*** 16.12.1944**

Cornelia Verbaan wurde am 24.12.1944, Heiligabend, mit ihrem Sohn Jan Alexander aus dem städtischen Klinikum entlassen. Unter dem Geheul der Sirenen ging sie zu Fuß mit dem Neugeborenen zu ihrem bisherigen Quartier in der Siegelsdorfer Straße zurück. Dort erlebte sie „eine böse Überraschung". Die Vermieterin erklärte ihr, das Zimmer auf keinen Fall weiter an sie vermieten zu können. Ohne zu zögern, suchte die junge Mutter Hilfe in der nahe gelegenen Leyher Straße, in einem kleinen Haus mit der Hausnummer 46d. In diesem Haus lebte das Ehepaar Mendl, das seit Oktober 1944 Antoni Lisowski, dem Vater des Kindes, Unterkunft gewährte. Mutter und Kind wurden herzlich aufgenommen.

Aus den Erinnerungen von Cornelia Verbaan-Lisowska:

> „Frau Mendl war da. Sie hat mich und mein Kind mit offenen Armen empfangen, wie eine wahre Mutter. Ich wurde ins Bett gelegt, um mich auszuruhen und das Kind gebadet. Frau Mendl hat das Weihnachtsessen vorbereitet und ist sogar noch in die Siegelsdorfer Straße gegangen, um meine Sachen zu holen, die ich in der Eile dort zurückgelassen hatte. Als ich über diese große Güte staunte, sagte sie nur: ‚Ich hoffe, dass sich irgendwo in der Ferne eine Mutter finden wird, die auch ein Herz für meine Söhne hat.' Ihre beiden Söhne waren damals an der Ostfront. Antoni Lisowski, der junge Vater, sah seinen Sohn nun zum ersten Mal und war voller Freude. Es war Krieg, ständig heulten die Sirenen, aber für uns war es ein echter Weihnachtsabend. […] Die Mendls […] sind zu ihrer Familie auf dem Lande umgezogen. Das Häuschen hat den Bomben standgehalten und ist uns eine gute Zuflucht gewesen. Bis zum Ende Krieges."[1]

Bei der Mutter leben, im privaten Quartier – eine Chance auf Überleben? Ja. Die Realität spricht dafür. Eine Garantie war es nicht.

1 Siehe B 225 u. Verbaan-Lisowska, Erinnerungen, S. 224f.

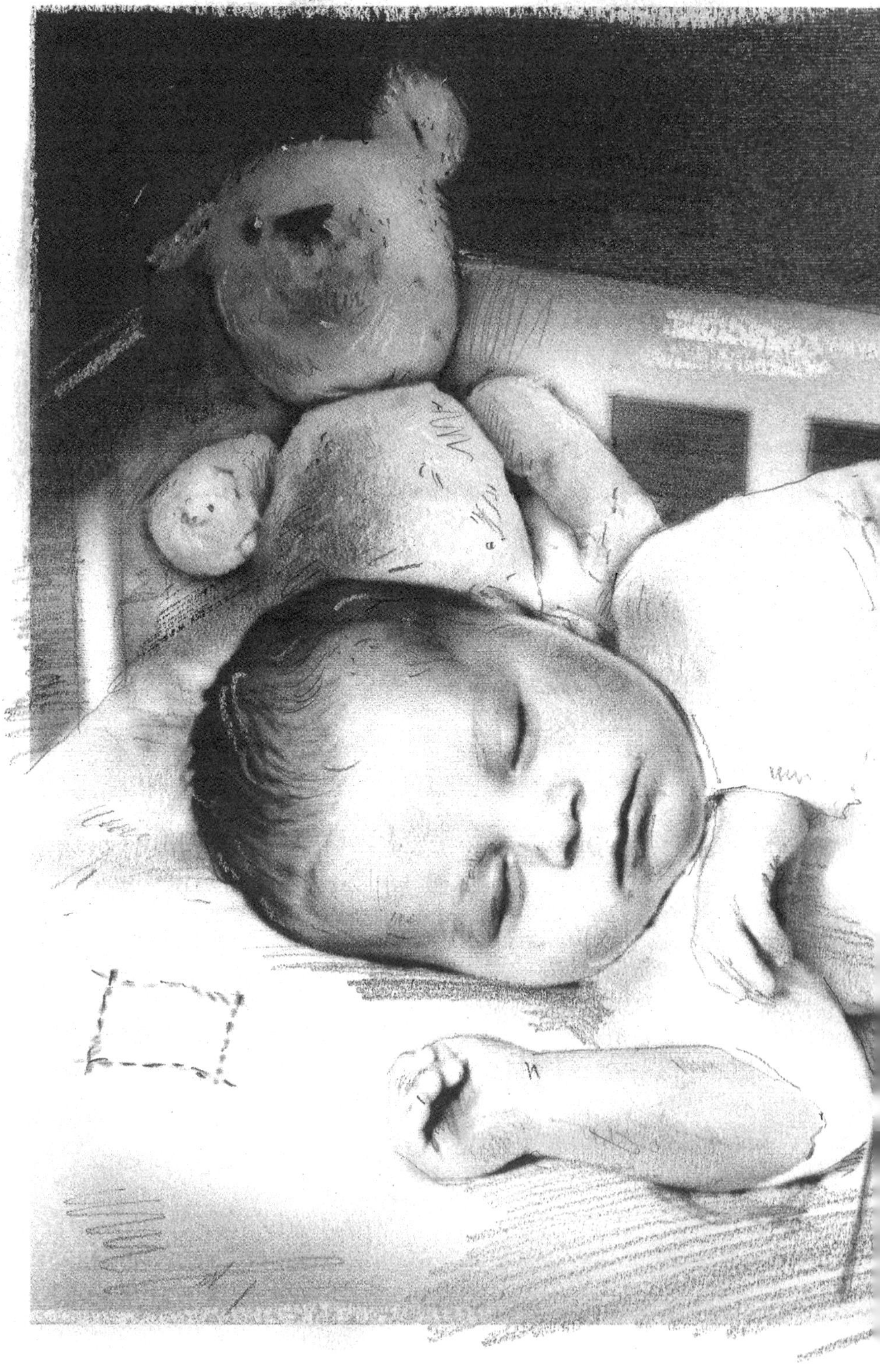

In einem deutschen Kinderheim aufgenommen

Bei der Suche nach Antworten auf die Frage, wo die Kinder lebten, führte eine weitere Spur in deutsche Kinderheime in der Stadt.

Elsa Le.
* 26.8.1940 in Warschau (Polen)

Elsa, die Tochter der ledigen Schneiderin Maria Le., war dreizehn Monate alt, als Mutter und Kind Mitte Oktober 1941 von Warschau nach Nürnberg kamen. Sie erhielten zunächst gemeinsam ein Quartier in der Hinteren Kartäusergasse 33. Zwei Wochen später wurde das kleine Mädchen im Kinderheim der evangelisch-lutherischen Kirche in Nürnberg-Lichtenhof in der Gudrunstraße 31 aufgenommen. Das Kinderheim gewährte ab dem Alter von einem Jahr „Waisenkindern und Kindern, deren Eltern der Erziehung nicht vorstehen können, Erziehung und Verpflegung". Die Leitung hatte eine Diakonissin. Wie lange das Kleinkind Elsa in dem Kinderheim versorgt wurde, ist nicht belegt.

Das mehrstöckige Gebäude in der Gudrunstraße 31 beherbergte auch einen Kindergarten. Am 2. August 1944 beschlagnahmte die Polizei das gesamte Gebäude als *Ausweichstelle* für das 13. Polizeirevier und die Luftschutzpolizei. Sie übernahm sämtliches Inventar, einschließlich Kindertischchen, Kinderbadewanne und Kinderklosetts und bescheinigte, dass sämtliche Räume in einem einwandfreien, guten Zustand waren. Die rechtliche Grundlage für die Beschlagnahme bildete das *Reichsleistungsgesetz.*[2]

Gustav Au.
* 15.3.1942 in Nürnberg

Nach der Geburt im städtischen Klinikum fand das Kind Gustav, Sohn von Anna St., geborene Au., Aufnahme im *Mütter- und Säuglingsheim* des deutsch-evangelischen Frauenbundes, Ortsverband Nürnberg, in der Dürrenhofstraße 2. Der Säugling war unter dem Mädchennamen seiner Mutter registriert. Im Alter von zwei Monaten wurde er am 23.5.1942 nach Ungarn abgemeldet.

2 Siehe B 112 u. Landeskirchliches Archiv der Evangelisch-Lutherischen Kirche in Bayern (LAELKB), DW 1969.

Vorübergehende Aufnahme im Mütter- und Säuglingsheim des deutsch-evangelischen Frauenbundes fand im März 1943 auch die hochschwangere ledige kroatische Hausgehilfin Klara Ke. Sie war dort noch vier Wochen nach der Entbindung untergebracht, bevor sie Mitte Mai 1943 aus Nürnberg abgemeldet wurde. Zu ihrer am 5.4.1943 im städtischen Klinikum geborenen Tochter Gertrud enthalten die Quellen keine weiteren Angaben.

Im August 1943 wurde das Mütter- und Säuglingsheim in der Dürrenhofstraße „vollständig ausgebombt“.[3]

Edith Martha To. (2)

*** 6.12.1943**

Edith Martha, im Kapitel „Start ins Leben“ bereits vorgestellt, war nach der Geburt zuerst bei der Mutter, der ledigen ungarischen Arbeiterin Maria To., untergebracht. Einige Monate später trennten sich die Wege von Mutter und Kind. Laut Ausländermeldekartei wurde der Säugling am 24.5.1944 nach Dombovar, dem Heimatort der Mutter, abgemeldet. Einem Aufenthalt des Kindes in Dombovar steht entgegen, dass es kurz nach der Geburt vom 15.12.1943 bis 7.6.1944 und erneut vom 17.6.–9.9.1944 in der städtischen Säuglingsklinik aufgenommen worden war. Der Grund dafür ist nicht bekannt. Nach seinem Aufenthalt in der Säuglingsklinik kam das inzwischen neun Monate alte Mädchen in das katholische Kinderheim St. Ludwig in der Pfälzerstraße 3. Das Kinderheim wurde beim Luftangriff vom 2.1.1945 „zum weitaus größten Teil ein Raub der Flammen“. Die Spur des Kindes Edith Martha führte schließlich im März 1945 nach Neunkirchen a. Brand im Landkreis Forchheim.[4]

3 Siehe B 7 u. B 89 sowie StadtAN, C 36/I Nr. 323 Bl 96.

4 Siehe B 203 u. Chronik der Pfarrei St. Ludwig in Nürnberg von Pater Gamelbert Maier. Hrsg. von Michael Diefenbacher und Wiltrud Fischer-Pache; bearb. von Clemens Wachter, Nürnberg 1997, S. 158.

„Mangels Unterbringungsmöglichkeit Ihres neugeborenen Kindes"

In die Heimat zurückgeschickt, in einem privaten Quartier untergebracht, in ein Kinder-/Säuglingsheim aufgenommen, diese Spuren fanden sich auf verschiedene Weise in den Biografien schwangerer ausländischer Arbeiterinnen der Siemens-Schuckertwerke und ihrer Kinder. Die Arbeiterinnen stammten aus Jugoslawien und Frankreich.

Der Industriebetrieb beantragte für die serbische Maschinenarbeiterin Etela Ne. und ihre wenige Tage alte Tochter Milica einen Rückreiseschein in die Heimat der Mutter und begründete diesen mit der „mangelnden Unterbringungsmöglichkeit des Neugeborenen". Mutter und Kind traten die Reise nicht an. Die Mutter wurde daraufhin zur Stadt Nürnberg versetzt, während der Ehemann und Vater weiter bei Siemens-Schuckert arbeiten musste. Fünf Monate nach der Geburt des Kindes lebte die Familie in einer privaten Unterkunft. Privat untergebracht waren auch Liljana Da. und ihre Mutter Milona, die als Hochschwangere aus dem Saallager in der Schlehengasse in ein privates Quartier kam, in das sie nach der Entbindung mit ihrem Kind zurückkehrte (siehe S. 32 u. S. 62).

Horst Tr.
*** 11.5.1943**

Peter Friedrich Tr.
*** 21.7.1944**

Horsts Mutter, die verheiratete französische Arbeiterin Angela Tr., seit Ende Mai 1942 in Nürnberg, war im zweiten Monat schwanger, als sie im Lager der Siemens-Schuckertwerke in der Pachelbelstraße einquartiert wurde. Hochschwanger wurde ihr im April 1943 eine Unterkunft in der Wiesenstraße 18 zugeteilt. Laut *Mitteilung des Standesamts Nürnberg* „ist das Kind außerehelich geboren". Drei Tage nach der Entbindung wurde die junge Mutter nach Frankreich abgemeldet. Nähere Informationen dazu sowie über den Verbleib des Neugeborenen enthalten die Quellen nicht. Vier Wochen nach ihrer Abmeldung nach Frankreich war Angela Tr. erneut in Nürnberg registriert, in einem neuen Quartier, Am Anger 30. Sie wurde ein weiteres Mal schwanger und brachte im Juli 1944 ihren zweiten Sohn, Peter Friedrich, in Nürnberg zur Welt (siehe B 205 u. B 206).

Maria Ma.
*** 9.5.1944**
Maria war die Tochter der ledigen Arbeiterin Zorka Ma., laut Ausländerpolizei serbischer Volks- und kroatischer Staatszugehörigkeit. Am 22.7.1942 in Nürnberg angekommen, musste sie als Hilfsarbeiterin in den Siemens-Schuckertwerken arbeiten. In der Geburtsmeldung des Kindes, das im Klinikum zur Welt kam, war eingetragen, dass die Schwangere vor der Entbindung im *Gemeinschaftslager Schlehengasse* untergebracht war. Drei Tage nach der Niederkunft erfolgte die Versetzung der jungen Mutter in die Siemens-Porzellanwerke in Höchstadt an der Aisch. Die Spur ihres Kindes führte nach Fürth, in das *Kleinkinderheim* in der Maistraße 18.

Vier Wochen später war Zorka Ma. aus Höchstadt zurück in Nürnberg. Das Arbeitsamt wies sie am 5.6.1944 der Nürnberger Lebkuchen- und Schokoladenfabrik Haeberlein-Metzger zu. Im Lager des Betriebes auf dem Firmengelände in der Neudörferstraße 8 erhielt sie ein Quartier zugewiesen. Ihr inzwischen vier Wochen altes Mädchen wurde im dortigen *Säuglingsheim* aufgenommen. Der Arbeitseinsatz bei Haeberlein-Metzger dauerte drei Wochen. Danach meldete die Lebkuchenfabrik der Ausländerpolizei, dass Zorka Ma. „vom kroatischen Verbindungsmann bei der Deutschen Arbeitsfront übernommen“ worden war. Sie musste nun an einer Maschine in den Aluminium Werken Nürnberg in der Nopitschstraße arbeiten. Was weiter mit ihrem Kind geschah, ist ungeklärt.

*

Auch die Mutter von Lubitza, Mila St., war vor der Geburt des Kindes Arbeiterin in den Siemens-Schuckertwerken. In verschiedenen Lagern der Fabrik untergebracht, war sie ab dem sechsten Monat ihrer Schwangerschaft bis zur Niederkunft ebenfalls in der Schlehengasse 2 einquartiert. Neun Tage nach der Entbindung am 17.4.1944 setzte das Arbeitsamt die Wöchnerin mit dem Neugeborenen zu Haeberlein-Metzger um. Das Kind kam in das dortige *Säuglingsheim*.[5]

5 Zu Maria Ma. siehe B 127, zu Lubitza St. siehe S. 35.

Hans-Peter Fo.
*** 11.9.1944**
Die ledige Französin Mireille Fo., Mutter von Hans-Peter, musste seit März 1942 in Nürnberg als Wicklerin in den Siemens-Schuckertwerken in der Landgrabenstraße arbeiten. Ihre erste Unterkunft befand sich in der Nachbarstadt Fürth im *Gemeinschaftslager* in der Simonstraße. Zwei Monate später wurde sie nach Nürnberg umgemeldet und hier zuerst in der Johannisstraße untergebracht. Wie schon in Fürth wurden ihr auch in Nürnberg polizeiliche Auflagen eröffnet: „[…], dass sie sich jeden Sonntag zwischen 8 und 12 Uhr beim 2. Polizeirevier persönlich zu melden habe, ihren Pass oder sonstige Ausweispapiere vorlegen muss und bei Nichtbefolgung dieser Auflage mit einer Bestrafung zu rechnen hat."

Ende November 1942 hielt sich Mireille Fo. für fünf Tage in ihrem Heimatort in Frankreich auf. Dort lebten ihre Eltern. Zurück in Nürnberg, wurde die französische Arbeiterin im Gemeinschaftslager der Siemens-Schuckertwerke in der Pachelbelstraße untergebracht. Ihre letzte Meldeadresse in der Stadt lautete ab Januar 1943 Rothenburger Straße 65. Die Quartiere wechselten, der Arbeitseinsatzort blieb derselbe.

Vier Wochen nach der Geburt von Hans-Peter erhielt die Mutter *zur Evakuierung ihres Kindes* für den 7./8.10.1944 einen *Reiseschein* nach Spalt bei Nürnberg. Mutter und Kind waren nun getrennt. Das Kind blieb in Spalt. Die Mutter musste weiterhin in den Siemens-Schuckertwerken in Nürnberg arbeiten und wohnte auch in Nürnberg. Der Betreib hatte ihr *Arbeitspapier* bis zum 31.3.1945 verlängert. Am Sonntag, den 5.11.1944, seit der Trennung von Mutter und Kind waren vier Wochen vergangen, durfte die Mutter ihren Jungen in Spalt besuchen. Am 28. März 1945 schließlich, der Junge war inzwischen ein halbes Jahr alt, wurde auch die Mutter nach Spalt abgemeldet (siehe B 53).

Micheline Le.
*** 14.11.1944**
Madeleine Le., die Mutter von Micheline, stammte ebenfalls aus Frankreich. Sie war in Nürnberg im Lager in der Eibacher Hauptstraße 25, einem der Orte, in denen die Siemens-Schuckertwerke ausländische Arbeiterinnen unterbrachten, einquartiert. Das Neugeborene war im *SSW-Lager* (SSW = Siemens-Schuckertwerke) in der Karolinenstraße 43 gemeldet. Micheline

Le. war das einzige Kind, dessen Spur in ein Lager der Siemens-Schuckertwerke führte (siehe B 11).

Georg Gi.
*** 11.2.1945**

Georg war der Sohn von Alla Gi. aus Jugoslawien, die seit August 1943 in den Siemens-Schuckertwerken arbeiten musste und in verschiedenen Lagern des Betriebes untergebracht war: in der Heisterstraße, im Frauentorgraben 61 und in der Schlehengasse 2. Am 16.9.1944 *versetzten* die Nürnberger Siemens-Schuckertwerke zwanzig ausländische Arbeiterinnen in die *Fertigungswerkstätte in Bayreuth.* Unter ihnen war auch Alla Gi., zu diesem Zeitpunkt Ende des vierten Monats schwanger. Ein Wechsel der Unterkunft von Nürnberg nach Bayreuth ist nicht belegt. Das Kind kam im städtischen Klinikum Nürnberg zur Welt. Weitere Spuren von ihm fanden sich nicht (siehe B 61).

Daniel Pe.
*** 9.3.1945**

Guy Marceau Ve. (m)
*** 13.3.1945**

Die Mutter von Daniel, die ledige Französin Carmen Pe., war seit Juni 1942 in den Siemens-Schuckertwerken zur Arbeit eingesetzt. Beginnend im Lager des Betriebes in der Pachelelbelstraße wurde ihr in den folgenden zwei Jahren noch in vier anderen Lagern eine Unterkunft zugewiesen: in der Wiesenstraße (*SSW-Merkur*), in der Eibacher Hauptstraße, in der Heisterstraße und im Frauentorgraben 61. Zuletzt war Carmen Pe. ab 10.10.1944 im Saallager in der Schlehengasse 2 einquartiert. Als sie dort eintraf, war sie im vierten Monat schwanger. Ihr Kind brachte sie im städtischen Klinikum zur Welt.

Susanne Ve., die Mutter von Guy Marceau, stammte ebenfalls aus Frankreich und musste seit Oktober 1942 in Nürnberg in den Siemens-Schuckertwerken arbeiten. In anderer Reihenfolge als ihre Leidensgenossin Carmen Pe. war Susanne Ve. während ihres Arbeitseinsatzes in acht verschiedenen SSW-Lagern in der Stadt untergebracht, beginnend in der Johannisstraße 80. Auch sie hatte ihr letztes Quartier im Gemeinschaftslager Schlehengasse, das als ihre Wohnadresse in der Geburtsurkunde ihres Kindes eingetragen wurde.

Über den weiteren Verbleib der zwei französischen Jungen, die im Abstand von vier Tagen wenige Wochen vor Kriegsende im städtischen Klinikum geboren wurden, gibt es keine Informationen (siehe B 156 u. B 224).

*

In den überlieferten Quellen sind dreizehn ausländische Kinder belegt, deren Mütter in den Siemens-Schuckertwerken zur Arbeit eingesetzt waren.[6] Beim Blick auf die Quartiere, in denen die Arbeiterinnen untergebracht waren, fällt die Anzahl der Lager und fallen die häufigen Wechsel zwischen den Lagerunterkünften auf. Die Frage, wo die Kinder lebten, ließ sich für fünf Mädchen und einen Jungen beantworten. Die Antworten ergaben ein differenziertes Bild. Dass die Siemens-Schuckertwerke in Nürnberg eine betriebliche Einrichtung für ausländische Kinder unterhielten, dafür gibt es keine Belege.

Bau eines *Säuglingszimmers*

Anfang August 1943 beantragte die Nürnberger Schraubenfabrik bei der Baupolizei als dritten Erweiterungsbau im *Ausländerlager* in der Hasstraße den Bau eines *Säuglingszimmers.* Der Betrieb bezog sich in diesem Bauantrag auf den Erlass des Generalbevollmächtigten für den Arbeitseinsatz vom 20. 3. 1943, dem gemäß der Betrieb verpflichtet sei, „die Säuglinge im Ausländerlager in getrennten Räumen unterzubringen, da die kinderlosen Ehepaare, die in den gleichen Schlafräumen wohnen, durch das Schreien der Kinder gestört werden und dadurch am Tage bei der Arbeit nicht voll einsatzfähig sind“. Zu diesem Zeitpunkt lebten im Lager vier Säuglinge, sieben weitere wurden in den nächsten zwei bis drei Monaten erwartet. Die Säuglinge sollten künftig von einer Pflegerin betreut werden, „damit die Mütter wieder in den Arbeitsprozess eingereiht werden können“. Wenn die Mütter ihre Kinder weiterhin einzeln betreuen müssten, drohe der Fabrik ein „Ausfall von elf Arbeitskräften“. Für das Säuglingszimmer wurde ein umbauter Raum von 85 Kubikmetern angegeben. Die Deutsche Arbeitsfront bestätigte die Notwendigkeit des Bauvorhabens. Die

6 Zu den dreizehn Kindern gehörten noch Jacqueline Gabriella Pr. und der totgeborene Sohn von Solange Chible siehe S. 41 u. S. 35. Zum Lager in der Pachelbelstraße siehe Gerhard Jochem, Das Fremdarbeiterlager Pachelbelstraße 1942–1945, in: Bunter Tisch Gartenstadt/Siedlungen Süd n. e. V. (Hrsg.), Von Auschwitz nach Nürnberg, Das KZ-Außenlager der Siemens-Schuckertwerke, Nürnberg 2020, S. 112 f.

erforderlichen Baustoffe, Eisen, Holz, Zement und Ziegelsteine wurden bewilligt.[7]

Als die Nürnberger Schraubenfabrik den Bauantrag für das *Säuglingszimmer* stellte war das Mädchen Katharina Po. acht Monate alt. Sie war einer der vier Säuglinge, von denen der Betrieb sprach. Nach der Entbindung im städtischen Klinikum Mitte November 1942 war die Mutter mit dem Kind in das *Zivillager* Hasstraße zurückgekommen, in dem auch ihr Mann untergebracht war. Männer und Frauen waren in getrennten Wohnbaracken auf demselben Gelände einquartiert.

Zu den Kindern, deren Geburt zeitnah erwartet wurde, gehörten die beiden Mädchen Jwonne Choderowska und Walja Sch.

Jwonne Chodorowska
4.8.1943 – 21.2.1945

Jwonne war die Tochter der ledigen polnischen Arbeiterin Sofia Chodorowska, die aus Warschau stammte und seit dem 30.7.1942 in Nürnberg arbeiten musste. Sie wurde zunächst in der Gastwirtschaft Englischer Hof am Hübnersplatz 2 untergebracht und am 24.5.1943 in das Lager Hasstraße umquartiert. Zu diesem Zeitpunkt war sie im siebten Monat schwanger. Nach der Entbindung im städtischen Klinikum kam sie mit dem Neugeborenen zurück ins Lager. Mutter und Kind lebten ein Jahr und sechs Monate im Lager Hasstraße. Sie wurden beim Luftangriff auf Nürnberg am 21.2.1945 im Lager getötet (siehe B 247).

Walja Sch.
* 24.9.1943

Laut Ausländermeldekartei stammten die Eltern von Walja Sch., das Ehepaar Anna und Maksim Sch., aus der UdSSR. Das Kind war wohnhaft im Lager Hasstraße, registrierte der zuständige Beamte. Weitere Informationen enthalten die Quellen nicht (siehe B 183).

*

Zur selben Zeit wie die schwangere polnische Arbeiterin Sofia Chodorowska hatten im Mai 1943 zwei weitere schwangere Polinnen ein Quartier im Lager der Nürnberger Schraubenfabrik in der Hasstraße zugewiesen

7 StadtAN, C 20/V Nr. 3925.

bekommen, die Arbeiterinnen Eugenie Mi. und Marjanna Pa., im fünften bzw. siebten Monat schwanger. Auch sie waren zuvor am Hübnersplatz 2 untergebracht. Ihre Kinder, Andreas Mi. und Richard Georg Pa., wurden an früherer Stelle schon vorgestellt (siehe S. 31 u. S. 18).

Anfang Dezember 1943 besichtigte das Gesundheitsamt das Barackenlager Hasstraße. Es stellte fest, dass sich „aktuell im Kleinkinderzimmer acht Säuglinge bzw. Kleinkinder von ausländischen Werkangehörigen" befanden. Die amtsärztliche Begutachtung fiel positiv aus: „Der Raum ist gut belüftet und reinlich gehalten. Die Säuglinge liegen in Kinderbettstellen und werden von einer eigens für diese Zwecke angestellten Person betreut."[8] Zwölf Mädchen und sieben Jungen sind namentlich wohnhaft Hasstraße 23, *Lager* belegt. Die Mehrzahl der Kinder wurde 1944 geboren. Ihre Mütter stammten aus Italien, Kroatien, Polen, Russland, der Ukraine und Weißrussland.

Alexandra Jzydorczyk
26.6.1944 – 21.2.1945

Alexandra war die Tochter der ledigen polnischen Verkäuferin Johanna Jzydorczyk aus Litzmannstadt, die mit einem Transport polnischer Arbeiterinnen aus dem *Lager Kurhaus*, Fischbach 88 nahe Nürnberg, am 30.7.1942 in der Stadt eingetroffen war. Ihr Arbeitseinsatzort war die Nürnberger Schraubenfabrik. Zuerst im *Lager* Hübnersplatz 2 untergebracht, bekam sie Mitte April 1943 ein Quartier im Lager Hasstraße zugewiesen. Wenige Monate später wurde sie schwanger. Nach der Entbindung im städtischen Klinikum lebten Mutter und Kind knapp acht Monate im Lager Hasstraße. Der Säugling wurde bei einem Luftangriff am 21.2.1945 getötet (siehe B 268).

Ella Gr.
*** 13.10.1944**

Ellas Mutter, die ledige polnische Arbeiterin Jrena Gr., ebenfalls am 30.7.1942 aus dem Lager in Fischbach nach Nürnberg gebracht, wurde hier zunächst auch im Englischen Hof am Hübnersplatz und anschließend im Lager Hasstraße einquartiert. Anfang Oktober 1943 erfolgte die

8 StadtAN, C 20/V Nr. 3925.

Abmeldung der Arbeiterin von Nürnberg nach Schillingsfürst im Kreis Ansbach. In Schillingsfürst wurde Jrena Gr. schwanger. Das Kind brachte sie in der Frauenklinik Erlangen zur Welt. Vierzehn Tage nach der Entbindung trafen die Mutter und das Neugeborene im Lager Hasstraße ein (siehe B 64).

Walentina Ko.
*** 4.11.1944**
Walentina Ko. war die Tochter der Eheleute Galina und Aleksander Ko. Die Mutter, geboren 1926, war Schülerin, der Vater, Jahrgang 1919, Tischler. Das Paar lebte bis 1943 in seiner Heimatstadt Witebsk in Weißrussland. Von dort führte seine Spur zunächst nach Köln. Drei Wochen nach der Geburt des Kindes in der Frauenklinik in Godesberg bei Köln wurde die junge Familie nach Nürnberg überstellt. Mutter und Vater wurden in der Nürnberger Schraubenfabrik als Hilfsarbeiter eingesetzt und mit dem drei Wochen alten Säugling im Lager Hasstraße untergebracht (siehe B 96).

Guido Lanfernini
3.1.1945 – 25.1.1945
Guido Lanfernini war der Sohn des italienischen Ehepaares Fernanda und Bruno Lanfernini. Der Säugling lebte im Lager Hasstraße und starb im Alter von drei Wochen in diesem Lager (siehe B 275).

*

Weniger als die Hälfte der neunzehn Säuglinge und Kleinkinder wohnhaft im Lager Hasstraße überlebte. Alleine sechs von ihnen wurden beim Luftangriff am 21.2.1945 getötet. Die Mädchen und Jungen, die überlebten, waren bei Kriegsende zwischen fünf Monaten und zweieinhalb Jahren alt.

Paulette Clotilde Fr.
*** 24.10.1944**
Paulette Clotildes Mutter, die verheiratete Französin Louise Fr., seit dem 31.12.1942 in Nürnberg, war als Maschinenarbeiterin in der Nürnberger Schraubenfabrik eingesetzt und im Lager Hasstraße einquartiert. Nach der Entbindung im städtischen Klinikum wurden Mutter und Kind getrennt. Das Kind kam in ein Quartier in der Fürther Straße 85a (siehe B 54).

„In einem Kinderheim der Lyra-Bleistiftfabrik untergebracht"

Lubov Begun [Bigun]

*** 14.1.1943 in Marktredwitz (Oberfranken)**

Lubov, das zweite Titelkind des Buches, war die Tochter des ukrainischen Ehepaares Hala Begun [Bigun] und Feodor Bigun. Das junge Paar stammte aus einem kleinen Dorf im Bezirk Kiew und hatte dort in der Landwirtschaft gearbeitet, als es Mitte Mai 1942 zur Zwangsarbeit ins Deutsche Reich verschleppt wurde. Jahrzehnte nach Kriegsende erfuhr die Tochter von den Ereignissen und hielt die Erinnerungen der Mutter fest:

> „Es waren zuerst die Dorfpolizisten, die die Menschen zusammenbrachten, und mit Pferdewagen zum Transitpunkt fuhren. Aus der Erinnerung meiner Mutter – sie wurden wie ‚Sardinen in einer Dose' in Güterwagen transportiert, sie hatten Hunger und Durst, aber sie bekamen nichts, sogar kein Wasser. Wenn einer hat geschafft etwas vom Essen mitzunehmen, dann hat man für eine Weile was zu essen. In den Wägen war kein Platz sich hinzusetzen, alle mussten stehend bleiben und so stehend versuchten die Menschen in der Reihe nach zu schlafen oder zumindest zu dösen. Manchmal fielen einige zu Boden, irgendjemand weinte, andere schrien. Ab und zu, wenn der Zug einen Stopp für 5–10 min im nirgendwo machte, sie alle liefen in verschiedene Richtungen um kleine und große Geschäfte zu machen. Klar, hatten sie auch Gedanken um zu fliehen, aber rund herum standen deutsche Soldaten mit automatischen Waffen und mit Hunden und beim ersten Versuch zu fliehen, schießen sie sofort. Meine Eltern und viele ihre Bekannte waren 16–17 Jahre alt, sie wollten nicht sterben, sie wollten leben."

Die erste Station der Eltern im Deutschen Reich war ein Lager in Marktredwitz in Oberfranken: „Meine Mutter konnte sich an Holzbaracken umgeben von Stacheldraht erinnern. Sie mussten sich nackt ausziehen, man hat sie mit einer Flüssigkeit übergossen, vielen wurden die Haare abgeschnitten. Danach hat man alle sortiert und gruppenweise nach irgendwo abgeschickt. Beide meine Eltern wurden zuerst nach München geschickt, zu einer Kanonenwagenfabrik."

Hala Begun, die junge Ehefrau, war bereits schwanger, als sie im Mai 1942 aus der Heimat verschleppt worden war. „Weil meine Mutter schon schwanger war, hat sie gebeten, zurück nach Hause geschickt zu werden, da sie gehört hatte, dass man früher schwangere Frauen nach Hause schicken ließ. Aber ‚der Chef' war damit geärgert und ließ sie in Umerziehungslager abzuschicken in Marktredwitz, wo auf den Pritschen bin ich geboren."

Vier Wochen nach der Entbindung musste Lubovs Mutter wieder arbeiten und wurde zusammen mit dem Säugling nach Nürnberg in die Lyra-Bleistiftfabrik geschickt. Dort wurden Mutter und Kind voneinander getrennt. Die Mutter erhielt ein Quartier im Gemeinschaftslager Großweidenmühlstraße. Ihre vier Wochen alte Tochter wurde „in einem Kinderheim der Lyra-Bleistiftfabrik untergebracht". Einmal im Monat durfte die Mutter ihr Kind für zwei Stunden in Anwesenheit eines Wachmanns besuchen.

Neun Monate nach der Ankunft in Nürnberg wurde Lubovs Mutter aus der Lyra-Bleistiftfabrik als Maschinenarbeiterin in ein Werk der Dynamit AG in Nürnberg umgesetzt und bekam in der Eberhardshofstraße 18 ein neues Quartier zugewiesen. Ihr Kind war zu diesem Zeitpunkt zehn Monate alt. Es blieb bis Kriegsende im *Kinderheim* der Lyra-Bleistiftfabrik. Die Mutter durfte es nun aber nicht mehr besuchen und hatte bis Ende des Krieges keine Informationen mehr darüber, wie es ihm ging. Erst nach der Befreiung Nürnbergs durch US-amerikanische Soldaten konnte die Mutter ihr Kind wieder in die Arme schließen.

Der Ehemann und Vater des Kindes, Feodor Bigun, musste bereits seit Mitte Dezember 1942 in Nürnberg in der Werkstatt der Gottfried Lindner AG in der Peyerstraße arbeiten. Im Gemeinschaftslager in der Peyerstraße 27 bekam er ein Quartier. Er sah seine Tochter ein einziges Mal. Feodor Bigun starb im Alter von neunzehn Jahren am 12. 11. 1943 im städtischen Klinikum und wurde auf dem Nürnberger Südfriedhof beerdigt. Sein Kind war damals zehn Monate alt. Die junge Ehefrau war mit neunzehn Jahren Witwe geworden.[9]

*

9 Siehe B 14 und private Dokumente von Lubov Sachno, geborene Begun [Bigun]; Kopien im Besitz der Verfasserin, Übersetzung Natalia Rybakova. Die Schreibweise des Namens der Mutter ist in den Quellen sowohl Begun als auch Bigun, die des Vaters Bigun.

Die Lyra-Bleistiftfabrik hatte während des Krieges für monatlich 250,00 Reichsmark im Erdgeschoß eines mehrstöckigen Wohnhauses Backstube und Laden einer Bäckerei angemietet und in diesen Räumlichkeiten ein *Kinderheim* unterhalten. Das in den 1920er-Jahren errichtete Gebäude befand (und befindet sich noch) im Kleinreuther Weg 27.[10]

Drei Mädchen und sechs Jungen sind in den Quellen wohnhaft Kleinreuther Weg 27 dokumentiert. Sieben der neun Kinder kamen 1943 zur Welt, die anderen beiden 1944. Nur vier Kinder überlebten.

Peter Storos
5.3.1943 – 22.3.1943

Peter, der Sohn der Eheleute Olga und Wasselie Storos, kam drei Wochen, nachdem Lubov Begun im *Kinderheim* der Lyra Bleistiftfabrik untergebracht worden war, zur Welt. Seine Eltern stammten aus Galizien. Der Vater war dort Bauer gewesen. Peters Mutter lebte wie die Mutter von Lubov im Lager in der Großweidenmühlstraße. Der Junge überlebte nur zweieinhalb Wochen im *Kinderheim* im Kleinreuther Weg (siehe B 306).

Nikolai Hu.	**Michael Li.**	**Nina Do.**
*** 14.3.1943**	*** 13.9.1943**	*** 23.11.1943**

Auch die Eltern von Nikolai, die Eheleute Wera und Iwan Hu., waren im Lager in der Großweidenmühlstraße untergebracht, während ihr Kind von ihnen getrennt im *Kinderheim* im Kleinreuther Weg lebte. Einen Monat nach Lubov und wenige Tage nach Peter war Nikolai der dritte Säugling dort. Nikolais Vater war in der Heimat ebenfalls Bauer gewesen, ebenso die Väter von Michael Li. und Nina Do.

Die Eltern von Michael, das Ehepaar Doro und Nikolai Li., und die Eltern von Nina, das Ehepaar Olena und Grigori Do., bekamen nach der Ankunft in Nürnberg ein Quartier im Lager in der Brückenstraße 31. Die Kinder wurden nach der Geburt von den Müttern getrennt und im *Kinderheim* der Bleistiftfabrik aufgenommen (siehe B 77, B 117 u. B 44).

*

Mit seinen Eltern im Lager in der Brückenstraße 31 gemeldet war Nikolai Lo., in Nürnberg im April 1943 geboren. Die Eltern mussten seit Juni 1942

10 StadtAN, C 52/II Nr. 174.

in der Lyra-Bleistiftfabrik arbeiten und waren im Lager in der Brückenstraße einquartiert worden (siehe B 120).

*

Die Lyra-Bleistiftfabrik blieb bis Mitte Juli 1945 Mieterin der Räumlichkeiten im Parterre des Gebäudes im Kleinreuther Weg 27. Sechs Wochen später genehmigte die Gewerbepolizei im Erdgeschoss wieder den Betrieb einer Bäckerei mit Laden und Backstube.

„wurde uns für unser Säuglingsheim zugewiesen"

Die *Haeberlein-Metzger Vereinigte Nürnberger Lebkuchen- und Schokoladenfabriken AG* hatte 1942 auf ihrem Betriebsgelände in der Neudörferstraße 8 ein „sowjetisches Betriebslager" errichtet. *Betriebsverantwortlicher* für den *Einsatz sowjetrussischer Arbeitskräfte* war Direktor W. Bewacht wurde das Lager von einem *Wachtkommandoführer* und dessen Stellvertreter sowie sechs Mann Wachtpersonal. Am 29. Juni 1942 waren „weitere zehn Frauen" eingetroffen, meldete die Fabrik in einem standardisierten *Meldeblatt* an das *Kommando der Schutzpolizei Nürnberg-Fürth*. Auf dem Betriebsgelände in der Neudörferstraße 8 befand sich auch das *Säuglingsheim* der Firma.[11]

Mitte April 1944 wurden in diesem *Säuglingsheim* im Abstand von zwei Tagen drei Neugeborene aufgenommen, zwei Mädchen, Lubitza St. und Ludmilla Ke., über sie wurde im Kapitel „Start ins Leben" berichtet, und ein Junge, Viktor Tsch.

Viktor Tsch.
* 11.4.1944

Viktor war der Sohn der ledigen Arbeiterin Jakelina Tsch. Der Junge kam am selben Tag wie das Mädchen Ludmilla Ke., am 19.4.1944, in das *Säuglingsheim* von Haeberlein-Metzger. Das Arbeitsamt Nürnberg hatte seine Mutter und ihn acht Tage nach der Entbindung im *Ostarbeiterlager* in Weißenburg der Lebkuchen und Schokoladenfabrik zugewiesen. Bis zur Geburt ihres Kindes war die ledige Arbeiterin in Nürnberg als Montiererin in der

11 StadtAN, C31/IV Nr. 57.

AEG eingesetzt und in der Muggenhofer Straße untergebracht (siehe B 215 sowie S. 35 u. S. 56).

*

In den Monaten Mai und Juni desselben Jahres kamen fünf weitere Neugeborene und Säuglinge in das *Säuglingsheim*: Swetlana Kr., Alik Ja., Roger Be., Maria Ma. und Schenja Fi.

Alik Ja. (m) **Schenja Fi. (m)**
*** 13.5.1944** *** 14.6.1944**

Alik und seine Mutter Nadja Ja. trafen vierzehn Tage nach der Entbindung in Weißenburg am 27.5.1944 in der Neudörferstraße 8 ein. Einen Monat nach der Geburt des Kindes heiratete Nadja Ja. „den Ukrainer Ka.", meldete Haeberlein-Metzger der Ausländerabteilung des Polizeipräsidiums Nürnberg. Der Vorname des Ehemannes ist nicht dokumentiert (siehe B 81).

Die Mutter von Schenja, die ledige ukrainische Arbeiterin Elisaweta Fi., musste seit Mitte Juli 1942 als Fräserin in den Nürnberger Kabel- und Metallwerken Neumeyer arbeiten. Ihr Sohn wurde ebenfalls in Weißenburg geboren. Sieben Tage nach der Entbindung erfolgte die Zuweisung der jungen Mutter als Hilfsarbeiterin in die Fabrik Haeberlein-Metzger, und das Neugeborene kam in das dortige *Säuglingsheim* (siehe B 50).[12]

*

Am 14. Juli 1944 trafen drei weitere Kinder, Anna Wavk, Swetlana Us. und Swetlana (Janna) Selenkowa, mit ihren Müttern aus Weißenburg in der Lebkuchen- und Schokoladenfabrik Haeberlein-Metzger in der Neudörferstraße in Nürnberg ein. Die neugeborenen Mädchen waren zehn, sieben und fünf Tage alt.

Anna Wavk **Swetlana Us.** **Swetlana (Janna) Selenkowa**
4.7.1944 – 24.2.1945 *** 7.7.1944** **9.7.1944 – 1.1.1945**

Olga Wavk, die Mutter von Anna, hatte bis zur Geburt ihrer Tochter in den Zündapp-Werken in Nürnberg arbeiten müssen. Ihr Arbeitseinsatz bei Haeberlein-Metzger erwies sich als Zwischenstation. Von der Neudörferstraße 8 führte die Spur von Mutter und Kind nach Fürth i. Bay, in das

12 Zu Swetlana Kr. siehe B 102; Maria Ma. und Roger Be. sind im Kapitel „Start ins Leben" vorgestellt.

Ostarbeiterlager Kronacher Straße. Das Kind erkrankte schwer. Es bekam Masern, Bronchitis und Lungenentzündung und starb in Fürth im Alter von siebeneinhalb Monaten.

Serafina Us., die Mutter von Swetlana Us., musste vor ihrem Arbeitseinsatz bei Haberlein- Metzger in der Firma Diehl arbeiten. Weitere Informationen zu Mutter und Kind enthalten die Quellen nicht.

Sofia Selenkowa, die Mutter von Swetlana (Janna) Selenkowa, wurde in ihrem ersten Arbeitseinsatz einem Werk der Dynamit Nobel AG in Fürth-Stadeln überstellt. Nachdem ihre Tochter geboren war, kam sie als Hilfsarbeiterin in Nürnberg in die Lebkuchen- und Schokoladenfabrik in der Neudörferstraße. Ihr Arbeitseinsatz dort und die Unterbringung ihres Kindes im *Säuglingsheim* endeten nach vier Monaten. Die Spur von Mutter und Kind führte anschließend nach Zirndorf im Landkreis Fürth i. Bay. In diesem Ort waren beide seit 11. 11. 1944 gemeldet. Sofia Selenkowa musste in Zirndorf in der Firma Michael Seidel, Spiel- und Metallwarenfabrik arbeiten. Ihr Kind starb am Neujahrstag 1945 in Fürth. Es wurde knapp sechs Monate alt.[13]

*

Für das *Säuglingsheim* der Lebkuchen- und Schokoladenfabrik Haeberlein-Metzger sind in den Quellen namentlich insgesamt zwölf Kinder, acht Jungen und vier Mädchen, belegt. Elf von ihnen sind in dieser Publikation dokumentiert. Sie waren zwischen April und Juli 1944 zur Welt gekommen; das Jüngste war fünf Tage, das Älteste vier Wochen alt, als es mit der Mutter in der Neudörferstraße 8 eintraf. Der Großteil der Mütter stammte aus der Ukraine und war vor der Geburt des Kindes in einem Nürnberger Metallbetrieb zur Arbeit eingesetzt – in der AEG, bei Diehl, in den Siemens-Schuckertwerken, in der Bayerischen Metallwarenfabrik, in den Kabel- und Metallwerken Neumeyer, bei Zündapp sowie in einem Fall in Fürth-Stadeln in einem Werk von Dynamit (Nobel).

In einem Fall führte die Spur der Mutter von der Lebkuchen- und Schokoladenfabrik und deren Lager zu einem anderen Arbeitseinsatzort in einen Nürnberger Metallbetrieb; über den weiteren Verbleib ihres Kindes ist nichts bekannt. Zwei Mütter wurden zusammen mit ihrem Kind nach Fürth bzw. in den Landkreis Fürth überstellt. Ihre Kinder überlebten nicht, sie starben in Fürth.

*

13 Siehe B 316, B 221 u. B 299, zur Mutter von Swetlana Selenkowa siehe auch S. 18.

Die überlieferten Quellen enthielten weder für das *Säuglingszimmer* der Nürnberger Schraubenfabrik noch für das *Kinderheim* der Lyra-Bleistiftfabrik oder für das *Säuglingsheim* der Lebekuchen- und Schokoladenfabrik Haeberlein-Metzger weitere Informationen über die alltägliche Versorgung der Kinder dort. Berichte von Zeitzeuginnen darüber fehlen für Nürnberg. Recherchen auf lokaler, überregionaler, nationaler und internationaler Ebene blieben ohne Erfolg.

Erinnerungsberichte von zwei Zeitzeuginnen, die andernorts ausländische Säuglinge versorgten, fanden sich in der Literatur.

Tatiana Markovna Ma. war eine von drei ukrainischen *Kinderfrauen*, die im *Ausländer-Wöchnerinnenheim* im Lager Godshorn im Landkreis Hannover die dortigen Säuglinge betreute.

> „Ich hatte die kleinsten Kinder zu betreuen: die jüngste Gruppe bestand aus Babys, die zehn Tage bis zu drei Monaten alt waren, die mittlere Gruppe aus Säuglingen im Alter von drei bis sechs Monaten. Die Ältesten waren sechs bis zwölf Monate alt. [...] Die Kleinsten bekamen Babynahrung. Die mittlere und ältere Kindergruppe fütterten wir mit Grießbrei und mit Milch. Wir standen immer um fünf Uhr morgens auf. Wir holten Brennholz, heizten den Ofen an, bereiteten Windeln vor, machten sauber und fütterten die Kinder.“[14]

Die gelernte deutsche Säuglingsschwester Margund F. betreute ab Mai 1944 die Säuglinge in der *Ostarbeiter-Kinderpflegestation* eines Textilbetriebes in einer Kleinstadt im nordwestlichen Münsterland. Sie berichtete:

> „Im ehemaligen großen Werkstattraum standen ca. 10 Holzbettchen. [...] Drellmatratzen waren mit Stroh und Heu gefüllt. [...] An der Wand standen die Wickeltische ... Die Windeln wurden in der Fabrik in einem großen Bottich gewaschen. Weil Säuglingskleidung fehlte, wandte sich die engagierte Schwester an die Werksfürsorgerin, dass in der Textilfabrik Kleidung genäht wurde und auch Bettzeug und Handtücher zur

14 Zit. nach Janet Anschütz/Stephanus Fischer/Irmtraud Heike/Cordula Wächtler, Gräber ohne Namen. Die toten Kinder Hannoverscher Zwangsarbeiterinnen, Hamburg 2006, S. 64.

Verfügung gestellt wurden. Es gab eine Zinkwanne zum Baden. Für die Ernährung der Kinder erhielt sie nur Mehl, Magermilch und wenig Fett.“[15]

„von den Müttern beim Abtransport mit fortgenommen“

Peter Wo. **Maria Wo.**
*** 1.3.1943** *** 16.3.1944**

Peter war das erste Kind im betrieblichen Lager der J.S. Staedtler Mars-Bleistiftfabrik in der Rückertstraße 9. Die Eltern des Jungen, das Ehepaar Anna und Piotr Wo., sie Landarbeiterin, er Traktorist aus dem Bezirk Dnepropetrowsk in der Ukraine, waren am 2.7.1942 in Nürnberg eingetroffen und mussten seitdem in der Bleistiftfabrik Staedtler arbeiten. Untergebracht waren sie in deren betrieblichem Lager. Möglicherweise war Anna Wo. bei ihrer Ankunft in Nürnberg bereits schwanger. Ein Jahr nach der Geburt ihres Sohnes Peter bekamen die Eheleute ein zweites Kind, ein Mädchen, dem sie den Namen Maria gaben. Die beiden Kinder und ihre Eltern lebten im selben Lager. Peter war zwei Jahre und einen Monat alt, seine Schwester dreizehn Monate, als die Kinder laut Mitteilung der Firma am 14.4.1945 „von den Müttern beim Abtransport mit fortgenommen“ wurden (siehe B 234 u. 235).

Ende des Jahres 1943 lebten mit Peter fünf weitere Säuglinge im Lager in der Rückertstraße: die beiden Buben Wladimir Fe. und Wladimir Sch., im Juli 1943 im Abstand von acht Tagen in Nürnberg zur Welt gekommen, sowie zwei weitere Buben und ein Mädchen, Viktor Ha., Valentina Pr. und Anatolij Ri., geboren im September, Oktober und November desselben Jahres.

Die Mutter des Jungen mit Namen Wladimir Sch., Anna Sch., arbeitete als Köchin im *Ostarbeiterlager.* Unter den Angaben zu ihrer Person fand sich der Hinweis, dass sie am 2.7.1942 mit einem *Sammeltransport* aus dem Lager Neumarkt (dem Durchgangslager) in Nürnberg angekommen war.[16]

15 Zit. nach Schwarze, Kinder, S. 186.

16 Zu Wladimir Sch. siehe B 181, Wladimir Fe. B 48, Viktor Ha. B 69, Valentina Pr. B 168 u. Anatolij Ri. B 174.

Peters Schwester Maria Wo. war eines der zehn Kinder, die im Verlauf des Jahres 1944 noch im Lager Rückertstraße hinzukamen. Sie wurden in Nürnberg geboren, zum Teil im städtischen Klinikum, zum Teil im Lager.

Katarina Tsch.
* 6.1.1944

Katarinas Mutter, die ledige ehemalige Landarbeiterin Galina Tsch. aus dem Bezirk Dnepropetrowsk in der Ukraine, war die Jüngste unter den *Ostarbeiterinnen* in der Bleistiftfabrik Staedtler, die schwanger wurde und in Nürnberg ein Kind zur Welt brachte. Sie war bei ihrer Ankunft in der Stadt 16 Jahre alt. Eineinhalb Jahre später entband sie ihre Tochter Katarina.

Katarina war das erste Kind, das im Jahr 1944 im Lager Rückertstraße neu hinzukam. Mit den Buben, Alexander Gr. und Boris Na., geboren im Februar desselben Jahres, wuchs die Gruppe der Säuglinge kontinuierlich weiter. Die Mütter der beiden Jungen waren nur ein bzw. zwei Jahre älter als Katarinas Mutter. Sie waren ebenfalls ledig, vormals Landarbeiterinnen und stammten aus demselben Bezirk in der Ukraine.

Im Mai kam das Mädchen Lubow Ar. und im Juni kamen die Kinder Wera Sch. und Anatoly Pa. dazu (siehe B 210, B 67, B 140, B 5, B 185 u. B 152).

Anataoly Pa.
* 28.6.1944

Anatoly bekam im Alter von sechs Monaten im Lager eine schwere Lungenentzündung. Die städtische Säuglingsklinik nahm den Jungen am 9.1.1945 auf. Sein Aufenthalt in der Säuglingsklinik ist für acht Wochen belegt. Danach kam Anatoly wieder ins Lager Rückertstraße und lebte dort bis zum *Abtransport* der Kinder am 14.4.1945.[17]

*

Mit Nickoley Wo., geboren im September, und mit den am selben Tag im Oktober 1944 geborenen Jungen gleichen Vornamens, Grigorij Jl. und Grigorij St., wuchs die Gruppe der Säuglinge im Lager der Bleistiftfabrik Staedtler in der Rückertstraße auf sechzehn an – fünf Mädchen und elf Jungen (siehe B 233, B 86 u. B 196).

17 Arolsen Archives, https://tinyurl.com/29rmstum [20.11.2022], zu Anatoly Pa. und seinen Eltern siehe S. 47.

In den Biografien der Mütter, die ein Kind im Lager Rückertstraße entbunden hatten, wurden im Kapitel „Start ins Leben“ über den gemeinsamen Arbeitseinsatz in der Bleistiftfabrik Staedtler und die Unterbringung im betrieblichen Lager der Firma hinaus weitere Gemeinsamkeiten festgestellt. Diese Gemeinsamkeiten bestätigten und erweiterten sich im Verlauf der Spurensuche. Für eine deutliche Mehrheit der Mütter ist belegt, dass sie ledig waren, aus dem Bezirk Dnepropetrowsk in der Ukraine stammten, dort in der Landwirtschaft gearbeitet hatten und am 2.7.1942 in Nürnberg eingetroffen waren. Die *Ostarbeiterinnen* waren von ihrer Ankunft in Nürnberg bis zum genannten *Abtransport* durchgehend als Arbeitskräfte in der Bleistiftfabrik Staedtler eingesetzt und während dieser Zeit im Lager des Betriebes in der Rückertstraße 9 untergebracht.

Die elf Jungen und fünf Mädchen, geboren zwischen März 1943 und Oktober 1944, lebten nach der Entbindung bei den Müttern im Lager. Die Kinder überlebten. Am 14.4.1945 wurden sie „von den Müttern beim Abtransport mit fortgenommen“. Die beiden jüngsten Kinder waren zu diesem Zeitpunkt sechs Monate alt. Peter Wo., das älteste, war zwei Jahre und einen Monat alt.

Die Meldeliste der Bleistiftfabrik enthält fünfzehn Namen. Ein Junge, Grigorij Jl. und seine Mutter fehlen auf ihr. Warum sie nicht aufgeführt sind, bleibt ungeklärt. Wohin der Transport ging, ist nicht bekannt.

„im Lager bei der Mutter“

Nadjeschda Ko. — Valentina Dolinskaja
* 24.5.1943 — 29.5.1943 – 5.2.1944

Die beiden Mädchen Nadjeschda und Valentina, im Abstand von fünf Tagen in Nürnberg geboren, waren die ersten Kinder im *Ostarbeiterlager* in der Mettingstraße 1–3. Nadjeschdas Mutter Paraskowja Ko. war mit Grigorij Ko., von Beruf Kraftwagenfahrer, verheiratet.

Valentinas Mutter, Marija Dolinskaja, war ebenfalls verheiratet und hatte in ihrer ukrainischen Heimat in der Landwirtschaft gearbeitet. Ihr erster Arbeitseinsatz war in Regensburg. Dort wurde sie schwanger. Im fünften Monat ihrer Schwangerschaft überstellte sie das Arbeitsamt Regensburg nach Nürnberg. Hier musste sie in den Lumophon-Werken, die

Radioapparate herstellten, arbeiten. Im Lager des Betriebes in der Mettingstraße bekam sie ein Quartier zugewiesen. Ihr Kind überlebte acht Monate, dann starb es im Lager. „Lungenentzündung" und „Herzschwäche" trug der Standesbeamte als Todesursache ins Sterberegister ein (siehe B 97 u. B 253).

*

Die Lumophon-Werke hatten Anfang Januar 1943 auf dem Gelände in der Mettingstraße die Genehmigung für eine Erweiterung des schon bestehenden *Russenlagers* beantragt und einen Bauplan mit neuen Unterkunftsbaracken für Männer und Frauen beigelegt. Das Barackenlager der Männer erhielt die Adresse Mettingstraße 3, das der *Ostarbeiterinnen* Mettingstraße 1. Eigentümerin des Geländes, auf dem das Lager existierte, war die Deutsche Reichsbahn.[18]

Das Lager in der Mettingstraße wurde in den Quellen als *Gemeinschaftslager Goldbach*, *Ostlager* oder *Ostarbeiterlager* bezeichnet. Die Zeit für den Weg zwischen den betrieblichen Unterkunftsbaracken und den Arbeitsplätzen in der Radiofabrik in der Schloßstraße betrug zu Fuß etwa 20 Minuten.

Im Verlauf des Jahres 1943 entbanden weitere zwei *Ostarbeiterinnen* der Lumophon-Werke ein Kind. Marija Ko., vom Arbeitsamt Regensburg ebenfalls im fünften Monat ihrer Schwangerschaft nach Nürnberg überstellt, brachte ihre Tochter Anna im Juni im Lager Mettingstraße zur Welt. Marija Uman[j]ez' Sohn Wlademir, geboren im Dezember 1943, war eine Frühgeburt und starb einen Tag nach der Entbindung in der städtischen Säuglingsklinik.[19]

Von den drei Säuglingen, die 1943 im Lager Mettingstraße lebten, war einer bereits tot, als im Februar 1944 mit Marija Jaroschenko und Wera Bo. zwei weitere Kinder hinzukamen.

Marija Jaroschenko — Wera Bo.
18.2.1944 – 12.8.1944 — * 28.2.1944

Marijas Eltern Tatjana und Peter Jaroschenko hatten im Februar 1942 in ihrer ukrainischen Heimat geheiratet. Am 25.11.1942 wurden sie aus ihrem Heimatort im Bezirk Poltawa ins Deutsche Reich verschleppt. Nach einem Zwischenaufenthalt im Durchgangslager Neumarkt in der Oberpfalz

18 StadtAN, C 20/V Nr. 6991.

19 Die Kinder sind im Kapitel „Start ins Leben" vorgestellt.

kamen beide Mitte Dezember 1942 im Abstand von zwei Tagen in Nürnberg an, wo sie in den Lumophon-Werken in der Schloßstraße 62–64 arbeiten mussten, sie als Köchin, er als Fabrikarbeiter bzw. Dreher. In der Ukraine waren beide in der Landwirtschaft beschäftigt gewesen. Untergebracht war das Ehepaar im Lager in der Mettingstraße Nr. 1–3. Als sie Eltern wurden, waren sie 27 und 30 Jahre alt. Ihre kleine Tochter Marija erkrankte, kaum ein halbes Jahr alt, im Lager an Lungenentzündung und verstarb acht Tage später in der städtischen Säuglingsklinik

Weras Mutter Marija Bo. war ebenfalls verheiratet. Ihr Ehemann Grigorij Bo. war von Beruf Tischler. Sein erster Arbeitseinsatz im Deutschen Reich war in der Oberpfalz. Laut Ausländerpolizei wurde er am 1.2.1943 vom Arbeitsamt Regensburg nach Nürnberg überstellt. Hier wurde er als Tischler in den Lumophon-Werken eingesetzt und im Lager des Betriebes untergebracht. Das Kind der Eheleute, zehn Tage nach Marija Jaroschenko in Nürnberg geboren, wurde in der Ausländermeldekartei wohnhaft Mettingstraße 1 registriert.[20]

*

In der Zeit zwischen März und Dezember 1944 erhöhte sich die Zahl der Säuglinge, die im Lager Mettingstraße lebten, um weitere sechs. Es waren drei Mädchen und drei Jungen. Ihre Namen: Jelena Sotnitschenko, Natalija Bo., Nikolay Gr., Nadjeschda Scholob, Aleksej Umanez und Alexander Katschenko. Die drei Kinder Natalija Bo., Nikolay Gr. und Aleksej Umanez, nachweislich im Lager geboren, wurden im Kapitel „Start ins Leben" vorgestellt. Auf das Schicksal von Jelena Sotnitschenko und ihrer im März 1945 geborenen Schwester Fedossija sowie auf das Schicksal von Nadjeschda Scholob und Alexander Katschenko, dessen Spur aus der Mettingstraße in Nürnberg nach Lauf an d. Pegnitz im Landkreis Nürnberger Land führte, wird im Kapitel „Leiden und Sterben" eingegangen.

Insgesamt sind neun Mädchen und drei Jungen namentlich wohnhaft Mettingstraße 1 belegt. Die zwölf Kinder, zwischen Mai 1943 und März 1945 geboren, lebten „bei der Mutter" im Lager. Weniger als die Hälfte von ihnen überlebte.

Die im Kapitel „Start ins Leben" aufgezeigten Gemeinsamkeiten in den Biografien der Mütter, die ein Kind im Lager Mettingstraße entbunden

20 StadtAN, C 27/II Nr. 2840/884 u. C 31/III Nr. 212-6523/24 sowie B 23.

hatten, bestätigten und erweiterten sich im Verlauf der Spurensuche. Ihr Arbeitseinsatz begann zum Teil am selben Tag, sie stammten oft aus demselben Bezirk in der Ukraine, aus Kiew und aus Poltawa. Sie hatten in ihrer Heimat in der Landwirtschaft gearbeitet und kamen aus dem Durchgangslager Neumarkt in der Oberpfalz zum Arbeitseinsatz nach Nürnberg, sowie aus Regensburg, wo sie vorher hatten arbeiten müssen. Unter den Müttern waren Ledige ebenso wie verheiratete Frauen. In einem Fall konstatierte die Ausländerpolizei eine „faktische Ehe". Und es zeigte sich erneut: Einige der Arbeiterinnen waren sehr jung – im Jahr 1924 bzw. 1922 geboren.

„Bitte um Fahndung und Rückführung in unser Werk"

Walerij [Valerii] Mokra, am 19. 7. 1943 in Nürnberg geboren, war das erste Kind im Lager Veilhofstraße 91. Es lebte dort mit seiner Mutter, der ledigen *Ostarbeiterin* Efrosinija Mokra. Das Lager gehörte zum Eisenwerk Nürnberg vormals Tafel & Co. Das Mädchen Walerij bekam die Masern und eine Lungenentzündung. Der russische Lagerarzt konnte ihm nicht helfen. Es starb im Lager am 19. 4. 1944 im Alter von neun Monaten. Der Werkschutzmann Leonhard G. meldete den Tod des Kindes beim Standesamt. Er wies sich mit seinem Waffenschein aus.[21]

Die polnische Fremdarbeiterin Barbara Ostyn war im Sommer 1942 aus dem Durchgangslager Langwasser mit anderen ausländischen Arbeiterinnen zum Arbeitsamt Nürnberg gefahren worden. Dort erfolgte ihre Registrierung als Arbeitskräfte und die Zuweisung an die Arbeitsstätten. Barbara Ostyn musste im Eisenwerk Tafel arbeiten und erhielt ein Quartier im Betriebslager in der Veilhofstraße. Sie berichtete in ihren Erinnerungen an Nürnberg über das Lager:

> „In den nicht sehr großen Zimmern stehen je vier bis fünf Stockbetten und zwei schmale Metallschränke, die sich die Bewohnerinnen teilen müssen. Es gibt auch einen Raum, der zugleich als Küche und Waschraum dient. Auf dem Herd kann man sich am Morgen den Kaffee wärmen und auch sonst etwas kochen – wenn man Platz findet. Diese Welt

21 StadtAN, C 41 Eintrag Nr. 191, C 27/II Nr. 2295/559 u. C 21/XI Nr. 52.

> scheint mir viel düsterer zu sein als die Baracken in Langwasser. Wir werden gleich auf die Zimmer verteilt. Die bisherigen Bewohnerinnen sehen dieser Neuzuweisung etwas mürrisch zu: Man hat schon sowieso nicht viel Platz und da kommen noch die Neuen, Gott weiß wer. Mich weist man in ein Zimmer ein, wo noch auf dem untersten Bett in der Ecke ein Platz frei ist. [...] Ich lege mein Hab und Gut auf dieses unterste Bett, fast dem Boden gleich. Aufrecht kann man darauf nicht mal sitzen. Dieses Bett diente bis jetzt als Zusatzplatz für die Dinge, für die die Schränke nicht ausreichten, auch ist in den Schränken kein Platz mehr für meine Sachen. Man gibt mir zwei blaukarierte Bettlaken."[22]

Zwei Wachmänner bewachten das Frauenlager. Ihre Aufgabe bestand darin, in der Nacht „alle zwei Stunden Rundgänge durch das Lager zu machen, morgens die Leute zur Arbeit zu führen und abends wieder abzuholen. Tagsüber hatten sie das Lager zu bewachen".[23]

Das Mädchen Walerij Mokra war bis zu seinem Tod im April 1944 das einzige Kind wohnhaft im Lager Veilhofstraße 91. Kurze Zeit später lebten zwei neue Säuglinge dort, Willy Sabruzka und Wladimir Konowalow. Auch sie überlebten nicht.

Willy Sabruzka
28.4.1944 – 4.10.1944

Wladimir Konowalow
30.4.1944 – 14.5.1944

Willy war der Sohn der ledigen Hilfsarbeiterin Olena Sabruzka. Sie musste zur Entbindung nach Weißenburg. Anschließend lebte der Junge im Lager Veilhofstraße 91. Er starb dort im Alter von fünf Monaten.

Zwei Tage nach Willy wurde der Junge Wladimir im städtischen Klinikum geboren. Die Mutter des Kindes, Pelergeja Konowalow, war verheiratet. Die Hochzeit hatte 1940 in Krasnograd im Bezirk Charkow in der Ukraine stattgefunden. Der Ehemann, Ilja Konowalow, war Ende Oktober 1942 aus Regensburg nach Nürnberg überstellt worden und musste hier als Maurer in den Kabel- und Metallwerken Neumeyer arbeiten. Die Spur des Kindes führte nach der Geburt in das Lager Veilhofstraße 91. Zwei Wochen nach der Entbindung starb es im Lager.

22 Ostyn, Die steinerne Rose, S. 158 u. S. 169 f.

23 StAN, KV-Anklage Interrogations, H 65.

Den Tod des Säuglings Willy Sabruzka meldete derselbe Werkschutzmann, der auch den Tod von Walerij Mokra beim Standesamt gemeldet hatte. Den Tod des erst zwei Wochen alten Neugeborenen Wladimir Konowalow zeigte die Lagerführerin Therese L. an.[24]

*

In den Monaten Juli, August und September 1944 kamen drei weitere Säuglinge ins Betriebslager des Eisenwerk Nürnberg: Viktor Jakowenko, Wladislawa Kowalska und Maria Theresia Spina. Der Junge Viktor wurde bereits im Kapitel „Start ins Leben“ vorgestellt.

Wladislawa Kowalska
17.8.1944 – 20.2.1945

Wladislawa war die Tochter der ledigen polnischen Arbeiterin Martha Kowalska. Sie war im Alter von neunzehn Jahren Mitte August 1940 in Nürnberg eingetroffen und musste im Eisenwerk Nürnberg als Fräserin arbeiten. Zunächst in der Äußeren Sulzbacher Straße untergebracht, lebte sie seit Ende Oktober 1941 im Lager Veilhofstraße 91. Als sie ihre Tochter zur Welt brachte, musste die polnische Arbeiterin bereits seit vier Jahren in Nürnberg arbeiten. Das Kind lebte nach der Entbindung bei der Mutter im Lager. Es starb im Alter von einem halben Jahr in der städtischen Säuglingsklinik (siehe B 274).

Maria Theresia Spina
20.9.1944 – 12.12.1944

Als Maria Theresias Mutter, die ledige 19-jährige Arbeiterin Camilla Spina, Anfang Februar 1944 aus Italien in Nürnberg eintraf, war sie vermutlich schon schwanger. Die Spur von Mutter und Kind führte fünf Tage nach der Entbindung in das Lager Veilhofstraße 91. Kaum dort eingewiesen, floh die junge Mutter mit ihrem Neugeborenen. Der Betrieb schaltete am 30.9.1944 die *Ausländer-Polizeifahndung* ein, mit der „Bitte um Fahndung und Rückführung in unser Werk“. Aus Sicht des Betriebes hatte sich Folgendes ereignet: „Das Arbeitsamt Nürnberg hat uns die oben genannte Italienerin [Camilla Spina] zugewiesen. Wir mussten sie am Montag früh [25.9.1944] in

24 Quellen zu Willy Sabruzka: StadtAN, C 27/II Nr. 2300/1242 u. C 21/XI Nr. 67; Wladimir Konowalow siehe B 272.

der hiesigen Frauenklinik mit ihrem Kleinkind abholen. Sie wurde in unserem Lager untergebracht und schlief auch vom 25. auf 26. bei uns. Am 26. entfernte sie sich mit ihrem Kind vom Lager und kam bis heute nicht mehr zurück. Angeblich hatte sie die Erlaubnis, dass sie privat wohnen darf."

Die neue Unterkunft von Mutter und Kind befand sich in der Barbiergasse 2, nahe des Plärrers. Die letzte Spur des Kindes führte in die Frauentormauer 80. Dort starb es im Alter von zweieinhalb Monaten (siehe B 302).

Im Verlauf des Monats Oktober 1944 wuchs die Zahl der ausländischen Kinder wohnhaft Veilhofstraße 91, *Lager* um weitere fünf an. Ihre Namen: Anadoli Maksimenko, Miroslawa Wa., Lydia Wl., Elfriede Ja. und Ingride Jeanine Fu. Der ukrainische Junge Anadoli und die zwei französischen Mädchen Elfriede und Ingride Jeanine, alle drei im Lager geboren, wurden im Kapitel „Start ins Leben" vorgestellt.

Miroslawa Wa. (w) **Lydia Wl.**
*** 12.10.1944** *** 20.10.1944**

Miroslawa war die Tochter der polnischen Arbeiterin Tola Wa. Nähere Informationen zur Mutter enthalten die Quellen nicht.

Die Eltern von Lydia, das Ehepaar Pascha und Michaelo Wl., stammten aus der Ukraine. Auch zu ihnen fanden sich keine näheren Angaben. Beide Mütter brachten ihre Kinder in Nürnberg zur Welt (siehe B 229 u. B. 231).

*

Insgesamt lebten ab Juli 1943 sieben Mädchen und vier Jungen nachweislich im *Ostarbeiterlager* des Eisenwerk Tafel in der Veilhofstraße 91. Sieben der elf Säuglinge, mehr als die Hälfte, überlebten nicht.

Die Mütter der Kinder stammten aus Frankreich, Italien, Polen, der Ukraine und Weißrussland. Gemeinsamkeiten in ihren Biografien über den Arbeitseinsatz im Eisenwerk Tafel und die Unterbringung im *Ostarbeiterlager* des Betriebes hinaus fanden sich nicht.

Die italienische Arbeiterin Camilla Spina kannte das Leben im Lager seit ihrer Ankunft in Nürnberg. Als sie nach der Entbindung mit ihrem Neugeborenen in das Lager Veilhofstraße 91 gebracht wurde, waren dort bereits zwei Säuglinge gestorben. Die junge Mutter wagte mit ihrer sechs Tage alten Tochter die Flucht. Ein einmaliges Geschehen. Die Flucht gelang trotz Bewachung. Gefahr für Leib und Leben blieb. Das Kind starb mit zweieinhalb Monaten.

Wohnhaft Klingenhofstraße 72, Lager

„Wir wohnten in einer Baracke mit 20 Frauen zusammen. Oft schliefen wir zu zweit in einem Bett. Das Lager war über den Zaun von der Fabrik. Rund um das Lager waren Stacheldraht und Polizei. Das Lager zu verlassen war verboten. Dies war das geschlossene Firmenlager Neumeyer", erinnerte sich die ukrainische Zwangsarbeiterin Wera Greegorewna G.[25]

Im Lager der Kabel- und Metallwerke Neumeyer in der Klingenhofstraße 72 lebten nachweislich acht Säuglinge, sechs Jungen und zwei Mädchen. Sie kamen zwischen Juni 1944 und April 1945 zur Welt. Die ersten Kinder waren Michael Rostriopa, geboren im städtischen Klinikum, und Wladimir Tr., geboren in Weißenburg. Ihre Eltern stammten aus der Ukraine, aus den Bezirken Dnepropetrowsk und Saporoschje.

Michael Rostriopa
9.6.1944 – 13.4.1945

Wladimir Tr.
* 27.6.1944

Michael war der Sohn von Katherina und Dimitry Rostriopa. Das Ehepaar war am 12.7.1942 in Nürnberg eingetroffen und seitdem in den Kabel- und Metallwerken Neumeyer zur Arbeit eingesetzt, die Ehefrau als Maschinenarbeiterin, der Ehemann als Scheuerhelfer. Ihr Kind überlebte nicht. Es starb im Alter von zehn Monaten.

Wladimirs Eltern Marija und Wassilij Tr. hatten in ihrer Heimat in der Landwirtschaft gearbeitet. Das Ehepaar kam am 10.8.1943 aus dem Durchgangslager in Neumarkt in der Oberpfalz in Nürnberg an, Wassilij Tr. musste hier als Hilfsarbeiter und Marija als Hilfsarbeiterin/Streifenwäscherin in den Kabel- und Metallwerken Neumeyer arbeiten, sie waren im Betriebslager untergebracht. Die Ehefrau wurde in Nürnberg schwanger. Neun Tage nach der Geburt des Kindes in Weißenburg kam sie mit dem Neugeborenen in das Lager in der Klingenhofstraße 72 zurück (siehe B 294 u. B 207).

*

In der zweiten Hälfte des Jahres 1944 kamen drei weitere Säuglinge hinzu: Lida Ko. im August, Wladimir Fj. im September und Valerj Horiajo im

25 Wera Greegorewna G. (Ukraine), Aber unterhalten haben sie sich mit uns nicht, https://rijo.hier-im-netz.de/pdf/DE_NU_WK2_uabrief2.pdf [25.4.2024].

November. Alle drei wurden in Nürnberg geboren. Von Lida und Wladimir ist namentlich belegt, dass sie mit den Eltern im Lager lebten.[26]

In den letzten Kriegsmonaten erhöhte sich mit Marie Luise Sch., Wolodimer Ne. und Nikolai Piotrow die Zahl der Säuglinge, die im Lager der Kabel- und Metallwerke Neumeyer belegt sind, um weitere drei auf insgesamt acht.

Marie Luise Sch.
*** 27.2.1945**

Wolodimer Ne.
*** 31.3.1945**

Marie Luise war die Tochter der französischen Arbeiterin Marthe Sch. Nach der Entbindung im städtischen Klinikum lebten Mutter und Kind im Lager. Wolodimers Eltern Olga und Iwan Ne. stammten aus demselben Bezirk in der Ukraine wie die Eltern von Michael Rostriopa, waren am selben Tag in Nürnberg eingetroffen, mussten im selben Betrieb arbeiten und wurden auch im *Gemeinschaftslager* Klingenhofstraße 72 untergebracht. Olga Ne. wurde in Nürnberg schwanger. Ihr Kind wurde im städtischen Klinikum geboren. Nach der Entbindung kam die junge Mutter mit dem Neugeborenen ins Lager zurück.

*

Nikolai Piotrow, am 17.4.1945 in Nürnberg zur Welt gekommen und wohnhaft in der Klingenhofstraße 72, war das jüngste Kind im Lager. Der Junge starb nach Kriegsende in der städtischen Säuglingsklinik. Deren Verwalter meldete den Tod des vier Wochen alten Säuglings dem Standesamt. Laut Standesamt „konnten" die Namen der Eltern des Kindes „nicht festgestellt werden", nur dass sie „zuletzt wohnhaft in Nürnberg" gewesen waren.[27]

Drei der acht Säuglinge überlebten nicht. Der erste starb wenige Tage vor Kriegsende, die beiden anderen starben wenig später im Mai 1945.

Die Betriebe hatten laut Erlass der NS-Verantwortlichen vom Dezember 1942 für die Kinder der ausländischen Arbeiterinnen „Kleinkinderbetreuungs-Einrichtungen einfachster Art zu schaffen". In Nürnberg führte die Spurensuche in das *Säuglingszimmer* im betrieblichen Barackenlager der Nürnberger Schraubenfabrik und in das *Säuglingsheim* der Haeberlein-Metzger Vereinigte Nürnberger Lebkuchen- und Schokoladenfabriken auf

26 Siehe B 93, zu Wladimir Fj., siehe Kapitel „Start ins Leben" u. B 259.

27 Siehe B 182 u. B 141 sowie StadtAN, C 27/II Nr. 2848/675 (Nikolai Piotrow).

OST

dem Betriebsgelände der Fabrik, auf dem sich auch ein *Ostarbeiterlager* befand. Die Lyra-Bleistiftfabrik nutzte die Räume einer Bäckerei als *Kinderheim*. Darüber hinaus führte die Lebensspur einer größeren Anzahl ausländischer Säuglinge und Kleinkinder in weitere Betriebslager im Stadtgebiet, in denen zwischen acht und sechzehn Jungen und Mädchen dokumentiert sind. Weitere Belege für eine separate Unterbringung in diesen Lagern im Sinne der zitierten „Kleinkinderbetreuungs-Einrichtung einfachster Art" fanden sich nicht. Die Kinder waren da. Sie lebten vielfach *einfach so* in der Unterkunft der Mutter.

Ausländische Kinder im *Ostarbeiterlager* der Deutschen Arbeitsfront in der Witschelstraße und in weiteren Lagern in der Stadt

Barbara Osytn, von November 1942 bis Juni 1943 im Lager der Deutschen Arbeitsfront (DAF) in der Witschelstraße, berichtete:

> „Das Lager beherbergte die Arbeiterinnen aus verschiedenen Betrieben. […] Jede Baracke lebte nach einem eigenen Rhythmus, der vom jeweiligen Betrieb abhing. Die Frauen wurden durch die von den jeweiligen Betrieben gesandten Aufseher abgeholt und zurückgebracht. Die Verpflegung wurde zwischen den Betrieben und der DAF-Lagerverwaltung geregelt. […] Die Baracken waren mehr oder weniger eng belegt, das hing von dem Betrieb als Mieter ab. Es gab Baracken mit einfachen und andere mit Stockbetten. Jede Baracke hatte ihre eigene Verantwortliche oder Aufseherin."[28]

Peter Bo., am 21. 4. 1944 in Nürnberg geboren, war das erste Kind, das in dem von der Deutschen Arbeitsfront betreuten *Ostarbeiter-/Gemeinschaftslager* in der Witschelstraße belegt ist. Zwei weitere Säuglinge und ihre Mütter lebten dort ab September desselben Jahres: Lydia Sch. und Jurji Kr. (siehe B 24, B 186 und S. 36).

Wenige Monate vor Kriegsende stieg die Zahl der Säuglinge auf fünf an.

28 Ostyn, Die steinerne Rose, S. 218–220.

Wasilij Alexandrow **Gregor Tsch.**
27.1.1945 – 11.2.1945 *** 28.1.1945**

Wasilij, Sohn der ledigen Arbeiterin Daria Alexandrowa, geboren in Weißenburg, starb im Alter von zwei Wochen im DAF-Lager in der Witschelstraße.

Gregor Tsch. kam im städtischen Klinikum zur Welt. Er lebte mit seiner Mutter, der ledigen ukrainischen Arbeiterin Hascha Tsch., im Lager. Seit 4.12.1942 in Nürnberg, musste die ehemalige Landarbeiterin hier in der Fa. Georg Beißbarth Metallwarenfabrik an einer Maschine arbeiten (siehe B 238 u. B 216).

Unterkunft: Ludwig-Feuerbach-Straße 77, Lager

Wladimer To. war einer von vier Säuglingen, die zwischen Mai 1944 und Kriegsende im Lager der Viktoria-Werke in der Ludwig-Feuerbach-Straße 77 lebten.

Wladimer To.
*** 25.6.1944**

Wladimers Eltern, das Ehepaar Irina und Nikolai To., sie Landarbeiterin und er Heizer von Beruf, stammten aus dem Bezirk Dnepropetrowsk in der Ukraine. Seit 12.7.1942 in Nürnberg mussten sie hier in den Viktoria-Werken arbeiten, die Ehefrau als angelernte Fräserin, der Ehemann als Hilfsschlosser (siehe B 204).[29]

Unterkunft: Austraße 108, Lager

Für das Lager in der Austraße 108 sind in den Quellen drei Säuglinge belegt: Nadja Jurkow, Jurii Kr. und Leonid Stelwaga. Die ersten beiden wurden im Kapitel „Start ins Leben“ vorgestellt, auf das Schicksal von Leonid Stelwaga wird im Kapitel „Leiden und Sterben“ eingegangen.

Die Spur ausländischer Kinder führte im Verlauf der Rekonstruktion der Einzelschicksale in immer mehr Lager im Stadtgebiet, darunter zwei Schulgebäude. Nachfolgende Kinder sind in Teil B dokumentiert.

29 Die anderen drei Säuglinge, Sergo Woltschanskaja, Antonius Tsch. und Nikolai Kr., geboren in diesem Lager, und ihre Eltern sind in „Start ins Leben“ vorgestellt.

Name des Kindes	wohnhaft im Lager	Nr. in Teil B
Damara Babenko 8.5.1944 - 20.3.1945	Sigmundstraße 40, Gemeinschaftslager	B 239
Michel Belewitsch 21.2.1945 - 5.3.1945	Ziegelsteinstraße (ohne Nr.) Lager der Baufirma Luda	B 241
Wikdor Bilnizka 14.2.1944 - 3.9.1944	Platenstraße 45, Gemeinschaftslager	B 242
Georg Burenko 15.2.1945 - 10.3.1945	Sandstraße 34	B 245
Stefan Ca. * 12.7.1944	Klingenhofstraße 52	B 30
Nikolai Lo. * 18.4.1943	Brückenstraße 31	B 120
Olga Ma. * 14.7.1944	Peterstraße 41, Ostarbeiterlager	B 132
Walburga Ma. * 22.7.1944	Brunecker Straße 110, Ostarbeiterlager	B 126
Hans Markac 16.12.1943 - 25.12.1943	Platenstraße 19, Gemeinschaftslager	B 283
Nikolei Masenko 10.1.1944 - 27.2.1945	Maiachstraße 100	B 284
Nina Nesterenko 13.3.1944 - 6.12.1945	Bayernstraße 66	B 287
Jewgenia Pi. * 4.4.1945	Kernstraße 6 (Schulgebäude), Lager des Arbeitsamtes	B 159
Viktor Ro. * 5.1.1945	Ludwig-Feuerbach-Straße (ohne Nr.)	B 179
Ludmilla Saikowa 13.7.1944 - 30.12.1944	Ambergerstraße 25 (Schulgebäude)	B 295
NN Tsch. (w) * 19.8.1944	Allersberger Straße 190, Gemeinschaftslager	B 214
Ljudmilla Wo. * 10.11.1944	Feuerbachstraße 94	B 232

Die Adressen ihrer Unterkunft in der Stadt ließ sich von 150 ausländischen Kindern ermitteln. Eine Liste der Unterkunftsadressen befindet sich im Anhang, verbunden mit der jeweiligen Nummer der Kinderbiografien in Teil B. Die Unterkünfte der Kinder lagen im gesamten Stadtgebiet verteilt.

Je mehr Einzelschicksale rekonstruiert werden konnten, desto mehr fügte sich ein Bild zusammen, das auf vielfältige Weise und sehr differenziert Einblick in die Lebenssituation der Neugeborenen, Säuglinge und Kleinkinder der ausländischen Arbeiterinnen in Nürnberg während des Zweiten Weltkrieges gewährt. Die Überlebenschancen unterschieden sich deutlich. So überlebten in einem Lager alle Mädchen und Jungen, in einem anderen die Hälfte von ihnen, im nächsten mehr als die Hälfte nicht. In den privaten Unterkünften waren ihre Überlebenschancen insgesamt höher.

Ein Ort, in den wiederholt die Lebensspur eines Kindes führte, war die städtische Säuglingsklink am Kirchenweg, in unmittelbarer Nähe des städtischen Klinikums gelegen. Zu diesen Kindern gehörten Edith Martha To. und Anatoly Pa., deren Geschichte schon erzählt wurde, und ebenso der Junge Valdiz Oz.

Valdis Oz.
* 23.12.1944

Martha Alvine Oz., die Mutter von Valdis, und der Landwirt Janis Alfreds Oz. hatten 1929 in Valmieras in Lettland geheiratet. 1941 kam dort ihr erstes Kind zur Welt. 1944 wurden die Eltern mit ihrem dreijährigen Jungen in einem *Sammeltransport des Generalbevollmächtigten für den Arbeitseinsatz* zur Zwangsarbeit ins Deutsche Reich verbracht. Sie kamen von Treuchtlingen nach Nürnberg. Hier mussten die Eltern als Hilfsarbeiter in der Rüstungsproduktion arbeiten. Sie wurden in der Firma Heinrich Diehl eingesetzt und im Lager Flaschenhofstraße (*Kunstschule*) untergebracht. Martha Alvine Oz. war bei ihrer Ankunft in Nürnberg mit dem zweiten Kind hochschwanger. Kurze Zeit später entband sie das Kind im städtischen Klinikum. Es erhielt den Namen Valdis.

Anfang März 1945 wurden Valdis' Eltern in das Lager der Firma Diehl in Röthenbach a.d. Pegnitz abgemeldet. Sein dreijähriger Bruder war bei ihnen. Valdis, inzwischen zwei Monate alt, befand sich zu diesem Zeitpunkt in der städtischen Säuglingsklinik.

Die Eltern und ihre beiden Kinder überlebten den Krieg. Die letzte Spur der vierköpfigen Familie führte 1949 in die USA (siehe B 148).

Aus überlieferten Aufenthaltslisten geht hervor, dass die städtische Säuglingsklinik in Nürnberg während des Zweiten Weltkrieges ungefähr einhundert ausländische Kinder aufgenommen hatte. Für etwa ein Viertel dieser Kinder war sie zugleich ihr Sterbeort.[30]

Die Frage nach der Lebenssituation und den Überlebenschancen ist am Ende, bezogen auf die in Teil B dokumentierten ausländischen Kinder, so zu beantworten: Etwa Dreiviertel der Säuglinge und Kleinkinder schafften es, am Leben zu bleiben.

30 Eigene Berechnung, Quelle: Arolsen Archives, Registrierungsdokumente.

A | Leiden und Sterben

Etwa ein Viertel der ausländischen Kinder überlebte nicht. Sie kamen zu früh zur Welt und starben noch am Tag ihrer Geburt, am nächsten Tag oder wenige Tage später. Sie starben infolge einer „Ernährungsstörung". Sie wurden „tot im Bett aufgefunden" oder starben einen „plötzlichen Tod". Sie erkrankten an Lungenentzündung und starben. Und sie wurden bei Luftangriffen getötet. Die ersten von ihnen starben im Juni und Oktober 1941: der zwei Monate alte Benito Ga. und der nur einen Tag alt gewordene Stefan Le. (siehe S. 25).

„Zwanzig Minuten"

Mit Beginn des Jahres 1943 stieg die Zahl der Todesfälle unter den ausländischen Kindern an. Frühgeburten nahmen zu, an deren Folgen die Neugeborenen starben.

Josef Zurek	Erich Karasow	Yvonne Dequidt
17.1.1943 – 2.2.1943	**4.6.1943 – 4.6.1943**	**24.6.1943 – 25.6.1943**

Josef war der Sohn der ledigen polnischen Landarbeiterin Maria Zurek. Zu früh zur Welt gekommen, starb der Junge zwei Wochen nach der Geburt in der städtischen Säuglingsklinik.

Erichs Eltern Alexandra und Viktor Karasow stammten aus der Ukraine und hatten dort 1935 in der Nähe von Kiew geheiratet. Ihr Sohn starb im Klinikum Nürnberg noch am Tag der Entbindung an den Folgen der Frühgeburt.

Yvonnes Mutter, die ledige Französin Maria Dequidt, bereits seit November 1941 in Nürnberg, arbeitete hier als Hausgehilfin in verschiedenen Haushalten. Ihre Tochter verstarb am Tag nach der Geburt ebenfalls in der städtischen Säuglingsklinik (siehe B 321, B 70 u. B 250).

*

Mangelhafte und unzureichende Verpflegung, überlange harte Arbeitstage, das Leben in Lagerunterkünften schwächten die ausländischen Arbeitskräfte. Barbara Ostyn berichtet in ihren Erinnerungen:

> „Die Verpflegung [1942/43 im Lager Witschelstraße] war, wie in den meisten Fremdarbeiterlagern, sehr dürftig: morgens Ersatzkaffee, Brot und Margarine oder Marmelade, abends Kräutertee oder eine wässrige Suppe, selten ein belegtes Brot mit Marmelade oder mit etwas, was an Blutwurst aus Fleischabfällen erinnerte. Als Hauptmahlzeit gab es vorwiegend ein Eintopfgericht, meist aus Kohl und Rüben hergestellt, sehr selten fand man darin Bohnen oder Erbsen. Kartoffeln waren ein Luxus. Der Tag, an dem man Kartoffeln mit Sauerkraut bekam, war wie ein Festtag. Man verzehrte das Sauerkraut gierig, war es doch die einzige Vitaminzufuhr, und wir hatten sie so nötig. Man bekam außerdem keine Rohkost, kein Obst. Ab dem Frühjahr 1943 litten wir alle an einer starken Erschöpfung, die sich zunehmend verschlimmerte."[1]

Die starke Erschöpfung war mitverantwortlich dafür, dass mit Beginn des Jahres 1944 mehr ausländische Schwangere ihr Kind zu früh zur Welt brachten.

Anton, Gerard und Josef, alle drei zu früh geboren, starben noch am Tag ihrer Geburt im städtischen Klinikum. Antons Lebenszeit betrug zwanzig, die von Josef dreißig Minuten.

Anton Zimová	**Gerard Templin**	**Josef Grab**
31.5.1944 – 31.5.1944	**8.10.1944 – 8.10.1944**	**22.11.1944 – 22.11.1944**

Antons Mutter Victorie Zimová war ledig. Sie stammte aus dem Protektorat Böhmen und Mähren und musste in Nürnberg als Putzfrau arbeiten.

Die ledige Französin Jeannine Templin, Gerards Mutter, musste seit Mai 1942 in Nürnberg arbeiten, zuerst als *Revolverdreherin* in der MAN. Im Lager der Fabrik in der Prechtelsgasse erhielt sie eine Unterkunft. Nach ihrem Arbeitseinsatz in der MAN, wann dieser endete ist nicht belegt, musste sie als Hausgehilfin arbeiten. Jeannine Templin war seit einigen

1 Ostyn, Die steinerne Rose, S. 220.

Monaten schwanger, als sie in der Schmausenbuckstraße 9 registriert wurde. Dort lebte sie noch in den ersten Wochen nach der Geburt und dem Tod ihres Sohnes. Als ihr Kind geboren wurde, arbeitete sie schon länger als zwei Jahre in Nürnberg und war währenddessen in mehrfach wechselnden Unterkünften untergebracht.

Josefs Mutter Anna Grab war ebenfalls ledig. Sie stammte wie die Eltern des Kindes Erich Karasow aus der Ukraine und musste seit Oktober 1942 in der Süddeutsche Telefon-Apparate-, Kabel- und Drahtwerke AG TEKADE arbeiten. Untergebracht war sie im *Gemeinschaftslager* Allersberger Straße 190. Den Quellen zufolge war die ukrainische Arbeiterin durchgehend in der Fabrik TEKADE eingesetzt und in der genannten Lagerunterkunft einquartiert. Josefs Mutter war nicht mehr jung. Geboren 1893, war sie bei ihrer Ankunft in der Stadt 48 Jahre alt (siehe B 320, B 307 u. B 257).

*

Nahezu keine Überlebenschance hatten Zwillinge.

Am 2. 1. 1944 entband die ledige russische Arbeiterin Nadja Tscherepkowa im städtischen Klinikum einen Buben und ein Mädchen. Sie gab ihren Zwillingen den Namen Alfons und Nena. Die Kinder waren zu früh geboren und starben beide am Tag nach der Geburt in der städtischen Säuglingsklinik.

Ende Oktober 1944 brachte die ledige polnische Arbeiterin Julia Jasuiska ebenfalls im Klinikum Zwillinge zur Welt, eines der Kinder wurde tot geboren, der zweite Junge, die Mutter hatte ihm den Namen Josef gegeben, starb zwei Tage nach der Entbindung. Sterbeort: die städtische Säuglingsklinik.

Die verheiratete französische Arbeiterin Maria Geertruida Pe. brachte am 1. 12. 11944 in Nürnberg ebenfalls Zwillinge zur Welt. Einer der Buben, mit Namen Johann, starb drei Tage nach der Geburt. Sein Zwillingsbruder André René überlebte (siehe B 309 u. 310; S. 37 u. B 292 u. B 155).[2]

2 Von den im Januar 1943 ebenfalls zu früh geborenen holländischen Zwillingen, Margareta Wilhelmine Maria Vr. und Petrus Hendricus Maria Vr., starb das Mädchen zwei Tage nach der Entbindung, der Bruder überlebte. Siehe S. 28.

Walter Piuro **Jacques Dinjon**
1.5.1944 – 2.5.1944 **19.2.1945 – 20.2.1945**

Die Mütter der beiden Buben lebten im betrieblichen Lager der Kabel- und Metallwerke Neumeyer in der Klingenhofstraße 72. Walters Mutter, die ledige polnische Arbeiterin Hedwig Piuro, war im April 1944 hochschwanger von München nach Nürnberg überstellt worden. Ihr Sohn, geboren im Klinikum, starb dort einen Tag nach der Entbindung.

Die Mutter von Jacques, die verheiratete Französin Lucette Dinjon, musste von Juni 1943 bis April 1945 in der Fabrik Kabel- und Metallwerke Neumeyer in Nürnberg arbeiten. Auch ihr Kind starb einen Tag nach der Geburt. Sterbeort: die städtische Säuglingsklink. Jacques wurde als drittes Kind für den Titel des Buches ausgewählt (siehe B 293 u. B 251).

Die Mütter von Walter Piuro und Jacques Dinjon, aus Polen und Frankreich stammend, waren Leidensgefährtinnen der ukrainische Zwangsarbeiterin Wera Greegorewna G. Im Mai 1943 mit einem Transport ins Deutsche Reich verschleppt, kam sie nach Nürnberg und musste hier bis Kriegsende in den Kabel- und Metallwerken arbeiten. Unterkunft war ihr im Betriebslager zugewiesen worden. Wera Greegorewna G. berichtete über den harten Alltag:

> „Gleich am nächsten Tag [nach der Ankunft in Nürnberg] mussten wir zur Firma Kabelmetall zum Arbeiten (dies war eine Rüstungsfabrik). Anfangs habe ich Teile von Patronen gefertigt, später musste ich in der Galvanisierung arbeiten (Scheiben mit Chemikalien einfetten). Dort gab es giftiges Zeug, das ich einatmete.
> Wir arbeiteten zwölf Stunden am Tag, eine Woche lang von sechs Uhr morgens bis sechs Uhr abends, die folgende Woche von sechs Uhr abends bis sechs Uhr morgens. So arbeitete ich bis zum 17.4.1945. […]
> Das Essen war sehr schlecht. Mir fehlen die Worte, um es zu beschreiben. Morgens ein kaffeeartiges Getränk, mittags ein Süppchen, abends ungefähr 120 Gramm Brot, und dies jeden Tag, nur eben so viel, dass man nicht stirbt. Mit Kleidung wurden wir gar nicht versorgt. Die Einheimischen brachten uns etliche Kleidungsstücke in das Werk, weil wir oft nach Luftangriffen halbnackt zur Arbeit kamen, aber unterhalten haben sie sich mit uns nicht.“[3]

3 Wera Greegorewna G. (Ukraine), Aber unterhalten haben sie sich mit uns nicht.

Marie Hausseguy
26.7.1944 – 27.7.1944

Marietta van den Hoven
22.12.1944 – 23.12.1944

Die Mütter der beiden Mädchen lebten im *Gemeinschaftslager* Buchenbühl. Die ledige Französin Marie Jeanne Hausseguy war im sechsten Monat schwanger, als sie von Biarritz als Hilfsarbeiterin nach Nürnberg kam und hier im Lager Buchenbühl einquartiert wurde. Sie brachte ihre Tochter im städtischen Klinikum zur Welt. Das Kind erhielt den Vornamen der Mutter. Zu früh geboren, starb es im Klinikum einen Tag nach der Entbindung.

Mariettas Mutter, die ledige Niederländerin Maria Jacoba van den Hoven, traf am Neujahrstag 1944 in Nürnberg ein und wurde hier zuerst als Hausgehilfin eingesetzt, bevor sie einige Monate später, zu diesem Zeitpunkt etwa im dritten Monat schwanger, als Presserin arbeiten musste und im Gemeinschaftslager Buchenbühl untergebracht wurde. Ihr im Klinikum geborenes Kind starb am Tag nach seiner Geburt in der städtischen Säuglingsklinik (siehe B 258 u. B 261).

Jelena Sotnitschenko
24.3.1944 – 31.8.1944

Fedossija Sotnitschenko
20.3.1945 – 23.3.1945

Jelena und Fedossija waren die Töchter der Eheleute Fedossija und Iwan Sotnitschenko. Mit einem Transport aus dem Bezirk Poltawa Mitte Dezember 1942 in Nürnberg eingetroffen, mussten sie als Montagearbeiterin und Transportarbeiter in den Lumophon-Werken, die Radioapparate herstellten, arbeiten. In seiner ukrainischen Heimat hatte das Ehepaar in der Landwirtschaft gearbeitet. Das erste Kind des Paares, Jelena, lebte nach der Geburt bei der Mutter im betrieblichen Lager in der Mettingstraße. Es erkrankte dort an Lungenentzündung und starb im Lager. Sieben Monate nach dem Tod von Jelena wurden die Eheleute zum zweiten Mal Eltern einer Tochter. Sie gaben ihr den Vornamen der Mutter. Das Neugeborene war zu früh zur Welt gekommen und starb nach drei Tagen Lebenszeit in der städtischen Säuglingsklinik an den Folgen der Frühgeburt.

Die im Dezember 1943 und im November 1944 geborenen Geschwister Wlademir und Aleksej Uman[j]ez starben am Tag nach der Entbindung. Wlademir in der städtischen Säuglingsklinik, Aleksej im Lager Mettingstraße, wo er zur Welt gekommen war. Die Mutter der beiden Jungen war mit demselben Transport wie die Eheleute Sotnitschenko Mitte Dezember

1942 nach Nürnberg gekommen, musste wie diese in der Radiofabrik arbeiten und war im selben Lager untergebracht (siehe B 300 u. B 301).[4]

*

Zwischen Februar 1944 und März 1945 starben außerdem die Neugeborenen Robert Cu., Sergo Woltschanskaja, Iwan Kowalenko, Walther Zabawa, Anna Tscherewatsch, Wasilij Alexandrow, Elfriede Monika To. und Gernadi Schitowa. Das jüngste wurde einen Tag, das älteste achtzehn Tage alt.[5]

Für die Mehrheit der an den Folgen einer Frühgeburt gestorbenen ausländischen Kinder sind das städtische Klinikum und die angrenzende städtische Säuglingsklinik als Sterbeort belegt. 1930 eingeweiht, war die städtische Säuglingsklinik am Kirchenweg 48 ein moderner Bau mit Vier-Bett-Zimmern mit eigenem Bad. Jedes Zimmer konnte im Notfall „zur Verhütung von Hausinfektionen" vollständig abgeriegelt werden. Im Jahr 1939 verfügte die Einrichtung über 135 Betten für Säuglinge und Kleinkinder. Die *Frühgeborenen-Abteilung* mit zwanzig Betten, in die die Frauenklinik Frühgeburten überweisen konnte, befand sich im zweiten Stock. Beim Luftangriff am 2.1.1945 schwer getroffen, wurde der Betrieb der Säuglingsklinik anschließend behelfsmäßig im Hochbunker auf dem Gelände des Klinikums weitergeführt. Dies steht in einem Bericht des Klinikums anlässlich des 75-jährigen Bestehens der *Klinik für Kinder und Jugendliche* geschrieben.[6] Dass während des Zweiten Weltkrieges auch ausländische Kinder, Neugeborene, Säuglinge und Kleinkinder, in der städtischen Säuglingsklinik aufgenommen wurden und dass nicht wenige dort verstarben, fand in der Schrift keine Erwähnung. Die Verwalter der städtischen Frauenklinik und der städtischen Säuglingsklinik zeigten den Tod eines Kindes schriftlich dem Standesamt an. Der Standesbeamte trug Frühgeburt und „Lebensschwäche" als Todesursache in das Sterbedokument ein.

Was braucht ein Neugeborenes? Wovon hängen seine Überlebenschancen ab in Zeiten von Krieg, Bombardierung, Zwangsarbeit der Mutter, Lagerunterbringung? Ausreichende Ernährung, Trinken (Stillen und Zufütterung), gute hygienische Verhältnisse (gegen Infektionen, Krätze, Wanzen), Wärme, Sonnenlicht, Pflege und Zuwendung.

4 Zu den Kindern Uman[j]ez siehe S. 46.

5 Siehe S. 34, S. 44, B 273; S. 61 (Walther und Anna), S. 96, S. 40 u. S. 41.

6 StadtAN, Av A 3418.

„Ernährungsstörung"

Nadja Jurkow (2)	**Leonid Stelwaga**
24.7.1943 – 31.10.1943	**24.9.1944 – 5.1.1945**

Das Mädchen Nadja kam nach der Entbindung im städtischen Klinikum zunächst in die angrenzende Säuglingsklinik, die das Neugeborene bis 10.8.1943 aufnahm. Anschließend lebte das Kind im Lager Austraße 108. Es erkrankte und starb im Lager im Alter von drei Monaten. Der Lagerführer meldete seinen Tod dem Standesamt. Der Standesbeamte trug als Todesursache „Ernährungsstörung" ein.

Leonids Eltern, die Eheleute Nadeschda und Jwan Stelwaga aus dem Bezirk Dnepropetrowsk in der Ukraine, waren Ende Juni 1942 in Nürnberg angekommen und mussten in der Firma Keim & Co. arbeiten, sie als Einfetterin, er als Schlosser und Schreiner. Untergebracht wurden beide im Gemeinschaftslager Austraße 108. In diesem Lager lebte nach der Entbindung im Klinikum auch ihr Sohn. Der Säugling erkrankte. Er wurde am 5.12.1944 in der städtischen Säuglingsklinik aufgenommen. Zu diesem Zeitpunkt war er zwei Monate alt. Einen Monat später starb der Junge. Als Todesursache wurde „Ernährungsstörung" und Kreislaufschwäche eingetragen.[7]

Heinrich Johann Buchwald	**Marian Kacmarek**	**Mirko Malinic**
28.6.1944 – 24.8.1944	**1.7.1944 – 24.8.1944**	**12.7.1944 – 25.8.1944**

Heinrich Johann, Marian und Mirko lebten fast zeitgleich im Lager der Nürnberger Schraubenfabrik in der Hasstraße 23/25.

Heinrichs Mutter Stanislawa Buchwald war ledig, stammte aus Polen und musste, von Bayreuth nach Nürnberg gekommen, seit Anfang März 1942 hier in der Stadt arbeiten. Zunächst in der Veilhofstraße 91 untergebracht, anschließend in der Nimrodstraße und von dort in der Gaststätte Englischer Hof am Hübnersplatz einquartiert, führte ihre Spur am 24.5.1943 in das Lager Hasstraße 25. Dreizehn Monate später brachte sie im Klinikum ihren Sohn zur Welt.

7 Zu Nadja Jurkow siehe S. 29, B 267 und Arolsen Archives, https://tinyurl.com/bdebpnfe [26.3.2023]; zu Leonid Stelwaga siehe B 305.

Auch Marians Mutter Krystina Kacmarek war ledig. Sie stammte aus derselben Stadt wie die Mutter von Heinrich, war aus dem Lager Fischbach 88 Ende Juli 1942 nach Nürnberg gekommen, hier zunächst ebenfalls in der Gaststätte Englischer Hof einquartiert und seit Mitte April 1943 schließlich im Lager Hasstraße untergebracht worden. Sie musste zur Entbindung nach Weißenburg und kehrte von dort zehn Tage später mit dem Neugeborenen ins Lager Hasstraße zurück.

Die beiden Jungen Heinrich und Marian waren noch keine zwei Monate alt, als sie am selben Tag, dem 21. 8. 1944, in die städtische Säuglingsklinik kamen. Drei Tage später waren sie tot. Sie starben am selben Tag. In einem Dokument der Säuglingsklinik wurde „Intoxikation" (Vergiftung) als Todesursache angegeben. Der Standesbeamte trug „Ernährungsstörung" in das Sterbedokument ein.

Mirkos Mutter, die ledige Kroatin Savka Malinic, seit Anfang August 1942 in Nürnberg, war in vier verschiedenen Quartieren, darunter in der Gaststätte Bäckerhof in der Schlehengasse 2, untergebracht, bevor ihr schließlich ein Quartier im Lager Hasstraße zugewiesen wurde. Wann das geschah, ist nicht belegt. Ihr Sohn Mirko, geboren im städtischen Klinikum, war sechs Wochen alt, als er einen Tag nach den Kindern Heinrich und Marian ebenfalls aus dem Lager Hasstraße in die Säuglingsklinik kam. Wie diese war er drei Tage später tot. Die städtische Säuglingsklinik dokumentierte auch für Mirko unter Todesursache „Intoxination". Der Standesbeamte trug auch in Mirkos Fall „Ernährungsstörung" in das Sterbedokument ein.[8]

Lida Starikowa
19.11.1944 – 13.12.1944

Lidas Eltern, die Eheleute Nadeschda Starikowa und Aleksandr Starikow aus dem Bezirk Dnepropetrowsk in der Ukraine, trafen im Juni 1942 aus dem Durchganslager Neumarkt in der Oberpfalz in Nürnberg ein und wurden hier als Maschinenarbeiter der Nürnberger Schraubenfabrik zugeteilt und im Lager des Betriebes in der Hasstraße untergebracht. Die Ehefrau, zum zweiten Mal in Nürnberg schwanger, musste zur Entbindung nach

8 Zu Heinrich Buchwald und Marian Kacmarek siehe B 243 u. B 269 sowie Arolsen Archives, https://tinyurl.com/4bcym4j9 [27. 3. 2023]; zu Mirko Malinic B 282 u. Arolsen Archives, https://tinyurl.com/373raed6 [27. 3. 2023].

Weißenburg. Von dort kam die junge Mutter mit dem Neugeborenen in das Lager Hasstraße zurück. Das Mädchen war erst dreieinhalb Wochen alt, als es in die Säuglingsklinik gebracht wurde. Es starb dort noch am selben Tag. Die Säuglingsklinik dokumentierte als Todesursache „Ernährungsstörung".

Lida war das zweite Kind des Ehepaares Nadeschda Starikowa und Aleksandr Starikow. Das zweite tote Kind. Ihr erstes Kind, ein Sohn, war ein knappes Jahr vor Lida am 3. 12. 1943 im städtischen Klinikum zur Welt gekommen. Die Eltern hatten ihm den Namen Leonied gegeben. Der Junge war im Alter von vier Monaten an den Folgen einer „Lungenentzündung" in Nürnberg gestorben.[9]

Nadjeschda Scholob
25.7.1944 – 23.10.1944

Alexander Katschenko
20.12.1944 – 5.4.1945

Nadjeschdas Eltern Anastasia Scholob und Nikola Pischtschuk hatten in ihrer Heimat im Bezirk Poltawa in der Ukraine in der Landwirtschaft gearbeitet. Mitte Dezember 1942 mit einem Transport aus dem Durchgangslager Neumarkt i. d. Opf. in Nürnberg angekommen, wurden sie hier in der Radiofabrik Lumophon-Werke als Montagearbeiterin und als Dreher eingesetzt und im Gemeinschaftslager des Betriebes in der Mettingstraße untergebracht.

Das Paar lebte in „faktischer Ehe". Das Kind des Paares lebte bei der Mutter im Lager. Erst drei Wochen alt, kam es aus dem Lager in die städtische Säuglingsklinik. Dort starb es zwei Monate später. Als Todesursache nennen die Quellen „Ernährungsstörungen" und „Lungenentzündung".

Auch die Arbeiterin Lidija Katschenko lebte mit ihrem Sohn Alexander im Lager Mettingstraße. Der Junge starb im Alter von knapp vier Monaten wenige Tage vor Kriegsende in Lauf a. d. Pegnitz im Landkreis Nürnberger Land. Als Todesursache nennen die Quellen auch bei ihm „Ernährungsstörung".[10]

Wladislawa Kowalska (2)
17.8.1944 – 20.2.1945

Das polnische Mädchen Wladislawa lebte bei seiner Mutter Martha Kowalska im *Gemeinschaftslager* Veilhofstraße 91, dem Lager des Eisenwerkes Nürnberg. Das Kind war ein halbes Jahr alt als es am 15. 2. 1945 in die

9 Siehe B 304 u. B 303 u. Arolsen Archives, https://tinyurl.com/ytabcp26 [27. 3. 2023].

10 Siehe B 298 u. Arolsen Archives, https://tinyurl.com/ytabcp26 [27. 3. 2023]; B 271.

städtische Säuglingsklinik kam, in der es fünf Tage später starb. Die Todesursache lautete „Ernährungsstörung".[11]

*

Die ausländischen Kinder, deren Tod infolge von „Ernährungsstörung(en)" in den Quellen belegt ist, lebten in betrieblichen Lagern. Bis auf eine Ausnahme waren es Kinder polnischer und ukrainischer Arbeiterinnen. Das Jüngste von ihnen starb im Alter von dreieinhalb Wochen, das Älteste lebte sechs Monate lang.

Gemäß einer Anweisung der NS-Verantwortlichen zur *Arbeitsrechtlichen Behandlung von Ausländerinnen bei Schwangerschaft* aus dem Sommer 1943 hatten die Betriebe „eine Stillgelegenheit zu schaffen. Den unter Mutterschutz stehenden Ausländerinnen ist während der Arbeitszeit 2 mal eine je halbstündige unbezahlte Stillpause zu gewähren".[12] Die Frage, ob bzw. wo es in Nürnberger Betrieben eine derartige *Stillgelegenheit* gab, lässt sich aus den überlieferten Quellen nicht beantworten. Denkbar ist, dass es für die ausländischen Mütter, die in der Lebkuchen- und Schokoladenfabrik Haeberlein-Metzger und in der Bleistiftfabrik Staedtler arbeiten mussten, eine solche Möglichkeit gab. In beiden Fällen befanden sich die Lagerunterkünfte auf dem Betriebsgelände. Die Säuglinge lebten räumlich nah bei den Müttern. Todesfälle unter den Kindern sind dort nicht belegt.

„Wenn Stillmöglichkeit im Betrieb nicht besteht und das Lager sich nicht in der Nähe befindet, [war] einmal eine einstündige unbezahlte Stillpause zu gewähren." Zwischen der Nürnberger Schraubenfabrik und dem ihr zugehörigen Lager in der Hasstraße lag eine Wegstrecke von ca. 20 Minuten zu Fuß. Dieselbe Entfernung bestand zwischen den Lumophon-Werken und dem Lager in der Mettingstraße. Auch das Lager in der Austraße und der Betrieb Keim & Co. sowie das Eisenwerk Nürnberg und das Lager in der Veilhofstraße waren genauso weit voneinander entfernt. Die Mütter arbeiteten zwölf Stunden täglich in der Fabrik, die Säuglinge waren im Lager. Konnten die Mütter ihre Kinder in einer *einstündigen Stillpause* in ausreichender Weise stillen, vorausgesetzt sie waren, weil selbst erschöpft und schlecht ernährt, körperlich dazu in der Lage?

11 Siehe S. 90, B 274 u. Arolsen Archives, https://tinyurl.com/39825yvz [28.3.2023].

12 StadtAN, C 20/V Nr. 25.

227 **Sterbeurkunde**

Nürnberg, den 23. Juni 19

erenko Nikolay

, orthodox

in Nürnberg, Haßstraße 25

18. Juni 1944 um 10 Uhr 30 Minu

erg, Haßstraße 25 verstorb

er Verstorbene war geboren am 31. Mai 1944

berg

desamt Ia Nürnberg Nr. 1051/194

Lebensbedrohend für Säuglinge war die Anweisung: „Säuglinge von Ostarbeiterinnen und Polinnen erhalten bis zu 3 Jahren einen halben Liter Vollmilch." Denn Kuhmilch und Muttermilch haben eine ganz andere Zusammensetzung. Die Babys verhungerten, weil sie den Mangel an Nährstoffen mit der Kuhmilch nicht ausgleichen konnten.

Im August 1943 besuchte der SS-Gruppenführer Hilgenfeldt ein Ostarbeiter- Säuglingsheim, in dem die Säuglinge ½ Liter Milch und 1 ½ Stück Zucker erhielten und dabei verhungerten. In seinem Bericht an den Reichsführer SS Heinrich Himmler schrieb Hilgenfeldt: „Die augenblickliche Behandlung der Frage ist m. E. unmöglich. Es gibt hier nur ein Entweder-Oder. Entweder man will nicht, dass die Kinder am Leben bleiben – dann sollte man sie nicht langsam verhungern lassen und durch diese Methode noch viele Liter Milch der allgemeinen Ernährung entziehen; es gibt dann Formen, dies ohne Quälerei und schmerzlos zu machen. Oder man beabsichtigt, die Kinder aufzuziehen, um sie später als Arbeitskräfte verwenden zu können. Dann muss man sie aber auch so ernähren, dass sie einmal im Arbeitseinsatz vollwertig sind."[13]

Todesursache „Ernährungsstörung" bei Säuglingen: eine neutrale, verharmlosende Beschreibung.

„Plötzlicher Tod"

Nataschka Schiwotok	**Wolodja Dzen**	**Anatoly Opanatschenko**
9.11.1943 – 14.4.1944	**29.12.1943 – 23.1.1944**	**13.1.1944 – 18.4.1944**

Das Mädchen Nataschka und die beiden Jungen Wolodja und Anatoly waren nach der Geburt von der Mutter getrennt worden. Bei allen dreien führte die Spur ins *Kinderheim* der Lyra-Orlow Bleistiftfabrik am Kleinreuther Weg 27.

Wolodjas Mutter, die ledige ukrainische Landarbeiterin Lida Dzen aus dem Bezirk Kiew, war am 12. 6. 1942 in Nürnberg angekommen, musste in der Lyra-Orlow Bleistiftfabrik arbeiten und lebte im Lager Brückenstraße 31.

13 Zit. nach Schwarze, Kinder, S. 154.

Nataschkas und Anatolys Eltern, das Ehepaar Galja und Michailo Schiwotok und die Eheleute Marija und Iwan Opanatschenko, in der Heimat im Bezirk Kiew auch in der Landwirtschaft beschäftigt, trafen am selben Tag in Nürnberg ein, wurden demselben Betrieb als Arbeitskräfte zugewiesen und ebenfalls im Lager Brückenstraße einquartiert.

Ihre in Nürnberg zur Welt gekommenen Kinder starben im *Kinderheim*. Wolodja war der jüngste von ihnen. Er wurde drei Wochen alt. Als Todesursache trug der Standesbeamte „Blut erbrochen" und „Herzlähmung" ein. Nataschka wurde nach der Geburt zunächst in der städtischen Säuglingsklinik aufgenommen. Ihr Aufenthalt dort ist bis 16. 1. 1944 belegt. Das waren etwas mehr als zwei Monate. Im Alter von fünf Monaten starb das Mädchen an „Herzschwäche". Anatoly starb vier Tage nach Nataschka. Er wurde zweieinhalb Monate alt. Todesursache: „plötzlicher Tod".

Den Tod der Kinder zeigte jeweils die Betriebs- bzw. Krankenschwester Lina Sch. beim Standesamt an. Im Fall des Kindes Peter Storos, der bereits im März 1943 im Alter von zweieinhalb Wochen im *Kinderheim* gestorben war, erklärte sie dem Standesbeamten gegenüber „bei dem Tode anwesend gewesen zu sein".[14]

„Lungenentzündung"

Säuglinge sind bis zur Vollendung des ersten Lebensjahres besonders anfällig für Krankheitserreger. Je jünger das Kind, desto schlechter ist seine Abwehrkraft.

Lena Zachartschenko
15.2.1944 – 22.4.1944

Das Mädchen Lena, geboren in Neumarkt in der Oberpfalz, lebte in Nürnberg in einer Wohnung in der Fürther Straße 14. Es starb in dieser Wohnung im Alter von zwei Monaten an den Folgen einer Lungenentzündung. Seine Eltern, die Eheleute Eugenie und Fedor Zachartschenko, stammten

14 Siehe B 297 u. Arolsen Archives, https://tinyurl.com/yckaaab3 [31. 3. 2023], B 254 u. B 289; zu Peter Storos siehe S. 77; zu Iwan Wasilenko, „tot aufgefunden im Heim", siehe B 315.

aus der Ukraine. Sie waren im Krieg getrennt worden. Lenas Mutter musste offensichtlich in Nürnberg in einer Gastwirtschaft arbeiten, denn den Tod des Mädchens meldete die Gastwirtsehefrau P., wohnhaft in der Fürther Straße 104, beim Standesamt (siehe B 319).

Ludmilla Saikowa
13.7.1944 – 30.12.1944

Ludmilla war die Tochter von Jawdokija Saikowa und Dimitrj Saika. Im Dezember 1943 in Nürnberg angekommen, musste das Ehepaar im Reichsbahnausbesserungswerk arbeiten. Die Ehefrau war bei ihrer Ankunft in Nürnberg vermutlich seit zwei Monaten schwanger.

Ihr Kind, geboren in Nürnberg, war im Lager Amberger Straße 25 gemeldet. Unter dieser Adresse befand (und befindet sich noch) ein Schulgebäude. Die Deutsche Reichsbahn nutzte die Schule zur Unterbringung ausländischer Arbeitskräfte. Das Mädchen Ludmilla starb in Nürnberg im Alter von fünfeinhalb Monaten an den Folgen einer „Lungenentzündung“ (siehe B 295).

Margareta Marie Helene Jégu
1.11.1944 – 19.4.1945

Valerj Horiajo
17.11.19.44 – 3.5.1945

Im November 1944 in Nürnberg geboren, Lebenszeit fünf Monate, gestorben an den Folgen einer Lungenentzündung, das verbindet die beiden Kinder Margareta und Valerj.

Margaretas Mutter, die ledige Hilfsarbeiterin Hélène Margarita Jégu, war bereits Ende des siebten Monats schwanger, als sie am 31. 8. 1944 aus ihrer französischen Heimat in Nürnberg ankam. Sie musste bis Kriegsende als Drahtzieherin in den Leonischen Drahtwerken arbeiten und wurde in einem Quartier in der Stieberstraße 15 in Nürnberg-Mühlhof untergebracht. Im städtischen Klinikum zur Welt gekommen, lebte das Kind anschließend bei der Mutter in der Stieberstraße. Vier Wochen nach der Geburt führte seine Spur in die städtische Säuglingsklinik, in der es sich elf Tage befand. Zurück im Quartier der Mutter, starb Margareta dort im Alter von fünf Monaten an den Folgen einer Lungenentzündung. Der Standesbeamte trug als Todesursache „Lungenentzündung“ und „Herzmuskelschwäche“ ein. Das Kind wurde auf dem Reichelsdorfer Friedhof beerdigt.

Valerj war der Sohn der Eheleute Tatiana und Jurg Horiajo aus der UdSSR. Der Junge, geboren in Nürnberg, lebte im Lager Klingenhofstraße 72, dem Lager der Kabel- und Metallwerke Neumeyer. Er starb im Alter von fünf Monaten kurz nach Kriegsende in Nürnberg im Cnopf'schen Kinderspital ebenfalls an den Folgen einer „Lungenentzündung“. Wohnhaft in Nürnberg ist in den Quellen für Valerjs Eltern belegt, ohne Angabe einer Adresse.[15]

Georg Burenko

5.2.1945 – 10.3.1945

Georgs Mutter Tamara Burenko, verheiratet und aus Russland stammend, war bei ihrer Ankunft in Nürnberg Ende Juni 1944 wohl schon schwanger. Zunächst im Lager Conradtystraße 15, zugehörig zur Deutschen Reichsbahn, untergebracht, musste sie als Küchenhilfe arbeiten. Mutter und Kind kamen eine Woche nach der Entbindung in das Lager Sandstraße 34. Vier Wochen später war der Junge tot, im Lager an den Folgen einer „Lungenentzündung“ gestorben. Der Lagerführer meldete den Tod des Säuglings beim Standesamt. Zum Aufenthalt des Ehemanns und Vaters, Nikolaus Burenko, enthalten die Quellen den Eintrag „unbekannt“ (siehe B 245).

*

Auch die Kinder Valentina Dolinskaja, Leonied Starikow, Nina Nesterenko, Konrad Fischtschuk, Anna Wavk, Anadoli Maksimenko und Robert Papini, in anderem Kontext an früherer Stelle vorgestellt, starben an den Folgen einer Lungenentzündung. Sie wurden zwischen drei und acht Monaten alt.[16]

„Beim Luftangriff getötet“

In der Nacht des 29. 8. 1942 flogen britische Bomber den ersten Großangriff auf Nürnberg. Betriebe und Einrichtungen der Infrastruktur meldeten teils starke Schäden. Wohngebäude wurden getroffen. 23 244 Menschen meldeten sich obdachlos. 136 Menschen wurden getötet. Bis zum Ende des Krieges flogen britische und amerikanische Bomber siebzehn größere Angriffe auf

15 Siehe B 266 sowie Arolsen Archives, https://tinyurl.com/2tetbkyz, https://tinyurl.com/3rubax93 u. https://tinyurl.com/yrtpa4wk [5. 4. 2023] u. B 259.

16 Siehe S. 85, S. 107, S. 51 (Nina Nesterenko u. Konrad Fischtschuk), S. 79, S. 47 u. S. 39.

Nürnberg. Kriegsgefangene und Zwangsarbeiter waren den Luftangriffen auf die Stadt weitestgehend schutzlos ausgeliefert. Sie konnten bestenfalls in *Deckungs- oder Splittergräben* Zuflucht suchen, die nur gegen Splitterwirkung einen gewissen Schutz boten, bei Bombentreffern in der Nähe jedoch den sicheren Tod bedeuteten.[17]

Am 3.10.1944, es war ein Dienstag, flogen amerikanische Bomber einen Tagesangriff auf die Stadt. Die Spreng- und Brandbomben trafen diese erneut schwer. 365 Menschen wurden getötet. Die junge Ukrainerin Walentina K., sie war wenige Wochen zuvor von ihrem Arbeitseinsatz als Kindermädchen in einer Familie in Eichstätt zur Zwangsarbeit nach Nürnberg in eine Fabrik überstellt worden, erlebte und überlebte diesen Luftangriff. In einer wenige Tage später abgeschickten Postkarte an die Familie in Eichstätt gab sie Einblick in das Geschehen. Offen schrieb sie von ihrer Angst und dem Wunsch, den Bomben zu entkommen:

> „In Dienstag auf Nürnberg war ein Angrief. Stadt ist schwer getrofen. Aber unser Werk und unser Lager sind nicht getroffen, und wir alles sind gesund. Nur jetzt lang von Dienstag bis heute wir haben keine Strom und Wasser und wir schon 3 Tage nicht Arbeit. [...] Liebe gnedige Frau, wie schliem ist hier, wenn auf Stadt ist Angriff. Wie schön war in Eichstätt, immer ruhig und brauchst keine angst zu haben. Ich wünsche wieder zurück."[18]

Die belgische Arbeiterin Elsa Euphrasie Dinneweth und ihr Kind lebten zur selben Zeit wie Walentina K. in der Stadt.

Harald Georg Dinneweth 16.7.1944 – 9.10.1944 / Elsa Euphrasie Dinneweth 29.10.1923 – 3.10.1944

Elsa Euphrasie Dinneweth, Haralds Mutter, war ledig und kam Ende November 1941 von Brügge in Belgien nach Nürnberg. Hier arbeitete die 18 Jahre junge Frau als Hausgehilfin, gemeldet in der Zufuhr- und in der Deutschherrnstraße. Zweieinhalb Jahre nach ihrer Ankunft entband sie im

17 Schramm, Bomben, S. 51 f. u. Michael Diefenbacher/Wiltrud Fischer-Pache (Hrsg.), Der Luftkrieg gegen Nürnberg, Neustadt a.d. Aisch 2004, S. 517 u. S. 113.

18 Schramm, Bomben, S. 123 f. u. StadtAN, F 16 Nr. 3.

städtischen Klinikum einen Jungen, dem sie den Namen Harald Georg gab. Beide, Mutter und Kind, wurden durch den Luftangriff am 3.10.1944 getötet, das Kind in seinem ersten Lebensvierteljahr, die Mutter kurz vor ihrem 21. Geburtstag (siehe B 252).

Die Abweichung im registrierten Sterbedatum von Mutter und Kind ließ sich aus den Quellen nicht erklären. Am 9.10.1944 gab es keinen Luftangriff auf Nürnberg. Der nächste erfolgte am 19.10.1944.

*

Am 20. und 21.2.1945 flogen amerikanische Bomber zwei schwere Tagesangriffe auf die Stadt. Am ersten Tag trafen die Spreng- und Brandbomben das gesamte Stadtgebiet, besonders aber die Bahnanlagen und das Industriegebiet in der Südstadt. Der Höhepunkt der Angriffe lag auf dem zweiten Tag. Erneut wurde das gesamte Stadtgebiet getroffen. Die Schwerpunkte lagen diesmal im Stadtteil Gostenhof im Stadtwesten sowie auf dem Haupt – und Rangierbahnhof. An beiden Tagen wurden 1390 Menschen getötet.

Die Nürnberger Schraubenfabrik (NSF) und das ihr zugehörende Barackenlager für die ausländischen Arbeitskräfte auf dem Gelände Hasstraße/Redtenbacherstraße lagen in Gostenhof und dem nach Westen angrenzenden Stadtteil Eberhardshof. Laut einer auf den 4.12.1944 datierten Quelle sollte im Barackenlager ein „Luftschutz-Deckungsgraben in Holz, einfachster Ausführung errichtet werden". Er wurde gebaut. Vor den Bomben bot er keinen Schutz. Eine *Liste der Todesopfer des Luftangriffs am 21.2.1945 im Lager der Firma NSF in der Redtenbacherstraße* enthält die Namen von 35 Personen, unter ihnen sechs Kinder, das jüngste knapp vier Wochen, das älteste zwei Jahre und sieben Monate alt. Vier der Säuglinge und Kleinkinder wurden gemeinsam mit der Mutter getötet.[19]

Weslawa Lukasinska (w) 18.8.1944 – 21.2.1945

Weronika Lukasinska 11.9.1922 – 21.2.1945

Weslawas Mutter Weronika Lukasinska stammte aus Polen, war Schneiderin von Beruf und ledig. Bevor sie nach Nürnberg kam, war sie bereits vom 8.5.1941 bis 15.9.1941 in der Porzellanfabrik Hutschenreuther in Selb (Kreis Rehau, Oberfranken) zur Arbeit eingesetzt. Das Arbeitsamt überstellte sie von dort nach Fischbach 88 (Kurhaussaal), ein Lager für polnische

19 Schramm, Bomben, S. 170 u. 172, StadtAN, C 20/V Nr. 3925 u. C 41 o. Nr.

Arbeiterinnen. Ende Juli 1942 wurde sie dann vom Arbeitsamt von Fischbach nach Nürnberg in die Nürnberger Schraubenfabrik *umvermittelt.* Zunächst in der Gaststätte Englischer Hof am Hübnersplatz untergebracht, erhielt Weronika Lukasinska im April 1943 ein Quartier im Lager Hasstraße zugewiesen.

Die junge Frau verhielt sich widerständig. Sie verstieß gegen die *Kenntlichmachung polnischer Arbeiter* und hielt sich in der Nacht vom 19. 9. 1943 auf 20. 9. 1943 verbotenerweise außerhalb des Lagers auf, meldete die Lagerführerin des Lagers Hasstraße. Polnische Arbeitskräfte mussten ab 21:00 Uhr in ihrer Unterkunft sein. Weronika Lukasinska wurde zu einer Geldstrafe in Höhe von 60 RM oder drei Wochen Straflager verurteilt.

Zwei Jahre nach ihrer Ankunft in Nürnberg brachte die polnische Arbeiterin ein Kind zur Welt, ein Mädchen, dem sie den Namen Weslawa gab. Acht Tage nach der Entbindung in Weißenburg kam die Mutter mit dem Neugeborenen zurück in das Lager Hasstraße. Dort wurden beide beim Luftangriff am 21. 2. 1945 *im Deckungsgraben* getötet, die Mutter war 22 Jahre, das Kind sechs Monate alt (siehe B 279).

Duschanka Burazer
12.9.1944 – 21.2.1945

Laut Ausländermeldekartei hatte das Mädchen Duschanka zwei Mütter. Wahrscheinlich war es Zorka Burazer, denn Pava Burazor, bei der das Kind auch eingetragen wurde, war seit März 1944 in Schillingsfürst und zur Geburt des Kindes nicht wieder in Nürnberg angemeldet.

Zorka Burazer war verheiratet. Von Berlin im Dezember 1943 in Nürnberg angekommen, wurde sie hier in den Otto Scharlach Metallwerke(n) in der Äußeren Sulzbacher Straße zur Arbeit eingesetzt. Ihr Kind, geboren in Nürnberg, lebte im Lager Hasstraße. Wie es ohne die Mutter dorthin kam, bleibt rätselhaft. Es wurde am 21. 2. 1945 beim Luftangriff auf Nürnberg im Alter von fünf Monaten im Lager getötet (siehe B 244).

Marian Zajac
12.7.1942 – 21.2.1945

Anna Zajac
23.8.1918 – 21.2.1945

Die verheiratete Polin Anna Zajac kam mit ihrem knapp zweijährigen Sohn Marian, geboren in Reichshof in Polen, am 6. 7. 1944 in Nürnberg an. Sie musste in der Nürnberger Schraubenfabrik als Küchenhilfe arbeiten und lebte mit dem Kind im Lager Hasstraße. In diesem Lager wurden beide am 21. 2. 1945 getötet, Marian war zwei Jahre und sieben Monate, seine Mutter 26 Jahre alt. Im Sterberegistereintrag der Mutter dokumentierte der Standesbeamte: „[...] durch Fliegerangriff im Deckungsgraben Hasstraße gefallen. [...] Eingetragen auf schriftliche Anzeige der Staatlichen Kriminalpolizei, Kriminalpolizeileitstelle Nürnberg-Fürth in Nürnberg vom 28. Februar 1945 [...] Die Bergung erfolgte am 22. Februar 1945 um 14 Uhr. Die Sterbezeit wurde nicht festgestellt." Anna Zajacs Ehemann Antoni war laut Ausländermeldekartei „nicht hier".[20]

*

Auch die Kinder Roman Nowieka, Jwonne Chodorowska und Alexandra Jzydorczyk, in einem anderen Zusammenhang an früherer Stelle vorgestellt, wurden beim Luftangriff am 21. 2. 1945 im Lager der Nürnberger Schraubenfabrik getötet (siehe S. 43, S. 72 u. S. 73).

Etwa ein Viertel der ausländischen Kinder überlebte nicht. Zwei Drittel von ihnen starben bereits im ersten Lebensvierteljahr, die Verbleibenden noch vor Vollendung ihres ersten Lebensjahres. Nur zwei Mädchen und ein Junge der in Teil B dokumentierten verstorbenen *Fremdarbeiterkinder* wurden älter als ein Jahr.

Es waren belgische, holländische, französische, italienische, kroatische, polnische, russische und ukrainische Kinder. Die ukrainischen Kinder bildeten die größte Gruppe. Die Kinder starben dort, wo sie lebten: in privaten Quartieren und in Lagerunterkünften, und sie starben in der Klinik: im städtischen Klinikum/Frauenklinik, im Cnopf'schen Kinderspital, in der städtischen Säuglingsklinik. Eine Liste der Sterbeorte befindet sich im Anhang.

Sie kamen zu früh zur Welt und starben noch am Tag ihrer Geburt, am nächsten Tag oder wenige Tage später. Sie starben infolge einer „Ernährungsstörung". Sie wurden „tot im Bett aufgefunden" oder starben einen „plötzlichen Tod". Sie erkrankten an „Lungenentzündung" und starben. Und sie wurden „bei Luftangriffen getötet".

Darüber hinaus fanden sich in den Quellen unter „Todesursache" noch folgende Einträge: „Asphyxie" (Atemstillstand), „Asthenie" (das ist keine

20 StadtAN, C 27/II Nr. 3074/1331, C 21/XI Nr. 86 u. C 41 o. Nr. Liste der Todesopfer des Luftangriffs am 21. 2. 1945 im Lager der Firma NSF in der Redtenbacherstraße.

Erkrankung, sondern bedeutet einen Zustand der Schwäche und Entkräftung, z.B. infolge mangelhafter Ernährung), „Blasenleiden seit Geburt", „Brechdurchfall", „Bronchitis", „Dermatitis exfoliativa" (eine seltene Hauterkrankung), exsudative Diathese (Verlust von Sekret) (siehe B 285, B 290, B 272, B 278, B 284 u. B 300, B 283, B 294).[21]

Die Kinder starben mehrheitlich im Verlauf des Jahres 1944 sowie in den letzten Kriegsmonaten im Winter/Frühjahr 1945. Nicht für jedes verstorbene Kind ließen sich Sterbeort und Todesursache ermitteln.

Die toten *Fremdarbeiterkinder* wurden in Nürnberg auf dem Südfriedhof in den Grabreihen 88 bis 90 beigesetzt. Laut Auskunft der Friedhofsverwaltung lassen sich von den Kindergräbern heute keine Spuren mehr finden. Seit September 2020 erinnert eine neu angebrachte Gedenktafel für 1939–1945 nach Nürnberg verschleppte und hier gestorbene Polinnen und Polen auf dem Südfriedhof auch an die beim Luftangriff am 21.2.1945 im Lager der Nürnberger Schraubenfabrik in der Hasstraße getöteten Kinder und Mütter.

21 Die Erläuterungen stammen aus der Korrespondenz mit Dr. Seithe, 13.3.2021.

A | Exkurs: Überlebensspuren nach dem Krieg

Der Krieg endete für Nürnberg am 20.4.1945. Die 3rd und 45th Infantry Divisions der US-Armee besetzten die Stadt. Wenige Tage später war die lokale Militärregierung installiert. Zu ihren Aufgaben gehörten u.a. die Betreuung und Versorgung der ausländischen Zivilarbeiter.[1]

Jan Alexander Verbaan (3)
*** 16.12.1944**
Cornelia Verbaan und Antoni Lisowski wurden nach Kriegsende mit ihrem vier Monate alten Sohn Jan Alexander in der ehemaligen SS-Kaserne untergebracht. Aus Cornelia Verbaan-Lisowskas Erinnerungen:

> „Hier warteten Franzosen, Italiener, Polen, Griechen, Bulgaren, Tschechen, Norweger, ja sogar Schweizer […] auf ihre Repatriierung. Man hat uns ein Zimmer gegeben und wir konnten auch in der gemeinsamen Kantine essen. […] Unser kleiner Sohn fühlte sich sichtbar wohl. Frau Mendl, die letzte Vermieterin vor Kriegsende, hatte für den Säugling einen Kinderwagen aufgetrieben. Er machte so viel Lärm wie eine alte Straßenbahn, aber das Kind hatte sein Bett. […] Unser Sohn weckte bei allen gute Gefühle. Die Amerikaner brachten ihm Schokolade, bis der kleine Wagen voll davon war. Bis sie das Kind essen konnte, würde man noch lange warten müssen. Wir haben aber alle diese Gaben als Zeichen der Freundschaft verstanden und auch als Zeichen der Sehnsucht jedes Menschen nach seiner eigenen Familie."

Die dreiköpfige holländisch-polnische Familie verließ Nürnberg im Juni 1945.[2]

*

1 Stadtarchiv Nürnberg (Hrsg.), Nürnberg 1945–1949, Quellen zur Nachkriegsgeschichte. Bearb. von Udo Winkel, 3 Bde., Nürnberg 1989, hier Bd. 1, S. 16 u. S. 28.

2 Verbaan-Lisowska, Erinnerungen, S. 226f.

Weitere Überlebensspuren ausländischer Kinder führten in den folgenden Jahren in die Nähe von Landshut, nach Frankreich, nach Griechenland, in die Ukraine und nach Übersee.

Henriette La.
*** 5.9.1944**
Henriettes Eltern Maria Cornelie und Guillaume La. hatten 1928 in Brüssel geheiratet. Laut Ausländerpolizei lebten sie getrennt. Die Spur der Mutter führte drei Wochen nach der Geburt des Kindes in das Lager Veilhofstraße 91. Eine Woche später wurde sie aus Nürnberg abgemeldet. Die letzte Spur des belgischen Kindes führte 1946 in das *German's children house* in Wartenberg in der Nähe von Landshut (siehe B 106).

Francine An.
*** 8.6.1944**
Francine, die Tochter der ledigen ungarischen Arbeiterin Erszebet An., wurde laut Ausländermeldekartei nach Kriegsende in Frankreich von der öffentlichen Fürsorge betreut (siehe B 3).

Miltiadis Alois Ts.
*** 5.7.1943**
Anna Ts., die Mutter von Miltiadis Alois, war Deutsche. Der Vater ihres Kindes Spiridon Ts. war 1942 aus Griechenland nach Nürnberg gekommen. Er musste als Schlosser in der Firma Maschinen- und Apparate-Bau Haas & Matthes arbeiten. Das Kind des Paares wurde *außerehelich* geboren. Die Eltern heirateten nach seiner Geburt. Als der Krieg zu Ende war, ging die dreiköpfige Familie nach Griechenland (siehe B 209).

Lubov Begun [Bigun] (2)
*** 14.1.1943**
Lubov, die Tochter von Hala Begun [Bigun], war bei Kriegsende zwei Jahre und drei Monate alt. Jahrzehnte später erzählte die Mutter von der Rückkehr in die Heimat. Die Tochter hielt die Erinnerungen schriftlich fest:

> „Wir wurden im Frühjahr 1945 von Amerikanern befreit, und man schickte uns nach Coburg in ein Transitlager. Der Weg nach Hause

[in die Ukraine] war lang und beschwerlich, aber trotzdem freute sich jeder. Meine Mutter war sehr aufgeregt, während KGB unsere Dokumente prüfte. Und wie viel Freude hatte sie, als die Erlaubnis weiter zu fahren wurde ihr gegeben! Das Arbeitsbuch über die Arbeit in Deutschland hat man ihr nicht zurückgegeben, wahrscheinlich haben sie es in ihren Dokumenten zusammen mit anderen Papieren getan. Und jetzt fuhr meine Mutter mit einem kleinem Kind wieder in einem Güterwagen ohne jegliche Ausstattung, aber jetzt nach Hause. Es war wieder sehr viel Leute da. Das Kind weinte, hatte Hunger. Aber wo konnte sie das Essen finden? So musste sie bei jeder Gelegenheit aus dem Wagen rausspringen, um rum herum zu laufen und das Essen zu erbetteln, mich aber zuerst musste sie den fremden Menschen in Obhut geben. Auf einem so zufälligen Stopp hat mich einen Offizier genommen und weggetragen. Wie viel Angst hatte sie, um ihn aufzuholen und das Kind an sich wieder zu nehmen! Was musste sie ertragen auf dem Weg nach Hause, meine arme Mutter. Im August 1945 kamen wir zurück ins Dorf Ploskoje, wo die Eltern meiner Mutter lebten.“[3]

Marusi [Maria] Ha.
*** 24.11.1944**

Marusis Mutter Anna Ha. war ledig. Sie stammte aus Galizien und musste seit Mai 1942 in Nürnberg als landwirtschaftliche Helferin arbeiten. Sie sprach polnisch und ukrainisch. In den Dokumenten wurde sie als Polin eingetragen. Nach Kriegsende stellte sie für sich und ihr Kind einen Auswanderungsantrag mit dem Ziel „Canada“. Der Weg führte sie zunächst von Nürnberg über Regensburg nach Dillingen an der Donau in das *Camp Luitpold*, wo Mutter und Kind am 16. 2. 1948 registriert wurden. Marusi war inzwischen drei Jahre alt. Laut Personenbeschreibung hatte sie blonde Haare und blaue Augen, war 95 cm groß und wog 19 kg. Nach zwei Jahren Aufenthalt in Dillingen kam die Mutter mit ihrer inzwischen fünfjährigen Tochter im DP-Lager Leipheim in Bayrisch-Schwaben an. Es sollten noch weitere fünf Jahre vergehen, bis das nunmehr zehn Jahre alte Mädchen schließlich 1955 mit der Mutter in München die Fahrt nach Bremerhaven

3 Text von Lubov Sachno, geborene Begun; im Besitz der Verfasserin, Übersetzung Natalia Rybakova.

antreten konnte. Von dort brachte sie ein Schiff in die USA nach Philadelphia. Ihre Ausreise wurde von einem Sponsor unterstützt. Seine Adresse in Philadelphia war nun ihr Ziel (siehe B 70).

Irene Emilia Uk.
*** 29.6.1944**

Izabella Uk., die Mutter von Irene Emilia, war ledig. Sie stammte aus dem Bezirk Lemberg (Lwiw) und wurde zunächst in Heroldsberg im Landkreis Erlangen-Höchstadt zur Arbeit eingesetzt. Von dort kam sie Mitte Oktober 1943 nach Nürnberg. Bei ihrer Ankunft in der Stadt war sie möglicherweise schon schwanger. Nach der Entbindung im städtischen Klinikum lebte sie mit ihrer vier Wochen alten Tochter in einem Quartier in der Veilhofstraße 36. Aus dieser Unterkunft kam sie knapp zwei Monate später in das Lager in der Veilhofstraße 91. Was zu diesem Zeitpunkt mit dem Kind geschah, liegt im Ungewissen.

Die Spur von Mutter und Kind fand sich nach Kriegsende in Nürnberg wieder, als sich Izabella Uk. um die Auswanderung nach Frankreich oder nach Kanada bemühte. Sie wurde als Polin klassifiziert. Neben Polnisch, Russisch und Ukrainisch sprach sie Französisch und Deutsch. Als Beruf gab sie Köchin und in einem Hotel beschäftigt an, auch Schneiderin nannte sie. Izabella Uk. hatte Glück und durfte in die USA einwandern, wo sie als Hausangestellte unterkam, mit ihrer Tochter Irene Emilia, die inzwischen im Kindergartenalter war (siehe B 217).

*

Ebenfalls in die USA führte die Spur der Kinder Natalia Le. und Valdis Oz. Natalia, Tochter polnischer Eltern, war acht oder neun Jahre alt, als sie laut Ausländermeldekartei 1951 mit ihren Eltern zusammen von Nürnberg in die USA abgemeldet wurde. Der Junge Valdis zählte vier Jahre, als seine Spur, die des Bruders und der Eltern 1949 dorthin führte. Im gleichen Jahr führte die Spur des Mädchens Milica Ne., ihrer beiden jüngeren Schwestern und der Eltern nach Australien. Milica war zu diesem Zeitpunkt sechs Jahre (siehe S. 25, S. 98 u. S. 32).

Auf dem Weg in die neue Heimat hatten die Kinder inzwischen das Kindergarten- und Schulalter erreicht.

Die nachfolgenden Biografien zeigen mit Blick auf Überlebensspuren nach dem Krieg, dass in einigen Fällen ausländische Kinder im Zuge der

Heirat der Mutter *legitimiert* wurden. Legitimieren bedeutet hier ein Kind für ehelich erklären.

Renate Isabelle Pi.
*** 1.10.1943**

Maria Ma.
*** 18.4.1944**

Renate Isabelle war die Tochter der ledigen polnischen Arbeiterin Johanna Pi. Nachdem sie am 24.4.1942 in Nürnberg eingetroffen war, kam sie zunächst in das MAN Gemeinschaftslager in der Prechtelsgasse. Ab Februar 1943 arbeitete sie als Küchenhilfe im Hotel Süd in der Pillenreutherstraße. Die Mutter und der Vater des Kindes, der Dreher Johann Sa. (1919), ein Landsmann, heirateten am 7.7.1945 in Nürnberg. Ihr Kind war bei der Hochzeit ein Jahr und neun Monate alt. Auch die Mutter von Maria Ma., die polnische Arbeiterin Anna Ma., heiratete nach Kriegsende. Sie ehelichte am 29.12.1945 Andrzeij Sz. Das Kind erlangte 1949 laut Beschluss des Amtsgerichts Brückenau die Rechtsstellung eines ehelichen Kindes (siehe B 158 u. B 128).

Adam Heinrich Uk.
*** 27.3.1945**

Adam Heinrichs Mutter Emilia Uk. war die jüngere Schwester von Izabella Uk. Wie diese war sie ledig, stammte ebenfalls aus dem Bezirk Lemberg (Lwiw) und musste zunächst auch in Heroldsberg im Landkreis Erlangen-Höchstadt arbeiten. Die Wege der Schwestern trennten sich ab Ende Juli 1943 in Nürnberg. Die Jüngere gelangte in Nürnbergs Innenstadt in die Karolinenstraße und anschließend in die Pfannenschmiedsgasse in das Hotel Blaue Traube. Vorübergehend nach Langenzenn im Landkreis Fürth abgemeldet, war sie ab 1.4.1944 wieder in Nürnberg registriert und musste nun als Hausangestellte arbeiten.

Zwei Monate nach der Geburt ihres Sohnes Adam Heinrich heiratete Emilia Uk. am 25.5.1945 in Fürth i.Bay. den Vater ihres Kindes, Henryk Sl. (siehe B 218).

A | Zusammenfassung

Die Lebensspur der vergessenen *Fremdarbeiterkinder* führte in Nürnberg in Wohnhäuser, Lagerunterkünfte und Kliniken quer durch die Stadt nach Norden, Osten, Süden und Westen. Sie führte über die Stadtgrenzen hinaus, in die Region und noch weiter. Etwa Dreiviertel der Mädchen und Jungen, Säuglinge und Kleinkinder schafften es, am Leben zu bleiben. Ein Viertel von ihnen starb. In privaten Quartieren war ihre Überlebenschance höher. Ihre Lebenssituation in den Lagerunterkünften unterschied sich deutlich, wie die einzelnen Überlebens- bzw. Sterberaten in den Lagern zeigen.

Die Herkunftsländer, Arbeitseinsatzorte und Quartiere der Eltern fanden sich während der Rekonstruktion der Kinderschicksale mehr und mehr. Ebenso Zeugnisse widerständigen Verhaltens gegen die Entrechtung durch das NS-Regime. Der Krieg, die Veränderungen im Kriegsverlauf, daraus resultierende Folgen traten in den Schicksalen der Kinder und Eltern unmittelbar zutage.

B | Dokumentation *Fremdarbeiterkinder* in Nürnberg während des Zweiten Weltkrieges

Nachfolgend sind 321 ausländische Kinder, Mädchen und Jungen, Neugeborene, Säuglinge und Kleinkinder, mit ihren Müttern und Vätern dokumentiert. Der biografische Ansatz ermöglichte es, ihnen ihre Identität zu geben, sie in ihrer Individualität zu zeigen und an sie zu erinnern.

Die Informationen stammen wesentlich aus dem Stadtarchiv Nürnberg (StadtAN) – hier aus den Beständen Ausländerpolizeiakten, Ausländerpolizei/Firmenakten, Ausländermeldekarteien, Standesregister und Bestattungsamt, sämtlich aus der Zeit vor 1945, sowie aus Registrierungsdokumenten in den Arolsen Archives. In Einzelfällen führte die Spur der Kinder in die Zeit nach Kriegsende. Herkunftsorte der Eltern und Länderbezeichnungen beziehen sich auf den Stand vor 1945. Die Herkunftsorte wurden nach Möglichkeit im Internet verifiziert.

Bei den zugrunde liegenden Quellen handelt es sich wesentlich um Formulare. Daraus ergab sich die Darstellungsweise der Biografien im Stil eines Formulars. Wo erforderlich, wurde der Name des Kindes anonymisiert.

Die Angaben nach den Ziffern haben folgende Bedeutung:

NAME des Kindes

1) Geburtsdatum und Geburtsort des Kindes
2) Unterkunft in Nürnberg
3) Sterbedatum, Sterbeort, Todesursache
4) Lebenszeit
5) Name d. Mutter, Familienstand, Geburtsjahr, Beruf/Tätigkeit in d. Heimat
6) Name des Vaters, Geburtsjahr, Beruf/Tätigkeit in der Heimat
7) Herkunftsort, Herkunftsland von Mutter und Vater
8) Weg der Mutter, des Vaters nach Nürnberg, Ankunftsdatum in Nürnberg
2) Unterkunft der Mutter/des Vaters in Nürnberg
9) Arbeitseinsatz, Arbeitsort – Industriebetrieb, Landwirtschaft, privater Haushalt, Deutsche Reichsbahn u. a.
3) und **4)** ab Kind Nr. 238, S. 218

Christian Ab. 1

1) 19. 3. 1945 in Nürnberg
5) Martha Ab., ledig, 1916
7) Belgien
8) von Bouverie, Belgien; seit 1. 12. 1942 in Nürnberg
2) Sandrartstraße; ab November 1944 Kirchenweg 16, Lager Dynamit

StadtAN, C 21/XI Nr. 1

Nadia Clemence Ad. 2

1) 10. 8. 44 in Nürnberg-Mühlhof
5) Sidonie Ad., verheiratet, 1922
6) Victor Ad.
Zur Mutter:
7) Fleurus, Belgien
8) von Fleurus, seit 19. 3. 1942 in Nürnberg
2) Mühlhofer Hauptstraße 5; ab September 1944 Vorjurastraße 60
9) Hilfsarbeiterin

Das Kind wurde katholisch getauft. Es ist „laut Angaben im Taufbuch erzeugt von Anton W., Metzger aus Neupaka (Tschechei). Frau lebt in Scheidung mit ihrem in Belgien wohnenden Mann“, vermerkte der Pfarrer.

StadtAN, C 21/XI Nr. 1
Arolsen Archives, https://tinyurl.com/2p8zsbsj [1]

Francine An. 3

1) 8. 6. 1944 in Nürnberg, Klinikum
2) Voltastraße 89
5) Erszebet An., ledig
7) Ungarn
9) Arbeiterin

Das Kind wurde laut Ausländermeldekartei nach Kriegsende in Frankreich von der öffentlichen Fürsorge betreut.

StadtAN, C 21/XI Nr. 2

1 Alle Weblinks in der Dokumentation wurden, wenn nicht anders angegeben, zuletzt im Mai 2024 aufgerufen und geprüft.

Pierre Thomas Ar. 4

1) 20. 1. 1945 in Nürnberg
5) Jeanna Ar., ledig, 1917
7) Gembloers, Belgien
8) von Gembloers, seit 10. 5. 1941 in Nürnberg
2) Mittlere Kanalstraße 38; am 15. 5. 1943 nach Rothenfeld abgemeldet; Rückkehr nach Nürnberg, ab 13. 12. 1943 Sigmundstraße 17
9) Arbeiterin

Die Mutter des Kindes, Jeanna Ar., wurde vom Sondergericht Nürnberg am 26. 3. 1943 wegen verbotenen Umgangs mit Kriegsgefangenen zu acht Monaten Gefängnis verurteilt und zur Verbüßung der Haftstrafe in die Strafanstalt Rothenfeld (Frauengefängnis) eingeliefert. Am 25. 11. 1943 war ihre Haftzeit zu Ende. Rothenfeld ist ein Gemeindeteil von Andechs im Landkreis Starnberg, Bayern.

StadtAN, C 21/XI Nr. 2

Lubow Ar. (w) 5

1) 7. 5. 1944 in Nürnberg, Rückertstraße 9, Lager
2) seit Geburt bis 14. 4. 1945 Rückertstraße 9, Lager
5) Jefrosinija Ar.
7) Ukraine
2) Rückertstraße 9, Lager
9) J. S. Staedtler Mars-Bleistiftfabrik, Rückertstraße 1

Das Mädchen war eines der *Ostarbeiterkinder* im Lager Rückertstraße 9 der J. S. Staedtler Mars-Bleistiftfabrik. Die Kinder wurden laut Mitteilung der Firma „von den Müttern beim Abtransport mit fortgenommen". Lubow war beim Abtransport elf Monate alt.

StadtAN, C 21/XI Nr. 2
Arolsen Archives, https://tinyurl.com/2p9ar8fd
Arolsen Archives, https://tinyurl.com/2wejazbv

Monika Ar. 6

1) 8.4.1945 in Nürnberg
5) Augusta Ar., verheiratet, 1915
6) Gaston Ar.
7) Belgien
Zur Mutter:
8) von Belgien, seit 14.12.1942 in Nürnberg
2) Mühlhofer Hauptstraße 7
9) Arbeiterin
StadtAN, C 21/XI Nr. 2
Arolsen Archives, https://tinyurl.com/bdfe639d

Gustav Au. 7

1) 15.3.1942 in Nürnberg, Klinikum
2) Dürrenhofstraße 2, am 23.5.1942 abgemeldet nach Ungarn
5) Anna St., geb. Au
In der Dürrenhofstraße 2 befand sich ein *Mütter- und Säuglingsheim des deutsch-evangelischen Frauenbundes, Ortsverband Nürnberg.*
StadtAN, C 21/XI Nr. 3
Einwohnerbuch der Stadt Nürnberg 1942

Karl Ba. 8

1) 29.10.1940 in Nürnberg
2) ab 21.8.1943 Trierer Straße 160
5) Maria Ba., verheiratet, 1917
6) Franz Ba., 1898
Zum Vater:
7) Protektorat Böhmen und Mähren (Tschechoslowakei)
8) seit 20.6.1939 in Nürnberg
2) Kreuzsteinstraße 26, mit Ehefrau;
am 23.8.1939 mit der Ehefrau nach Unterasbach, Landkreis Fürth abgemeldet;
seit April 1940 wieder in Nürnberg,
ab 21.8.1943 Trierer Straße 160 mit Frau und Kindern;
am 6.4.1944 aus Nürnberg abgemeldet.
9) Automechaniker; Monteur

Friedrich Ba., Bruder von Karl Ba. 9

1) 2. 7. 1942 in Nürnberg

2) ab 21. 8. 1943 Trierer Straße 160

StadtAN, C 21/XI Nr. 4

Dina Ba. 10

1) 23. 3. 1945 in Nürnberg

5) Tatjana Ba., ledig, 1917, Laborantin

7) Dnepropetrowsk, Ukraine

8) von Dnepropetrowsk, seit 1. 10. 1942 in Nürnberg

9) DAF-Gemeinschaftslager Witschelstraße, Küchenhilfe; Nürnberger Schraubenfabrik und Elektrowerk G.m.b.H., Maschinenarbeiterin

StadtAN, C 31/ III Nr. 173-4160; Arolsen Archives, https://tinyurl.com/3js2r8a6

Josef Ba. 11

1) 23. 5. 1944 in Nürnberg

2) Gibitzenhofstraße 30

5) Helena Ba., ledig, 1923, ohne Beruf

6) Josef Anton Ko.

Zur Mutter:

7) Litzmannstadt (Lodz), Polen

8) von Litzmannstadt, seit 7. 9. 1941 in Nürnberg

2) Kreutzerstraße 69; ab 31. 5. 1944 Gibitzenhofstraße 30; am 31. 8. 1944 abgemeldet nach Köslin (Koszalin, Polen)

9) Vereinigte Deutsche Metallwerke Nürnberg, Hilfsarbeiterin

Zum Vater:

8) Tschechoslowakei

Drei Tage nach Ankunft von Helena Ba. in Nürnberg informierte das Ausländeramt des Polizeipräsidiums das *Kommando der Schutzpolizei – 15. Polizeirevier*, dass die betreffende polnische Arbeiterin „verpflichtet [ist], sich ab sofort allwöchentlich am Sonntag in der Zeit von 8 Uhr bis 11 Uhr beim 15. Polizeirevier persönlich zu melden. Karte mit Lichtbild ist immer vorzuzeigen. Bei Verstoß gegen die Meldepflicht oder gegen die für polnische Arbeitskräfte geltenden besonderen Anordnungen“ war das Ausländeramt zu verständigen.

StadtAN, C 21/XI Nr. 4 u. C 31/III Nr. 347-14412

Arolsen Archives, https://tinyurl.com/4u5ez8mw

Jaqueline Louise Ba. 12

1) 3. 11. 1943 in Nürnberg, Klinikum
5) Louisa Ba., verheiratet, 1922
6) Jean Baptiste Alphonse Emile Ba., 1920
7) Belgien
Zur Mutter:
9) Hilfsarbeiterin
Zum Vater:
8) von Angre, Belgien; seit 8. 1. 1942 in Nürnberg
2) Eberhardshof 11, Bogenstraße 36, Muggenhofer Straße 102, ab 6. 8. 1942 Muggenhofer Straße 40

Die Eheleute waren im Januar 1942 in Nürnberg angekommen. Laut Ausländermeldekartei war die Ehefrau seit 24. 1. 1942 unbekannt verzogen und wurde am 6. 2. 1942 amtlich abgemeldet. Seit 10. 3. 1943 war sie in der Muggenhofer Straße 40 registriert.

Jaques Alphonse Ba., Bruder von Jaqueline Louise Ba. 13

1) 16. 11. 1944 in Nürnberg
StadtAN, C 21/XI Nr. 5
Informationen zu den Eltern siehe Jacqueline Louise Ba., Nr. 12

Lubov Begun [Bigun] 14

1) 14. 1. 1943 in Marktredwitz, Oberfranken
2) seit 16. 2. 1943 Kleinreuther Weg 27, bis Kriegsende
5) Hala Begun [Bigun], verheiratet, 1924, Arbeit in der Landwirtschaft
6) Feodor Bigun, 1924
7) Bezirk Kiew, Ukraine
Zur Mutter:
8) seit 16. 2. 1943 in Nürnberg
2) Großweidenmühlstraße 28, *Gemeinschaftslager*; ab 15. 11. 1943 Eberhardshofstraße 18
9) Lyra Bleistiftfabrik; ab 15. 11. 1943 Dynamit AG, Betrieb Nürnberg; Bleistiftarbeiterin, Maschinenarbeiterin
Zum Vater:
8) seit 18. 12. 1942 in Nürnberg
2) Peyerstraße 27, *Gemeinschaftslager*

9) Gottfried Lindner AG, Werkstatt Nürnberg, Peyerstraße
Der Vater des Kindes starb am 12. 11. 1943 im städtischen Klinikum. Mutter und Kind blieben bis Kriegsende voneinander getrennt. Mehr zu Lubov Begun [Bigun] verheiratete Sachno siehe S. 75 und S. 122

Die Schreibweise des Namens der Mutter ist in den Quellen sowohl Begun als auch Bigun, die des Vaters Bigun.

Private Dokumente von Lubov Sachno, geborene Begun [Bigun],
Kopien im Besitz der Verfasserin, Übersetzung Natalia Rybakova
Arolsen Archives, https://tinyurl.com/4hrsnk56 u. https://tinyurl.com/avsbut72

Zbigniew Be. 15
1) 1. 9. 1944 in Nürnberg
5) Sofia Be., ledig, 1915
7) Bedzin, Polen
8) von Bedzin, seit 22. 8. 1940 in Nürnberg
2) Äußere Sulzbacher Straße 144; ab 7. 11. 1941 Veilhofstraße 91, *Polenlager*
9) Bohrerin
StadtAN, C 21/XI Nr. 5

Roger Be. 16
1) 21. 5. 1944 in Nürnberg, Klinikum
2) ab 30. 5. 1944 Neudörferstraße 8
5) Nastja Be., ledig, 1922, landwirtschaftliche Arbeiterin
6) Roger Na., 1911
Zur Mutter:
7) Bezirk Kiew, Ukraine
8) von Enkingen bei Nördlingen, Landkreis Donau-Ries;
seit 26. 11. 1942 in Nürnberg
2) Steinstraße 21, ab 30. 5. 1944 Neudörferstraße 8
9) Bayerische Metallwarenfabrik GmbH Nürnberg, Haeberlein-Metzger AG Nürnberg Neudörferstraße; Presserin, Hilfsarbeiterin
Zum Vater:
7) Huy, Belgien
9) seit Februar 1941 Bayerische Metallwarenfabrik, Metallarbeiter
StadtAN, C 31/IV Nr. 57, C 31/III Nr. 174-4241/4241a
Arolsen Archives, https://tinyurl.com/4k5dd5vh

Heinz Bi. 17

1) 8.9.1941 in Nürnberg

5) Katarzyna Bi., ledig, 1921

7) Dabrowica, Polen

8) von Dabrowica, seit 7.3.1940 in Nürnberg

2) Äußere Bucher Straße 15, am 30.9.1942 nach Baiersdorf, Landkreis Erlangen-Höchstadt abgemeldet

9) Hausgehilfin

In der Ausländermeldekartei wurde Katarzyna Bi. als polnische Staatsangehörige mit Volkszugehörigkeit Ukraine registriert.

StadtAN, C 21/XI Nr. 7

Georg Bi. 18

1) 2.3.1945 in Nürnberg

5) Sinaida Bi., ledig, 1924

7) UdSSR

2) Alte Regensburger Straße, ab 1.11.1943 Viehof 19

9) Küchenmädchen

Das Schlachthofgelände in Nürnberg-Gostenhof hatte die eigenständige Benennung „Viehof"; diese wurde 1963 aufgehoben und die Gebäude zumeist der Schlachthofstraße zugeordnet.

StadtAN, C 21/XI Nr. 7 u. Lexikon der Nürnberger Straßennamen

Christine Bi. 19

1) 2.10.1944 in Nürnberg

5) Victoria Bi., ledig, 1924

7) Warschau, Polen

8) von Warschau, seit 19.3.1941 in Nürnberg

2) Winklerstraße 3, ab 6.12.1941 Krugstraße 35

9) Packerin

StadtAN, C 21/XI Nr. 7

Alexandra Bi. 20

1) 8.12.1943 in Nürnberg

5) Marija Bi., 1920, Sanitäterin

7) Dnepropetrowsk, Ukraine

8) seit 1942 in Nürnberg
2) Gemeinschaftslager der Fa. Muschi & Co.
9) Muschi & Co. Nürnberg, Fabrik für Elektrokohle, Dynamobürsten, Galvanische Kohlen, Elektroden, Nürnberg Schloßstraße 24; „zur Federaufsteckerin umgeschult“

Mutter und Kind waren ab 11.10.1944 in der Gemeinde Kleingeschaidt, Landkreis Erlangen, gemeldet.

StadtAN, C 31/IV Nr. 96
Arolsen Archives, https://tinyurl.com/2p8j4rek u. https://tinyurl.com/yc475akn

Johann Bi. **21**

1) 24.7.1943 in Nürnberg, Klinikum
5) Piroska Bi, verheiratet, 1917
6) Adam Bi., 1914
7) Rumänien
Zur Mutter:
8) von Marienfeld, Rumänien seit 19.10.42 in Nürnberg
2) Okenstraße 23
Zum Vater:
8) von Belgrad, Serbien, seit 27.3.1942 In Nürnberg
2) Alte Regensburger Straße, DAF-Gemeinschaftslager, Hintere Insel Schütt 10, Untere Grasersgasse 27, November 1942 – Juni 1943 Okenstraße 23, Maxplatz 10, ab 27.4.1944 Veilhofstraße 24
9) Hilfsarbeiter

Marienfeld (rumänisch Teremia Mare) ist eine Gemeinde in der Region Banat im Südwesten Rumäniens, an der Grenze zu Serbien. Dort war am 11.3.1940 das erste Kind des Ehepaares, Karl, zur Welt gekommen. Die Mutter lebte mit den beiden Kindern in der Okenstraße 23. Am 18.1.1945 wurden sie nach Rückersdorf, Landkreis Nürnberger Land, abgemeldet. Der Vater war am 17.8.1944 nach München abgemeldet worden.

StadtAN, C 21/XI Nr. 7

Marianne Bl. **22**

1) 5.2.1945 in Nürnberg
5) Flore Bl., ledig, 1923
7) Vaux sous Chevrèment, Belgien

8) von Belgien, seit 10. 12. 1942 in Nürnberg
2) Charlottenstraße 2, ab 29. 7. 1943 Hefnersplatz 12
9) Hausgehilfin
StadtAN, C 21/XI Nr. 7

Wera Bo. **23**
1) 28. 2. 1944 in Nürnberg
2) Mettingstraße 1
5) Marija Bo., verheiratet
6) Grigorij Bo., 1911, Tischler
Zum Vater:
7) Kiew, Ukraine
8) *Zuzug vom Arbeitsamt Regensburg*, seit 1. 2. 1943 in Nürnberg
2) Mettingstraße 1–3, *Ostarbeiterlager*
9) Lumophon-Werke, Schloßstraße 62–64; Tischler
StadtAN, C/21 XI Nr. 8 u. C 31/III Nr. 177-4448

Peter Bo. **24**
1) 21. 4. 1944 in Nürnberg
2) Witschelstraße, Gemeinschaftslager
5) Lida Bo.
7) UdSSR
StadtAN, C 21/XI Nr. 8

Natalija Bo. **25**
1) 20. 5. 1944 in Nürnberg, Mettingstraße 1, *Russenlager*
2) Mettingstraße 1, *Russenlager*
5) Marija Bo., „in faktischer Ehe“, 1922, Landarbeiterin
7) Bezirk Poltawa, Ukraine
8) von Neumarkt i. d. Opf., Durchgangslager, seit 14. 12. 1942 in Nürnberg
2) Mettingstraße 1–3, *Gemeinschaftslager Goldbach*
9) Lumophon-Werke, Schloßstraße 62–64, Montagearbeiterin
StadtAN, C 21/XI Nr. 9 u. C 31/III Nr. 179-4529/4529a

Bagodan Bo. **26**

1) 12. 2. 1944 in Nürnberg, Klinikum

2) Eberhardshofstraße 18

5) Ranka Bo.

7) Kroatien

9) Arbeiterin

StadtAN, C 21/XI Nr. 9

Arolsen Archives, https://tinyurl.com/2yfyf5f7

Lucia Br. **27**

1) 15. 12. 1941 in Nürnberg, Klinikum

5) Silvia Br., verheiratet, 1903

6) Bruno Br.

7) Italien

Zur Mutter:

8) von St. Michele, Italien; seit 16. 5. 1941 in Nürnberg

2) Alte Regensburger Straße, DAF-Gemeinschaftslager

Als Silvia Br. in Nürnberg ankam, war sie etwa in der neunten Woche schwanger.

StadtAN, C 21/XI Nr. 9

Anton Br. **28**

1) 2. 7. 1943 in Nürnberg, Klinikum

5) Magdalena Br., ledig, 1921

7) Indija, Bezirk Karlovci, Kroatien

8) seit 5. 7. 1942 in Nürnberg

2) Von-der-Tann-Straße 120

Am 7. 5. 1943 wurde Magdalena Br. nach Fürth i. Bay. ins Krankenhaus abgemeldet. Zu diesem Zeitpunkt war sie im siebten Monat schwanger. Wann sie wieder nach Nürnberg kam, wo sie ihren Sohn Anton zur Welt brachte, ist nicht registriert.

9) Fa. Schmidt Matratzennäherei, Näherin

Laut Ausländermeldekartei stammte Magdalena Br. aus Indija, Bezirk Karlovci, Kroatien und war von dort nach Nürnberg gekommen, mit ihrem ersten Kind Franz Br., geboren am 20. 1. 1940.

Die Ausländerpolizei registrierte Magdalena Br. als kroatische Staatsangehörige deutscher Volkszugehörigkeit. Internetrecherchen ergaben, dass Magdalena Br.'s Herkunftsort in Serbien liegt.
StadtAN, C 21/XI Nr. 10 u. C 31/III Nr. 19-431
https://de.wikipedia.org/wiki/In%C4%91ija

James Br. **29**

1) 16. 3. 1945 in Nürnberg
5) Arlette Br., verheiratet, 1921
7) Frankreich
8) von Pappenheim, Landkreis Weißenburg-Gunzenhausen,
seit 10. 3. 1942 in Nürnberg
2) Vordere Ledergasse; Platenstraße 55;
Gugelstraße 93 – Süddeutsche Apparate Fabrik; Platenstraße 19;
am 31. 7. 1943 abgemeldet nach Roth bei Nürnberg,
Leonische Drahtwerke
9) Küchenmädchen
StadtAN, C 21/XI Nr. 10
Arolsen Archives, https://tinyurl.com/yfa7e22j

Stefan Ca. **30**

1) 12. 7. 1944 in Nürnberg, Klinikum
2) Klingenhofstraße 52, Lager
5) Nadezda Ca., verheiratet, 1924
6) Dragomir Ca., 1921
Zu Mutter und Vater:
7) Leskovac, Serbien
8) von Leskovac, seit 18. 10. 1943 in Nürnberg
2) Klingenhofstraße 52; Schweiggerstraße 15
9) Vereinigte Margarine-Werke, Klingenhofstraße;
Schlosser, Hilfsarbeiterin; Düll & Stark

Das Ehepaar wurde – wann, ist nicht genannt – zur Firma Düll & Stark *umgesetzt*. Nach der Geburt des Kindes durften Mutter und Kind gemäß einer Bestätigung der Deutschen Arbeitsfront (DAF) in einem Privatquartier der Firma in der Humboldtstraße wohnen. Der Vater bekam eine Unterkunft in einem von der Firma gemieteten Zimmer in der Schweiggerstraße 15. Offenkundig lebte er in diesem Zimmer zusammen mit Frau und Kind. Am 26. 7. 1944 erhielt die Mutter für sich und ihr Neugeborenes einen Rückkehrschein nach Leskovac, Serbien, einschließlich Fahrkarte. Auch der Vater bekam einen Rückkehrschein mit der Begründung: „Rückbringung von Frau und Kind" und dem Vermerk, dass sein „Arbeitsverhältnis in der Fa. Düll & Stark ordnungsgemäß beendet" war.

StadtAN, C 21/XI Nr. 11 u. C 31/III Nr. 26-598/599

Johann Ca. 31

1) 15. 9. 1942 in Nürnberg, Klinikum

5) Natalija Ca., 1911

6) Wasa Ca., 1911

7) Serbien

Zur Mutter:

2) Prechtelsgasse 16, Gemeinschaftslager der MAN

Zum Vater:

8) von Belgrad, seit 20. 10. 1941 in Nürnberg

2) Schillerstraße 5–7, ab 27. 11. 41 Bauvereinstraße 14

9) Wellpappenfabrik

Laut Ausländermeldekartei hatten die Eltern auch einen Jungen namens Iwan, geboren 10. 4. 1932 in Serbien. Am 23. 8. 1943 wurde die *fliegergeschädigte* Familie nach Graz abgemeldet.

StadtAN, C 21/XI Nr. 12

Geraldine Jacqueline Ch. 32

1) 8. 4. 1945 in Nürnberg, Klinikum

5) Louisette Ch., ledig, 1914

7) Frankreich

8) zugezogen von Paris, Frankreich, seit 17. 9. 1942 in Nürnberg

2) Hübnersplatz 2, Hochstraße 2, Gabelsbergerstraße 10, Gabelsbergerstraße 6; mit unbekanntem Datum ohne Abmeldung nach Frankreich; von Paris seit 22. 8. 1944 wieder in der Gabelsbergerstraße 10

9) Montagearbeiterin

Als Louisette Ch. aus Paris zurück nach Nürnberg kam, war sie seit einigen Wochen schwanger.

StadtAN, C 21/XI Nr. 13

Valerij Ch. (m) 33

1) 13. 12. 1944 in Nürnberg
5) Nina Ch., verheiratet, 1924
6) Dimitrij Ch.
7) Ukraine
Zur Mutter:
8) seit 16. 5. 1944 in Nürnberg
2) Mögeldorfer Hauptstraße 58
9) Mögeldorfer Hauptsraße 58, Landarbeiterin

Als Nina Ch. in Nürnberg ankam, war sie seit etwa zwei Monaten schwanger.

StadtAN, C 31/III Nr. 183-4813; Arolsen Archives, https://tinyurl.com/bdcva7xz

Nadja Ch. 34

1) 1. 9. 1943 in Nürnberg, Klinikum
5) Wera Ch., verheiratet, 1921
6) Pawlo Ch., 1915
Zu Mutter und Vater:
7) Dnepropetrowsk, Ukraine
8) seit 12. 7. 1942 in Nürnberg
2) Klingenhofstraße 72, Lager
9) Kabel und Metallwerke Neumeyer, Hilfsarbeiter*in
Zur Mutter:
9) seit 10. 9. 1943 bei Keim & Co., Fürther Straße 188

Die junge Mutter musste zehn Tage nach der Entbindung in einem anderen Betrieb arbeiten.

StadtAN, C 21/XI Nr. 14 u. C 31/III Nr. 184-4853/54

Lilia Ch. 35

1) 8. 6. 1944 in Nürnberg, Klinikum
5) Olga Ch., 1920
7) Russland
2) Flaschenhofstraße 35, Lager; Komotauer Straße, Lager
9) 09/1942–04/1945 Metall-Guß u. Preßwerk Heinrich Diehl, Stephanstraße 49; Hilfsarbeiterin

StadtAN, C 21/XI Nr. 14
Arolsen Archives, https://tinyurl.com/wxvj53sj u. https://tinyurl.com/yckjtm8r

Noelle Cu. (w) 36

1) 21. 3. 1945 in Nürnberg, Klinikum
5) Berthe Cu., verheiratet, 1920
6) Fernand Cu.
Zur Mutter:
7) Esterelles, Pas de Calais, Frankreich
8) von Esterelles, seit 27. 1. 1943 in Nürnberg
2) Regensburger Straße 41, Wohnung; seit 7.5 1943 Hasstraße, Lager
9) Hausangestellte

Das Ehepaar hatte am 13. 11. 1940 in Esterelles geheiratet. Berthe Cu. arbeitete in Nürnberg zunächst als Hausangestellte; bereits drei Monate später wurde sie ins Lager Hasstraße gebracht. Am 11. 2. 1944 brachte sie im Klinikum Nürnberg ihr erstes Kind zur Welt: Robert. Das Neugeborene war zwei Wochen nach der Entbindung gestorben.

StadtAn C 27/II Nr. 2836/251 und C 21/XI Nr. 16; zu Robert Cu. siehe Nr. 248

Mauritz Johann van Da. 37

1) 29. 3. 1945 in Nürnberg
5) Rosa van Da., ledig, 1923
7) Belgien
8) von Ransart, Belgien; seit 2. 7. 1941 in Nürnberg
2) Pillenreutherstraße 1, Hotel Merkur; Prechtelsgasse 16, Gemeinschaftslager der MAN, 16. 10. 1941 abgemeldet nach Fürth, 19. 3. 1942 Prechtelsgasse 16, Lager MAN, 14. 5. 1942 Nadlersgasse 10, Lager, Vordere Insel Schütt 8, Äußere Sulzbacher Straße 175, seit 27. 3. 1944 Muggenhofer Straße 100
9) Arbeiterin

StadtAN, C 21/XI Nr. 17
Arolsen Archives, https://tinyurl.com/ybpy4w3u

Liljana Da. 38

1) 15. 10. 1944 in Nürnberg, Klinikum
2) ab 21. 10. 44 Schußleitenweg 59
5) Milona Da., verheiratet, 1919
6) Georgije Da., 1914
Zu Mutter und Vater:

7) Jugoslawien
8) von Belgrad, Serbien, seit 15.9.1943 in Nürnberg
Zur Mutter:
2) Heisterstraße Sportplatz, 18.10.1943 Pachelbelstraße Lager, 10.11./3.12.1943 Frauentorgraben 61 a/Ring SSW-Lager, 8.1./9.2.1944 Schlehengasse 2 SSW-Lager, ab 8.9.1944 Schußleitenweg 59
9) Arbeiterin
Zum Vater:
2) ab 25.10.1943 Reichsparteitagsgelände SS-Baracken
9) Hilfsarbeiter

Milona Da. arbeitete in den Siemens-Schuckertwerken (SSW). Etwa fünf Wochen vor der Entbindung wurde die Hochschwangere in einer Wohnung im Schußleitenweg 59 untergebracht. Sechs Tage nach der Entbindung kehrte sie mit ihrem Kind in dieses Quartier zurück.

StadtAN, C 21/XI Nr. 17

Lida Da. **39**

1) 26.8.1944 in Nürnberg, Klinikum
5) Marija Da., ledig, 1917, Landarbeiterin
7) Ukraine
8) von Poltawa, Ukraine, seit 16.12.1942 in Nürnberg
2) DAF-Gemeinschaftslager Witschelstraße
9) Fa. Gebr. Bühler Nachf. GmbH Nürnberg, Körnerstraße 141; Montagearbeiterin

StadtAN, C 31/III Nr. 185-4937
Arolsen Archives, https://tinyurl.com/5n7bzu3z

Georges De. **40**

1) 30.12.1944 in Nürnberg, Klinikum
5) Zelie De., ledig, 1923
7) Belgien
8) seit 8.12.1942 in Nürnberg
2) Allersberger Straße 190, 24.3.1943 Hasstraße 23, Lager; 16.7.1943 Mühlhofer Hauptstraße 7
9) Arbeiterin

StadtAN, C 21/XI Nr. 17

Robert De. **41**

1) 6. 2. 1945 in Nürnberg
5) Yvonne De., ledig, 1924
7) Belgien
8) von Ostende, Belgien, seit 22. 2. 1943 in Nürnberg
2) Sperlingstraße 7, Langenzenner Straße 15a,
ab 3. 6. 1944 Leyher Straße 80d
9) Hausgehilfin

Als Yvonne De. in der Leyher Straße ankam, war sie wohl schon schwanger.

StadtAN, C 21/XI Nr. 17

Emil Johann Di. **42**

1) 22. 10. 1944 in Nürnberg
2) Bauernfeindstraße 4
5) Marie Di., verheiratet, 1916, Hausfrau
6) Camille Di., 1905
Zu Mutter und Vater:
7) Lüttich, Belgien
Zum Vater:
8) von Ougree, Belgien, seit 16. 8. 1941 in Nürnberg
2) Sudetendeutschestraße 40, Seuffertstraße 110, Conradtystraße 15
Ledigenheim, Bauernfeindstraße 4
9) vom 16. 8. 1941–11. 3. 1943 im Reichsbahn-Ausbesserungswerk
Nürnberg
Zur Mutter:
9) vom 18. 8. 1941–10. 12. 1941 in der Firma VDM Halbzeugwerke
Nürnberg, vom 11. 12. 1941–11. 3. 1943 im Reichsbahn-
Ausbesserungswerk Nürnberg

Die Eltern wohnten mit dem Kind in der Bauernfeindstraße 4 und waren dort bis 1946 gemeldet.

StadtAN, C 21/XI Nr. 19
Arolsen Archives, https://tinyurl.com/4btucxmb
Arolsen Archives, https://tinyurl.com/4545bbdf
Arolsen Archives, https://tinyurl.com/5n6emae6
Arolsen Archives, https://tinyurl.com/y3knjtr9

Philipp Gabriel Do. **43**

1) 11. 3. 1945 in Nürnberg
5) Marcelle Do., ledig, 1925
7) Frankreich
8) von Orleans, Frankreich; seit 2. 5. 1944 in Nürnberg
2) Buchenbühl, Lager
9) vom 2. 5. 1944 bis 14. 4. 1945 in der Georg Müller Kugellagerfabrik Nürnberg; Kontrollarbeiterin

StadtAN, C 21/XI Nr. 19
Arolsen Archives, https://tinyurl.com/yc4bvzzb

Nina Do. **44**

1) 23. 11. 1943 in Nürnberg
2) Kleinreuther Weg 27
5) Olena Do.
6) Grigori Do., Bauer
7) Ukraine
Zu Muttcr und Vatcr:
2) Brückenstraße 31

StadtAN, C 21/X Nr. 19

Viktor Dr. **45**

1) 12. 4. 1943 in Nürnberg
5) Marija Dr., verheiratet, 1919
6) Paul Dr.
7) Russland
Zur Mutter:
8) Von Stein bei Nürnberg, seit 17. 2. 1943 in Nürnberg
2) Brückenstraße 31, Lager
9) Faber, Nürnberg-Stein; Lyra-Orlow Bleistiftfabrik, Großweidenmühlstraße 26; Bleistiftarbeiterin

Marija Dr. war Ende des siebten Monats schwanger, als sie von dem Bleistifthersteller Faber in Stein zur Lyra-Orlow Bleistiftfabrik in Nürnberg überstellt wurde.

StadtAN, C 21/XI Nr. 20 u. C 31/III Nr. 192-5312

Francoise Du. (w) **46**

1) 22. 12. 1944 in Nürnberg, Klinikum
5) Josette Jacqueline Du., ledig, 1925
7) Frankreich
8) von Paris, Frankreich, seit 4. 2. 1944 in Nürnberg
2) Sandrartstraße 22, Lager; ab 24. 11. 1944 Kirchenweg 5, Lager
9) Hilfsarbeiterin

StadtAN, C 21/XI Nr. 20
Arolsen Archives, https://tinyurl.com/3krv326p

Gui Du. (m) **47**

1) 19. 2. 1945 in Nürnberg, Klinikum
5) Marguerita Du., ledig, 1921
7) Frankreich
8) von München, seit 13. 4. 1944 in Nürnberg
2) Klingenhofstraße 72, Lager
9) Arbeiterin

StadtAN, 21/XI Nr. 20

Wladimir Fe. **48**

1) 23. 7. 1943 in Nürnberg, Klinikum
2) Rückertstraße 9
5) Opestina Fe., ledig, 1912, Landarbeiterin
7) Bezirk Dnepropetrowsk, Ukraine
8) seit 2. 7. 1942 in Nürnberg
2) Rückertstraße 9, Gemeinschaftslager
9) J. S. Staedtler Mars-Bleistiftfabrik, Rückertstraße 1; Hilfsarbeiterin

Wladimir Fe. war eines der *Ostarbeiterkinder* im Lager Rückertstraße 9. Er war ein Jahr und acht Monate alt, als die Kinder laut Mitteilung der Firma am 14. 4. 1945 „von den Müttern beim Abtransport mit fortgenommen" wurden.

StadtAN, C 21/XI Nr. 23 u. C 31/III Nr. 195-5504
Arolsen Archives, https://tinyurl.com/5y3y9asy

Anatoly Fe. **49**

1) 13. 12. 1942 in Nürnberg
5) Juliane Fe., verheiratet, 1916
6) Boris Fe., 1908
Zur Mutter:
7) Dnepropetrowsk (Geburtsort), Ukraine
8) von Jugoslawien, seit 7. 10. 1941 in Nürnberg
2) Leyher Straße 144, ab 23. 12. 1941 Okenstraße 4
Zum Vater:
7) Kursk (Geburtsort), Russland
8) von Belgrad, seit 13. 10. 1941 in Nürnberg
2) Äußerer Laufer Platz 28, ab 6. 11. 1941 Okenstraße 4, ab Juli 1942 Lenbachstraße 20, ab Dezember 1942 Flußstraße 11; am 1. 12. 1943 nach Hersbruck, Landkreis Nürnberger Land, abgemeldet.
9) Ingenieur

Der Vater wurde in der Ausländermeldekartei als „staatenlos" registriert.
StadtAN, C 21/XI Nr. 23

Schenja Fi. (m) **50**

1) 14. 6. 1944 in Weißenburg i. Bay.
2) seit 21. 6. 1944 in Nürnberg, Neudörferstraße 8
5) Elisaweta Fi., ledig, 1924
7) Bezirk Dnepropetrowsk, Ukraine
8) seit 12. 7. 1942 in Nürnberg
2) ab 21. 6. 1944 Neudörferstraße 8, *Werklager*
9) ab 12. 7. 1942 Kabel- und Metall-Werke Neumeyer AG, Fräserin; ab 21. 6. 1944 Haeberlein-Metzger AG, Hilfsarbeiterin

StadtAN, C 31/IV Nr. 57 u. C 31/III Nr. 195-5529

Heinrich John Fi. **51**

1) 15. 12. 1943 in Nürnberg, Klinikum
5) Ludmilla Fi.
6) Johann Justus Ve.
Zur Mutter:
7) Estland
2) Regenbogenstr. 178, am 22. 8. 1944 abgemeldet nach Nürnberg-Katzwang

9) Schneiderin
Zum Vater:
7) Deutschland
StadtAN, C 21/XI Nr. 23
Arolsen Archives, https://tinyurl.com/mr9hxz7y

Wladimir Fj. 52

1) 16.9.1944 in Nürnberg, Klingenhofstraße 72, Lager
2) Klingenhofstraße 72, Lager
5) Klawdja Fj., verheiratet, 1912
6) Georg F.j
Zur Mutter:
7) Bezirk Leningrad, Russland
8) von Ulm, seit 30.1.1944 in Nürnberg
2) Klingenhofstraße 72, Lager
9) Kabel- und Metallwerke Neumeyer AG, Küchenhilfe

Klawdja Fj. lebte bis zum 27.1.1944 in ihrem Heimatort. Als sie in Nürnberg ankam, war sie wahrscheinlich schon schwanger.
StadtAN, C 21/XI Nr. 23 u. C 31/III Nr. 196-5560

Hans-Peter Fo. 53

1) 11.9.1944 in Nürnberg, Klinikum
2) Nürnberg, am 7.10.1944 nach Spalt bei Nürnberg abgemeldet
5) Mireille Fo., ledig, 1919
7) Beauvais, Département Oise, Frankreich
8) von Fürth i.Bay., seit 23.5.1942 in Nürnberg
2) Johannisstraße 80; Pachelbelstraße, Gemeinschaftslager der Siemens-Schuckertwerke; ab 14.1.1943 Rothenburger Straße 65; am 28.3.1945 nach Spalt bei Nürnberg abgemeldet
9) Siemens-Schuckertwerke, Landgrabenstraße, Wicklerin

Mireille Fo. arbeitete seit 12.3.1942 in Nürnberg in den Siemens-Schuckertwerken in der Landgrabenstraße. Ihre erste Unterkunft hatte sie in der Nachbarstadt Fürth im *Gemeinschaftslager* in der Simonstraße 20. Von dort kam sie etwa zwei Monate später in ihr erstes Quartier in Nürnberg. Während die Quartiere in der Folgezeit wechselten, blieb der Beschäftigungsbetrieb derselbe. Wie schon in Fürth wurden der französischen Arbeiterin auch in

Nürnberg polizeiliche Auflagen eröffnet: „dass sie sich jeden Sonntag zwischen 8 und 12 Uhr beim 2. Polizeirevier persönlich zu melden habe, ihren Pass oder sonstige Ausweispapiere vorlegen muss und bei Nichtbefolgung dieser Auflage mit einer Bestrafung zu rechnen hat“. Ende November 1942 hielt sie sich für fünf Tage in ihrem Heimatort in Frankreich auf. Dort lebten ihre Eltern. Ob die Eltern der Grund für die Reise waren, ist unbekannt. Nach ihrer Rückkehr nach Nürnberg wurde Mireille Fo. von Siemens im Gemeinschaftslager des Betriebes in der Pachelbelstraße untergebracht.

Vier Wochen nach der Geburt von Hans-Peter erhielt die Mutter *zur Evakuierung ihres Kindes* für den 7./8.10.1944 einen Reiseschein nach Spalt bei Nürnberg. Die Mutter blieb weiter Arbeiterin bei Siemens in Nürnberg. Der Betrieb hatte ihr *Arbeitspapier* bis zum 31.3.1945 verlängert. Vier Wochen nach der Trennung durfte Mireille Fo. ihr Kind am Sonntag, den 5.11.1944 in Spalt besuchen. Am 28. März 1945 schließlich, der Junge war inzwischen ein halbes Jahr alt, wurde auch die Mutter nach Spalt abgemeldet.

StadtAN, C 31/III Nr. 467-18148

Paulette Clotilde Fr. **54**

1) 24.10.1944 in Nürnberg, Klinikum
2) Fürther Straße 85a
5) Louise Fr., verheiratet, 1918
6) Emile Fr.
Zur Mutter:
7) Frankreich
8) seit 31.12.1942 in Nürnberg
2) Hasstraße, Lager
9) Maschinenarbeiterin

Laut Ausländermeldekartei war der „Mann nicht hier“.

StadtAN, C 21/XI Nr. 24

Ingride Jeanine Fu. **55**

1) 29.10.1944 in Nürnberg, Veilhofstraße 91, Lager
2) Veilhofstraße 91
5) Raymonde Fu., verheiratet, 1911
6) Yvan Pierre Fu., 1906

Zur Mutter:
7) Bordeaux, Frankreich
8) von Bordeaux, seit 30.8.1944 in Nürnberg
2) Lager Veilhofstraße 91; am 2.2.1945 abgemeldet nach Lenzkirchen
9) Eisenwerk Nürnberg AG vorm. Tafel & Co.

Raymonde Fu. war Ende des siebten Monats schwanger, als sie in Nürnberg in das Lager in der Veilhofstraße kam. Ihr Ehemann war in Pforzheim, Baden-Württemberg, gemeldet.

StadtAN, C 21/XI Nr. 25 u. C 31/III Nr. 469-18186

Janja Ga. **56**

1) 19.2.1944 in Nürnberg, Klinikum
2) Hasstraße 25, Lager
5) Marica Ga., 1924
7) Zadubravlje, Kroatien
8) von Zadubravlje, seit 11.1.1943 in Nürnberg
9) Arbeiterin

StadtAN, C 21/XI Nr. 25
Arolsen Archives, https://tinyurl.com/2p99623n

Giovanni Ga. **57**

1) 2.11.1943 in Nürnberg, Klinikum
5) Giokonda Ga., verheiratet, 1913
6) Enrico Ga., 1906
Zur Mutter:
7) Fiesso Umbertiano, Italien
8) von Weimar, seit 5.8.1940 in Nürnberg
2) Burgschmietstraße 10, ab Juni 1943 Steinplattenweg 130;
am 10.8.1944 nach Unternzenn,
Landkreis Neustadt a.d. Aisch-Bad Windsheim, abgemeldet
9) Hausgehilfin

Die Eltern hatten im Sommer 1929 in Fiesso Umbertiano, Region Veneto, Italien, geheiratet. Möglicherweise war Giokonda Ga. bereits schwanger, als sie in Nürnberg ankam. Hier brachte sie am 18.4.1941 im Klinikum der Stadt ihr erstes Kind Benito Federico zur Welt. Es starb im Alter von zwei Monaten.

StadtAN. C 21/XI Nr. 25 u. C 27/II Nr. 2256/951, zu Benito Ga. siehe Nr. 256

Michail Ga. 58

1) 1.3.1944 in Nürnberg, Klinikum
5) Marusja Ga., ledig, 1926, landwirtschaftliche Arbeiterin
7) Bezirk Poltawa, Ukraine
8) von Neumarkt i.d.Opf., seit 20.7.1943 in Nürnberg
2) Platenstraße 45, Lager
9) Süddeutsche Apparatefabrik GmbH, Platenstraße 66, Montiererin;
ab 14.9.1944 Ernst Reime, Nürnberg, Werkzeugfabrik,
Bartholomäusstraße 26,
Hilfsarbeiterin

Als Marusja Ga. in Nürnberg ankam, war sie seit einigen Wochen schwanger.

StadtAN, C 21/XI Nr. 25 u. C 31/III Nr. 197-5654

Valentina Ga. 59

1) 8.1.1944 in Nürnberg, Klinikum
5) Galina Ga., ledig, 1925
7) Ukraine
8) von Kiew, seit 11.6.1942
2) Wallensteinstraße 16;
am 14.2.1944 nach Heroldsberg, Landkreis Erlangen-Höchstadt,
abgemeldet
9) Landarbeiterin

StadtAN, C 21/XI Nr. 25 u. C 31/III Nr. 196-5593

Maria-Sylvia Sophia Ge. 60

1) 29.9.1944 in Nürnberg, Klinikum
5) Elena Ge., ledig, 1918
7) Italien
8) von Italien, seit 27.2.1944 in Nürnberg
2) Nürnberg-Eibach Hauptstraße 25, Lager der Siemens-Schuckertwerke,
ab 27.5.1944 Wielandstraße 27
9) Küchenhilfe

Als Elena Ge. in das Lager in Eibach kam, war sie schon seit einigen Wochen schwanger.

StadtAN, C 21/XI Nr. 26

Georg Gi. **61**

1) 11. 2. 1945 in Nürnberg, Klinikum

5) Alla Gi., 1921

7) Jugoslawien

8) von Mitrovica, Kosovo; seit 10. 8. 1943 in Nürnberg

2) Heisterstraße, Lager der Siemens-Schuckertwerke (SSW), Frauentorgraben 61, Schlehengasse 2, SSW-Lager

9) Siemens-Schuckertwerke

Am 16. 9. 1944 *versetzten* die Nürnberger Siemens-Schuckertwerke zwanzig ausländische Arbeiterinnen in die Fertigungswerkstätte in Bayreuth. Unter ihnen war Alla Gi. Sie war zu diesem Zeitpunkt etwa Ende des vierten Monats schwanger. Ein Wechsel der Unterkunft von Nürnberg nach Bayreuth ist nicht belegt.

StadtAN, C 21/XI Nr. 27 u. C 31/IV Nr. 122

Georg Go. **62**

1) 12. 4. 1944 in Weißenburg i. Bay., Am Lehenwiesenweg, *Ostarbeiterlager*

2) seit 19. 4. 1944 in Nürnberg, Hasstraße 25, Lager

5) Stanislawa Go., 1921

7) Polen

2) Hasstraße 25, Lager

Die hochschwangere polnische Arbeiterin Stanislsawa Go. befand sich seit 6. 4. 1944 für die bevorstehende Entbindung im *Ostarbeiterlager* Weißenburg. Nach sechs Tagen brachte sie dort ihr Kind zur Welt. Als das Neugeborene eine Woche alt war, kam sie mit ihm zurück nach Nürnberg ins Lager in der Hasstraße.

Arolsen Archives, https://tinyurl.com/ysp67bes, https://tinyurl.com/mxzwnt2m

Witja Go. (m) **63**

1) 8. 8. 1943 in Nürnberg, Klinikum

5) Anna Go., verheiratet

6) Ostap Go.

Zu Mutter und Vater:

7) Ukraine

2) Hasstraße 25, Lager

StadtAN, C 21/XI Nr. 28

Ella Gr. 64

1) 13. 10. 1944 in Erlangen, Frauenklinik
2) seit 27. 10. 1944 Hasstraße 25, *Gemeinschaftslager*
5) Jrena Gr., ledig, 1917
7) Polen
8) von Fischbach 88, bei Nürnberg, seit 30. 7. 1942 in Nürnberg
2) Hübnersplatz 2, Englischer Hof; Hasstraße 25;
am 5. 10. 1943 nach Schillingsfürst (Kreis Ansbach) abgemeldet;
ab 27. 10. 1944 Hasstraße 25, *Gemeinschaftslager*
9) Arbeiterin

Die polnische Arbeiterin Jrena Gr. wurde in Schillingsfürst schwanger und brachte ihr Kind in Erlangen zur Welt. Von dort kam sie mit ihrem Neugeborenen zurück nach Nürnberg ins Lager Hasstraße, in dem es ein *Säuglingszimmer* gab. Die Lageradresse deutet daraufhin, dass Jrena Gr. in der Nürnberger Schraubenfabrik (NSF) arbeiten musste.

StadtAN, C 21/XI Nr. 28

Nikolay Gr. 65

1) 11. 6. 1944 in Nürnberg, Mettingstraße 1, *Ostlager*
2) Mettingstraße 1
5) Nadeschda Gr., ledig, 1924, Landarbeiterin
7) Bezirk Poltawa, Ukraine
8) von Neumarkt i. d. Opf., Durchgangslager,
seit 14. 12. 1942 in Nürnberg
2) Mettingstraße 1, *Ostlager*, auch *Gemeinschaftslager Goldbach* genannt
9) Lumophon-Werke, Schloßstraße 62–64; Metallhilfsarbeiterin

StadtAN, C 21/XI Nr. 29 u. C 31/III Nr. 203-6008

Josinane Marie Jeane Gr. 66

1) 16. 1. 1945 in Nürnberg
5) Gilberte Gr., ledig, 1924
7) Belgien
8) von Brüssel, seit 21. 8. 1943 in Nürnberg
2) Prechtelsgasse 16, MAN Lager
9) Arbeiterin

StadtAN, C 21/XI Nr. 28

Alexander Gr. 67

1) 6. 2. 1944 in Nürnberg, Rückertstraße 9, Lager
2) Rückertstraße 9, Lager
5) Wera Gr., ledig, 1923, Landarbeiterin
7) Bezirk Dnepropetrowsk, Ukraine
8) seit 2. 7. 1942 in Nürnberg
2) Rückertstraße 9, Lager
9) J. S. Staedtler Mars-Bleistiftfabrik, Rückertstraße 1, Hilfsarbeiterin

Alexander Gr. war eines der *Ostarbeiterkinder* im Lager Rückertstraße 9. Er war ein Jahr und zwei Monate alt, als die Kinder laut Mitteilung der Firma am 14. 4. 1945 „von den Müttern beim Abtransport mit fortgenommen" wurden.

StadtAN, C 21/XI Nr. 29 u. C 31/III Nr. 204-6035
Arolsen Archives, https://tinyurl.com/4yvmry8m

Wanda Gu. 68

1) 15. 6. 1944 in Nürnberg, Klinikum
5) Stanislawa Gu., ledig, 1924
7) Kolosy, Polen
8) von Neumarkt i. d. Opf., Durchgangslager, seit 17. 3. 1943 in Nürnberg
2) Wallensteinstraße 150
9) landwirtschaftliche Arbeiterin

StadtAN, C 21/XI Nr. 30

Viktor Ha. 69

1) 4. 9. 1943 in Nürnberg
2) Rückertstraße 9, Lager
5) Wera Ha., ledig, 1920, Landarbeiterin
7) Bezirk Dnepropetrowsk, Ukraine
8) seit 2. 7. 1942 in Nürnberg
2) Rückertstraße 9, Lager
9) J. S. Staedtler Mars-Bleistiftfabrik, Rückertstraße, Hilfsarbeiterin

Viktor Ha. war eines der *Ostarbeiterkinder* im Lager Rückertstraße 9. Er war ein Jahr und sieben Monate alt, als die Kinder laut Mitteilung der Firma am 14. 4. 1945 „von den Müttern beim Abtransport mit fortgenommen" wurden.

StadtAN, C 31/III Nr. 206-6153
Arolsen Archives, https://tinyurl.com/47bdj8du, https://tinyurl.com/253pjyz9

Marusi [Maria] Ha. **70**

1) 24. 11. 1944 in Nürnberg, Klinikum

5) Anna Ha., ledig, 1923

7) Kosmacz, Galizien

8) von Kosmacz, seit 28. 5. 1942 in Nürnberg

2) Deutenbacher Straße 12

9) landwirtschaftliche Helferin

Die Mutter des Kindes sprach polnisch und ukrainisch. Sie wurde in den Dokumenten als Polin geführt. Nach Kriegsende stellte sie für sich und ihr Kind einen Auswanderungsantrag. Ihr Ziel war „Canada". Der Weg führte sie zunächst von Nürnberg über Regensburg nach Dillingen an der Donau in das *Camp Luitpold*, wo Mutter und Kind am 16. 2. 1948 registriert wurden. Das Kind war inzwischen drei Jahre alt. Laut Personenbeschreibung hatte es blonde Haare und blaue Augen, war 95 cm groß und wog 19 kg. Nach zwei Jahren Aufenthalt in Dillingen kam die Mutter mit ihrem inzwischen fünfjährigen Kind im DP-Lager Leipheim in Bayrisch-Schwaben an. Es sollten noch weitere fünf Jahre vergehen, bis das nunmehr zehn Jahre alte Mädchen schließlich 1955 mit der Mutter in München die Fahrt nach Bremerhaven antreten konnte. Von dort brachte sie ein Schiff in die USA nach Philadelphia. Ihre Ausreise wurde von einem Sponsor unterstützt. Seine Adresse in Philadelphia war nun ihr Ziel.

StadtAN, C 21/XI Nr. 31; Arolsen Archives, https://tinyurl.com/4r359t68, Arolsen Archives, https://tinyurl.com/3znv5865, https://tinyurl.com/yhusyyt5, Arolsen Archives, https://tinyurl.com/2p8n36pa u. https://tinyurl.com/5225c57d

Christian Andre Paul Hi. **71**

1) 15. 9. 1944 in Nürnberg, Klinikum

5) Denise Georgette Hi., verheiratet, 1920, Sekretärin

6) Philipp Jules Hi., 1922, Arzt

Zur Mutter:

7) Selles-sur-Cher, Frankreich

8) von Selles-sur- Cher, seit 30. 4. 1942 in Nürnberg

2) Schildgasse 28

Zum Vater:

7) Valence, Frankreich

8) von Marseille, seit 10. 8. 1943 in Nürnberg

2) Flurstraße 17, städtisches Krankenhaus; Nopitschstraße 46/Barackenlager; Schildgasse 28; Äußere Bayreuther Straße 230
9) Assistenzarzt
Die Eltern des Kindes hatten am 13.9.1944 in Nürnberg geheiratet. Zwei Tage später wurde ihr Junge geboren. Die Eltern lebten nach der Geburt des Kindes für etwa drei Monate gemeinsam in der Schildgasse 28. Die Spur des Kindes führte im Januar 1945 nach Bamberg in die Erlichstraße im Stadtteil Wunderburg. Das Einwohneramt der Stadt bestätigte nach dem Krieg den *Aufenthalt* des Säuglings für die Zeit vom 13.1.–3.5.1945.
StadtAN, C 21/XI Nr. 32; Arolsen Archives, https://tinyurl.com/2p8tupha

Albert Hendricus Ho. 72
1) 10.9.1942 in Nürnberg, Klinikum
5) Auguste Viktoria Ho., verheiratet, 1916, Hausfrau
6) Willem Polycarpus Ho., 1901, Frauenarzt
Zur Mutter:
7) Deutschland/Niederlande
8) von Marburg/Lahn, Hessen; seit 26.3.1942 in Nürnberg
2) Wielandstraße 27; seit 16.6.1942 Flurstraße 7, städtische Frauenklinik
9) Hausfrau
Zum Vater:
7) Utrecht, Niederlande
8) von Marburg/Lahn, Hessen, seit 26.3.1942 in Nürnberg
2) Nürnberg, Klinikum (städtische Frauenklinik)
9) städtische Frauenklinik, Assistenzarzt
Die Mutter des Kindes war Deutsche. Sie hatte 1936 in ihrer Geburtsstadt Bottrop Willem Polycarpus Ho. geheiratet und besaß seitdem die niederländische Staatsangehörigkeit. Das Ehepaar lebte vor Kriegsbeginn in den Niederlanden. Von dort führte seine Spur im April 1941 nach Marburg/Lahn in Hessen. Bei der Ankunft in Nürnberg war Auguste Viktoria im dritten Monat schwanger. Ihr Mann, der eine Vollausbildung als Frauenarzt hatte, wurde nun als Assistenzarzt eingesetzt und war verpflichtet, sich wöchentlich bei der *Schutzpolizei, 3. Polizeirevier* zu melden. Im August 1943 erhielt der Familienvater einen *Rückkehrschein,* und das Ehepaar kehrte mit seinem zehn Monate alten Säugling nach Holland zurück.
StadtAN, C 21/XI Nr. 33, C 31/III Nr. 422-16933 u. Nr. 433-17207

Valentina Ho. 73

1) 12. 11. 1944 in Nürnberg
5) Maria Ho., verheiratet
6) Jefrem Ho., 1913
Zum Vater:
7) Ukraine
8) seit 12. 7. 1942 in Nürnberg
9) Kabel- und Metallwerke Neumeyer AG, Hilfsarbeiter
StadtAN, C 31/III Nr. 207-6202; Arolsen Archives, https://tinyurl.com/zk9zrrs4

Peter Ho. 74

1) 4. 2. 1945 in Nürnberg
5) Angèle Ho., ledig, 1921
7) Armentières, Frankreich
8) von Armentières, seit 4. 12. 1942 in Nürnberg
2) Ebermayerstraße 30/32
9) Hausgehilfin
StadtAN, C 21/XI Nr. 33

Dina Hu. 75

1) 7. 7. 1943 in Nürnberg
5) Olga Hu.
6) Jwan Hu., verheiratet
Zum Vater:
2) Brückenstraße 31 (Lager)
9) Arbeiter
StadtAN, C 21/XI Nr. 34

Gerard Hu. 76

1) 15. 1. 1945 in Nürnberg, Klinikum
5) Lucien Hu., ledig, 1922
7) Dole, Frankreich
8) von Frankreich, seit 5. 8. 1942 in Nürnberg
2) Conradtystr. 15, Eilgutstr. 7/Reichsbahnlager, ab 24. 2. 1945 Staudenweg 38
9) Arbeiterin
StadtAN, C 21/XI Nr. 34

Nikolai Hu. **77**

1) 14. 3. 1943 in Nürnberg
2) Kleinreuther Weg 27
5) Wera Hu., verheiratet
6) Iwan Hu., Bauer
Zu Mutter und Vater:
2) Großweidenmühlstraße 26
StadtAN, C 21/XI Nr. 34

Nada Il. (w) **78**

1) 8. 11. 1943 in Nürnberg
5) Barbara Il., verheiratet
6) Vladimir Il., 1918
Zu Mutter und Vater:
7) Jugoslawien/Kroatien
Zum Vater:
8) aus dem Kriegsgefangenenlager Stalag VI (Westfalen), seit 22. 8. 1942 in Nürnberg
2) Äußerer Laufer Platz 28, Bankgasse 3, Praterstraße 30, Zeltnerstraße 25
9) Autoschlosser
StadtAN, C 21/XI Nr. 35
Arolsen Archives, https://tinyurl.com/2p85uuxk

Karl Maria Isch. **79**

1) 18. 10. 1944 in Nürnberg, Klinikum
5) Walentina Isch., verheiratet
6) Wassilij Isch.
Zum Vater:
2) Grolandstraße, Lager der Polizei
Der Vater war *Angehöriger der ukrainischen Polizei.*
StadtAN, C 31/III Nr. 208-6310

Alexandra Iw. **80**

1) 14. 8. 1943 in Nürnberg
5) Sinaida Iw., verheiratet
6) Pjotr Iw., 1918

Zum Vater:

7) Bezirk Witebsk, Weißrussland

8) von Neumarkt i. d. Opf., seit 7. 9. 1942 in Nürnberg

9) Eisenwerk Nürnberg A.G. vorm. J. Tafel & Co; Dreher und Schlosser

Zu Mutter und Vater:

2) Veilhofstraße 91, Lager

StadtAN, C 21/XI Nr. 37 u. C 31/III Nr. 209-6358

Alik Ja. (m) 81

1) 13. 5. 1944 in Weißenburg i. Bay.

2) seit 27. 5. 1944 in Nürnberg, Neudörferstraße 8

5) Nadja Ja., verheiratet, 1923

6) NN Ka.

Zur Mutter:

7) *früher Sowjetunion*

8) seit Mai 1944 in Nürnberg

2) Neudörferstraße 8

9) Haeberlein-Metzger AG

Am 27. 5. 1944 meldete die Firma Haeberlein-Metzger der Ausländerabteilung des Polizeipräsidiums Nürnberg: „Für unser Säuglingsheim Neudörferstraße 8 wurde uns Nadja Ja. mit Kleinkind Alik zugewiesen." Das Kleinkind war vierzehn Tage alt und noch ein Neugeborenes. Die junge Mutter heiratete einen Monat nach der Geburt des Kindes den „Ukrainer Ka." (der Vorname des Mannes ist nicht dokumentiert).

StadtAN, C 31/IV Nr. 57

Jurij Ja. 82

1) 15. 2. 1944 in Nürnberg, Klinikum

5) Sinaida Ja., ledig, 1923

7) Smolensk, Russland

8) von Neumarkt i. d. Opf., seit 10. 1. 1944 in Nürnberg

2) Bahnhofstraße 1–3

9) Hausmädchen

Bei ihrer Ankunft in Nürnberg und dem folgenden Arbeitseinsatz war die junge Frau hochschwanger. Vier Wochen später brachte sie ihr Kind zur Welt.

StadtAN, C 21/XI Nr. 35

Elfriede Ja. **83**

1) 24. 10. 1944 in Nürnberg, Veilhofstraße 91, Lager
2) Veilhofstraße 91, Lager
5) Lilija Ja., verheiratet, 1918, Arbeiterin
6) Wladimir Ja.
Zur Mutter:
7) Bezirk Witebsk, Weißrussland
8) von Neumarkt i. d. Opf., seit 7. 9. 1942 in Nürnberg
2) Veilhofstraße 91, Lager
9) Eisenwerk Nürnberg AG vorm. Tafel & Co., Küchenhilfe
Zum Vater:
2) Veilhofstraße 91, *Lager*
9) Koch

StadtAN, C 21/XI Nr. 35 u. C 31/III Nr. 213-6566

Joseph Je. **84**

1) 28. 10. 1944 in Nürnberg, Klinikum
5) Veronika Je., verheiratet, 1922
6) Franc Je., 1909
Zu Mutter und Vater:
7) Bostanj, Slowenien
8) von Bostanj, seit 23. 3. 1942 in Nürnberg
2) Südbahnhof 25
9) Deutsche Reichsbahn, Ausbesserungswerk; Lokputzer und Lokomotivheizer, Wagenwäscherin

Die Eltern hatten am 18. 10. 1941 in ihrem Heimatort in Slowenien geheiratet. Am 10. 11. 1944, zwei Wochen nach der Geburt des Kindes, kam die junge Familie von Nürnberg nach Gräfenberg, Landkreis Forchheim. Der Vater arbeitete jetzt im dortigen Bahnhof.

StadtAN, C 21/XI Nr. 35 u. C 31/III Nr. 20-455/56
Arolsen Archives, https://tinyurl.com/mrthu6wx

Stanislaw Je. 85

1) 25. 10. 1943 in Nürnberg, Klinikum
5) Anna Je., verheiratet, 1921, Arbeiterin
6) Sergeij Je., 1913, Landarbeiter
Zur Mutter:
7) Dnepropetrowsk, Ukraine
8) von Hammelburg (Lager in Bayern), seit 27. 6. 1942 in Nürnberg
Zum Vater:
7) Bezirk Dnepropetrowsk, Ukraine
8) seit 5. 6. 1942 in Nürnberg
Zu Mutter und Vater:
2) Hasstraße 25, *Gemeinschaftslager*
9) Nürnberger Schraubenfabrik und Elektrowerk; Fabrikarbeiterin, Maschinenarbeiter

Der Vater musste eine Geldstrafe von 5 RM bezahlen, weil die Polizei festgestellt hatte, dass er „am 21. 10. 1944 um 9 Uhr in Nürnberg in der Bucher Hauptstraße von Boxdorf kommend, verweilte, obwohl ihnen als Ostarbeiter das Verlassen des Arbeits- und Unterkunftsortes ohne vorherige schriftliche Genehmigung der Ortspolizeibehörde verboten ist". Er zahlte die Strafe.
StadtAN, C 31/III Nr. 213-6595/96

Grigorij Jl. 86

1) 15. 10. 1944 in Nürnberg
2) Rückertstraße, *Lager*
5) Maria Jl.
6) Jwan Jl.
Zu Mutter und Vater:
2) Rückertstraße, Lager
9) Bleistiftarbeiter*in

StadtAN, C 21/XI Nr. 35

Gerhard Ka. 87

1) 30. 3. 1944 in Nürnberg, Klinikum
5) Georgine Ka., verheiratet, 1922
6) Roembertus Ka., 1923

Zum Vater:
7) Delft, Holland
8) von Delft, seit 19.9.1942 in Nürnberg
2) Schanzäckerstraße 33/35, ab 1.2.1943 Schlotfegergasse 8
Die Mutter des Kindes war Deutsche. Sie und Roembertus Ka. hatten am 17.2.1944 in Nürnberg geheiratet.
StadtAN, C 21/XI Nr. 37

Maruska Ka. (w) **88**
1) 19.1.1945 in Nürnberg
5) Anna Ka., verheiratet, 1913, Landarbeiterin
6) Severko Ka., Bauer
Zu Mutter und Vater:
7) Ukraine
8) von Straßhof, seit 27.9.1944 in Nürnberg
2) Nürnberg-Buchenbühl, Hahnenbalz 35
Im Zweiten Weltkrieg befand sich in Straßhof (Österreich) ein Durchgangslager für Zwangsarbeiter*innen. Anna Ka. war seit etwa fünf Monaten schwanger, als sie mit ihrem Mann von dort nach Nürnberg verbracht wurde.
StadtAN, C 21/XI Nr. 38
https://de.wikipedia.org/wiki/Strasshof_an_der_Nordbahn

Gertrud Ke. **89**
1) 5.4.1943 in Nürnberg, Klinikum
5) Klara Ke., ledig, 1916
7) Kroatien
8) von Johannesfeld, seit 1.8.1942 in Nürnberg
2) Gugelstraße 12, Buchenschlag 7, 22.3.1943 Dürrenhofstraße 2;
am 15.5.1943 nach Johannesfeld abgemeldet
9) Hausgehilfin
Klara Ke. war vermutlich schon schwanger, als sie in Nürnberg ankam. Sie stand kurz vor der Entbindung, als ihre Spur in die Dürrenhofstraße 2 führte. Dort befand sich das Mütter- und Säuglingsheim des deutsch-evangelischen Frauenbundes, Ortsverband Nürnberg.
StadtAN, C 21/XI Nr. 38
Stadt Nürnberg Einwohnerbuch 1942

Ludmilla Ke. **90**

1) 12.4.1944 in Weißenburg, i.Bay., *Ostarbeiterlager*
2) seit 19.4.1944 in Nürnberg, Neudörferstraße 8
5) Katerina Ke., verheiratet, 1920, Köchin
6) Paul Ke.
Zur Mutter:
7) Kriwoj Rog, Ukraine
8) von Kriwoj Rog, seit 21.5.1942 in Nürnberg
2) Neudörferstraße 8
9) Heinrich Diehl GmbH, Haeberlein-Metzger AG

Laut Ausländerpolizeiakte wurde Katerina Ke. nach ihrer Ankunft in Nürnberg zunächst als Metallhilfsarbeiterin in der Heinrich Diehl GmbH eingesetzt. Laut Haeberlein-Metzger arbeitete sie bereits seit 22.5.1942 in diesem Betrieb und kehrte „am 19.4.1944 aus dem Entbindungsheim in Weissenburg mit Mädchen Ludmilla [...] zurück".

StadtAN, C 31/IV, Nr. 57 u. C31/III Nr. 219-6941
Arolsen Archives, https://tinyurl.com/mpcmy4h4

Jurji Kl. **91**

1) 27.9.1944 in Nürnberg, Klinikum
2) Witschelstraße, Lager
5) Ljuba Kl., ledig, 1921, Landarbeiterin
7) Bezirk Poltawa, Ukraine
8) von Neumarkt i.d.Opf., seit 11.11.1942 in Nürnberg
2) Witschelstraße, DAF Lager
9) Werke & Bahnen der Stadt der Reichsparteitage Nürnberg, Betriebsarbeiterin; ab 8.2.1943 Fa. Wayss und Freytag, Glockenhofstraße 47 – Baustelle Gaswerk, Putzfrau

StadtAN, C 21/XI Nr. 39 u. C 31/III Nr. 221-7096

Anna Ko. **92**

1) 22.6.1943 in Nürnberg, Mettingstraße 1–3, *Russenlager*
2) Mettingstraße 1–3, *Russenlager*
5) Marija Ko., ledig, 1924, Landarbeiterin
6) Theodor Ta.
Zur Mutter:

7) Ukraine
8) vom Arbeitsamt Regensburg nach Nürnberg, seit 1.2.1943 in Nürnberg
2) Mettingstraße 1–3, *Ostarbeiterlager*
9) Lumophon-Werke, Schloßstraße 62–64; Hilfsarbeiterin
Zum Vater:
2) Regensburg
9) landwirtschaftlicher Arbeiter

Marija Ko. musste vom 16.5.1942 bis 30.1.1943 in Kallmünz, Landkreis Regensburg, in der Landwirtschaft arbeiten. Als sie vom Arbeitsamt Regensburg nach Nürnberg *umgesetzt* wurde, war sie im fünften Monat schwanger. Der Vater des Kindes war Landarbeiter mit Quartier in Regensburg.

Die Eltern heirateten im November 1947 in Regensburg. Ihr Kind erlangte „durch Beschluss des Amtsgerichts Regensburg rechtskräftig seit 18.6.1948 die Rechtsstellung eines ehelichen Kindes".

StadtAN, C 21/XI Nr. 77 u. C 31/III Nr. 223-7181

Lida Ko. **93**

1) 11.8.1944 in Nürnberg, Klinikum
2) Klingenhofstraße 70–72 (Lager)
5) Halina Ko., verheiratet
6) Jwan Ko.
Zu Mutter und Vater:
2) Klingenhofstraße 70–72

StadtAN, C 21/XI Nr. 40

Wera Ko. **94**

1) 8.7.1944 in Nürnberg, Hasstraße 25, *Lager*
2) Hasstraße 25, *Lager*
5) Warwara Ko., verheiratet
6) Nikolaj Ko., 1923, Landarbeiter
Zum Vater:
7) Bezirk Kiew, Ukraine
8) seit 27.5.1942 in Nürnberg
Zu Mutter und Vater:
2) Hasstraße 25, *Lager*
9) Nürnberger Schraubenfabrik und Elektrowerk GmbH, Fürther Straße 101a

StadtAN, C 31 III Nr. 228-7479

Otto Ko. **95**

1) 28. 3. 1944 in Nürnberg, Klinikum
5) Marija Ko., ledig, 1922
7) Banjaluka, Jugoslawien
8) von Banjaluka, seit 18. 3. 1941 in Nürnberg
2) Ulmenstraße 12
9) Arbeiterin

Banja Luka ist eine Stadt im Norden von Bosnien und Herzegowina. Sie wurde am 9. 4. 1941 von der deutschen Luftwaffe schwer zerstört. Marija Ko. lebte damals seit drei Wochen in Nürnberg. Drei Jahre nach Kriegsende heiratete sie den 1920 geborenen Deutschen Andreas Rü.

StadtAN, C 21/XI Nr. 40; https://de.wikipedia.org/wiki/Banja_Luka

Walentina Ko. **96**

1) 4. 11. 1944 in [Bad] Godesberg – Frauenklinik, in der Nähe von Köln
2) seit 29. 11. 1944 in Nürnberg, Hasstraße 25, *Lager*
5) Galina Ko., verheiratet, 1926, Schülerin
6) Aleksander Ko., 1919, Tischler
Zu Mutter und Vater:
7) Witebsk, Weißrussland
8) von Köln, seit 29. 11. 1944 in Nürnberg
2) Hasstraße 25, *Lager*
9) Nürnberger Schraubenfabrik, Hilfsarbeiter*in

Das Ehepaar lebte bis 1943 in seinem Heimatort. Der erste Arbeitseinsatz im Deutschen Reich war in Köln; von dort wurde die junge Familie mit ihrem drei Wochen alten Säugling zur Arbeit nach Nürnberg verbracht.

StadtAN, C 31/III Nr. 230-7614

Nadjeschda Ko. **97**

1) 24. 5. 1943 in Nürnberg
2) Mettingstraße 1–3, *Lager*, „bei der Mutter“
5) Praskowja Ko., verheiratet, 1920
2) Mettingstraße 1–3, *Lager*
6) Grigorij Ko., Kraftwagenfahrer
7) UdSSR

StadtAN, C 21/XI Nr. 41

Anatoli Ko. **98**

1) 28.7.1944 in Nürnberg, Klinikum
5) Tatjana Ko.
7) UdSSR
2) Pfannenschmiedsgasse 4
9) Hausgehilfin
StadtAN, C 31/III Nr. 231-7671a

Nikolai Kr. **99**

1) 27.8.1944 in Nürnberg, Ludwig-Feuerbach-Straße 77, *Lager*
2) Ludwig-Feuerbach-Straße 77, *Lager*
5) Alexandra Kr., verheiratet
6) Peter Kr.
Zu Mutter und Vater:
2) Ludwig-Feuerbach-Straße 77, *Lager*
Zum Vater:
9) Dreher
StadtAN, C 21/XI Nr. 41 u. C 31/III Nr. 233-7788a

Anna Kr. **100**

1) 3.4.1945 in Nürnberg
5) Alexandra Kr., ledig
7) Ukraine
2) Platenstraße 53, Lager der Firma Muschi
StadtAN, C 21/XI Nr. 41

Jurii Kr. **101**

1) 18.8.1943 in Nürnberg, Austraße 108, *Russenlager*
5) Marija Kr., verheiratet, 1923, Lehrerin
6) Alexander Kr.
Zur Mutter:
7) Werchno-Dneprowsk, Ukraine
8) Werchno-Dneprowsk, seit 26.6.1942 in Nürnberg
Zu Mutter und Vater:
2) Austraße 180, *Lager*
Zur Mutter:

9) Keim & Co. Nürnberg, Fürther Straße 188; Hilfsarbeiterin
StadtAN, C 21/XI Nr. 41 u. C 31/III Nr. 234-7840

Swetlana Kr. **102**

1) 16.4.1944 in Neumarkt i.d.Opf.
2) seit Mai 1944 in Nürnberg, Neudörferstraße 8
5) Irina Kr.
7) Rußland
2) Neudörferstraße 8
9) Haeberlein-Metzger AG
Der Betrieb meldete den Säugling am 5.5.1944 bei der Ausländer-Abteilung im Polizeipräsidium Nürnberg-Fürth.
StadtAN, C 31/IV Nr. 57
Arolsen Archives, https://tinyurl.com/yc8ycfp5

Alfred Kr. **103**

1) 31.3.1945 in Nürnberg
5) Wanda Kr., ledig, 1922
7) Polen
8) von Warschau, Polen, seit 24.9.1941 in Nürnberg
2) Äußere Sulzbacher Straße 60;
Veilhofstraße 91, *Eisenlager*; Hasstraße 25, *Lager*; Fürther Straße 271;
ab 9.9.1944 Turnerheimstraße 45
Als die polnische Arbeiterin Wanda Kr. in ihrem letzten Quartier in der Turnerheimstraße ankam, war sie seit etwa zwei Monaten schwanger.
StadtAN, C 21/XI Nr. 42

Valentine Grete Kr. **104**

1) 3.2.1942 in Nürnberg, Klinikum
5) Barbara Kr., verheiratet, 1919
6) Eugenius Kr., 1921
7) Polen
Zum Vater:
8) seit Dezember 1941 in Nürnberg
2) Walzwerkstraße 93
9) Schweißer

Zur Mutter:

8) seit 5. 1. 1942 in Nürnberg

Zu Mutter und Vater:

2) ab Januar 1942 in der Knauerstraße 11; ab 6. 7. 1942 wohnten die Eltern mit dem Kind in der Schnieglinger Straße 290. Der Vater wurde im Oktober 1942 aus Nürnberg abgemeldet.

Barbara Kr. war bereits hochschwanger als das Ehepaar in der Knauerstraße ein Quartier bekam.

StadtAN, C21/XI Nr. 42

Larisa Ku. **105**

1) 15. 2. 1945 in Nürnberg

5) Agrypina Ku., verheiratet, 19. 6. 1903, Schneiderin

6) Sergei Ku., 1890, Agronom

Zu Mutter und Vater:

8) vom Durchgangslager Dachau, seit 30. 9. 1944 in Nürnberg

2) Brunecker Straße 110, Amberger Straße 25

9) Deutsche Reichsbahn, Reichsbahnausbesserungswerk, Austraße; Hilfsarbeiter*in

Die Eltern kamen mit den Kindern Iwan, geboren 1933 und Sinaida, geboren 1938 in Nürnberg an. Die Mutter erwartete bei der Ankunft in der Stadt ihr drittes Kind; sie war etwa im fünften Monat schwanger.

StadtAN, C 21/XI Nr. 43 u. C 31/III Nr. 238-8082/83

Henriette La. **106**

1) 5. 9. 1944 in Nürnberg, Klinikum

5) Maria Cornelie La., verheiratet, 1909

6) Guillaume La., 1909

Zu Mutter und Vater:

7) Brüssel, Belgien

Zur Mutter:

8) von Brüssel, seit 6. 2. 1943 in Nürnberg

2) Allersberger Straße 190;
ab 26. 9. 1944 Veilhofstraße 91;
am 3. 10. 1944 aus Nürnberg abgemeldet

9) Telefon- Kabel- und Drahtwerke (TEKADE), Hilfsarbeiterin

Die Eltern hatten 1928 in Brüssel geheiratet. Laut Ausländerpolizei lebten sie getrennt. Die Spur der Mutter führte drei Wochen nach der Geburt des Kindes ins Lager Veilhofstraße 91. Eine Woche später wurde sie aus Nürnberg abgemeldet.

Eine Spur zum Kind führt nach dem Krieg in das *German's children house* in Wartenberg in der Nähe von Landshut.

StadtAN, C 31/III Nr. 88-1931

Arolsen Archives, https://tinyurl.com/3dy8c2bh u. https://tinyurl.com/2rbtprkj

Nicole Marie-Therese La. **107**

1) 8. 11. 1944 in Nürnberg, Klinikum
5) Maria La., ledig, 1921, Kellnerin
7) Chateauroux, Frankreich
8) von Chateauroux, seit 22. 7. 1942 in Nürnberg
2) Veilhofstraße 91, Äußere Sulzbacher Straße 123
StadtAN, C 21/XI Nr. 44

Leona Rosana Le. **108**

1) 4. 3. 1945 in Nürnberg
5) Viktoria Le., verheiratet, 1909
7) Belgien
8) von Belgien, seit 31. 7. 1941
2) Johannisstraße 80, Fürther Straße 37 Hinterhaus, Muggenhofer Straße 122
9) Hilfsarbeiterin
StadtAN, C 21/XI Nr. 44

Monique Le. **109**

1) 12. 3. 1945 in Nürnberg, Klinikum
5) Gisela Le., ledig, 1921
7) Douai, Frankreich
8) von Douai, seit 22. 10. 1942 in Nürnberg
2) Kochstraße 20, ab 20. 9. 1944 Klingenhofstraße 72 (Lager)
9) Hausgehilfin
Gisela Le. war etwa im dritten Monat schwanger, als sie in das Lager in der Klingenhofstraße kam.
StadtAN, C21/XI Nr. 45

Micheline Le. **110**

1) 14. 11. 1944 in Nürnberg, Klinikum
2) 5. 12. 1944 Karolinenstraße 43, *SSW-Lager*
5) Madeleine Le., 1921
7) Frankreich
2) Eibacher Hauptstraße 25
StadtAN, C 21/XI Nr. 45

Serge Lucien Le. (m) **111**

1) 14. 2. 1944 in Nürnberg, Klinikum
5) Yvonne Henriette Le., verheiratet, 1920
6) Jules Alexandre Le., Schmied
7) Frankreich
Zur Mutter:
8) von Fischbach bei Nürnberg, seit 22. 4. 1942 in Nürnberg
2) Neutormauer 42, Fürther Straße 85
9) Arbeiterin
StadtAN, C 21/XI Nr. 45

Elsa Le. **112**

1) 26. 8. 1940 in Warschau, Polen
2) seit 20. 10. 1941 in Nürnberg, Hintere Kartäusergasse 33, bei der Mutter; ab 7. 11. 1941 Gudrunstraße 31, Kinderheim
5) Maria Le., ledig, 1919, Schneiderin
8) Warschau, Polen, seit 17. 10. 1941 in Nürnberg
In der Gudrunstraße 31 befand sich ein Kinderheim und Kindergarten der evangelisch-lutherischen Kirche.
StadtAN, C 21/XI Nr. 45 u. Einwohnerbuch der Stadt Nürnberg 1942

Natalia Le. **113**

1) 14. 12. 1942 in Nürnberg
5) Maria Le., verheiratet, 1912
6) Stephanus Le., 1909, Installateur
7) Polen
Zum Vater:
8) von Waldhorst bei Litzmannstadt (Lodz), seit 11. 1. 1941 in Nürnberg

2) Werderstraße 19, Webersplatz 9, ab 11. 7. 1941 Knebelstraße 20
Die Eltern hatten 1934 geheiratet. Am 26. 10. 1941 kam im Klinikum Nürnberg ihr erstes Kind zur Welt. Sie nannten den Jungen nach dem Vater: Stefan. Das Neugeborene wurde nur einen Tag alt.

Die Spur des Ehepaares und seiner Tochter Natalia führte nach Kriegsende nach Übersee. Laut Ausländermeldekartei wurde die Familie 1951 in die USA abgemeldet. Natalia war zu diesem Zeitpunkt acht oder neun Jahre alt.
StadtAN, C 21/XI Nr. 45 u. C 27/II Nr. 2808/1499
zu Stefan Le. siehe Nr. 277

Stefan Li. **114**

1) 4. 6. 1943 in Nürnberg, Klinikum
5) Wilhelmine Li., verheiratet, 1921
6) Peter Li., 1917
7) Kroatien
Zum Vater:
8) seit 7. 10. 1942 in Nürnberg
2) Jamnitzerstraße 18, ab 13. 5. 1943 Katharinengasse 26
StadtAN, C 21/XI Nr. 46

Susanne Marie Madeleine Li. **115**

1) 7. 1. 1945 in Nürnberg, Klinikum
5) Marguerite Li., verheiratet, 1914
6) Albert Li., 1915, Steindrucker
7) Paris, Frankreich
Zur Mutter:
8) von Paris, seit 25. 1. 1943 in Nürnberg
2) Buchenbühl, *Gemeinschaftslager*
Zum Vater:
8) von Paris, seit 29. 6. 1943 in Nürnberg
2) Flußstraße, *Barackenlager*
Zu Mutter und Vater:
2) 6. 9. 1943 Schleiermacherstraße 5, 5. 8. 1944 Bülowstraße 67
Die Eltern des Kindes waren in ihrer Heimatstadt Paris getrennt worden. Im Abstand von fünf Monaten kamen sie in Nürnberg an und wurden hier jeweils in verschiedenen Lagern untergebracht. Das letzte Quartier, in dem

sie gemeldet waren, befand sich in der Bülowstraße 67. Als sie dort eintrafen, war Marguerite Li. im vierten Monat schwanger.
StadtAN, C 21/XI Nr. 46

Gertrud Alexandria Li. **116**

1) 3. 9. 1944 in Nürnberg
5) Frosja Li., verwitwet, 1910
8) von Neumarkt i. d. Opf., Durchgangslager, seit 28. 4. 1944 in Nürnberg
9) Reichsbahnausbesserungswerk; *Ostarbeiterin*

Frosja Li. war seit 19. 8. 1941 verwitwet. Bei ihrer Ankunft in Nürnberg war sie im vierten oder fünften Monat schwanger.
StadtAN, C 31/IV Nr. 114; Arolsen Archives, https://tinyurl.com/2s92bmar

Michael Li. **117**

1) 13. 9. 1943 in Nürnberg
2) Kleinreuther Weg 27
5) Doro Li., verheiratet
6) Nikolai Li., Bauer
Zu Mutter und Vater:
7) Russland
2) Brückenstraße 31, *Lager*

StadtAN, C 21/XI Nr. 46

Viktor Li. **118**

1) 11. 2. 1945 in Nürnberg, Klinikum
5) Dusja Li.
7) Ukraine
2) Hasstraße 25, *Gemeinschaftslager*
9) Hilfsarbeiterin

StadtAN, C 21/XI Nr. 46

NN Lo. **119**

1) 15. 1. 1945 in Nürnberg, *Lager*
5) Josefa Lo., ledig, 1915
7) Warschau, Polen
8) von Neumarkt i. d. Opf., Durchgangslager, seit 31. 5. 1944 in Nürnberg

2) Buchenbühl, *Gemeinschaftslager*
9) Georg Müller K.G. Kugellager-Fabrik, Äußere Bayreuther Straße 230; Schleiferin
Josefa Lo. war bei ihrer Ankunft in Nürnberg im zweiten Monat schwanger. Sie brachte hier in einem Lager ihr Kind zur Welt. Es wurde standesamtlich registriert. Der Vorname des Kindes ist nicht genannt.
StadtAN, C 21/XI Nr. 46 u. C 31/IV Nr. 94
Arolsen Archives, https://tinyurl.com/2p8b8udk

Nikolai Lo. 120

1) 18. 4. 1943 in Nürnberg
2) Brückenstraße 31, *Lager*
5) Galja Lo., verheiratet, 1922, Landarbeiterin
6) Ostap, Lo., 1921, Landarbeiter
Zu Mutter und Vater:
7) Bezirk Kiew, Ukraine
8) von Kiew, seit 12. 6. 1942 in Nürnberg
2) Brückenstraße 31, *Lager*
9) Lyra-Orlow Bleistiftfabrik Nürnberg, Großweidenmühlstraße 26; Bleistiftarbeiter*in
StadtAN, C 21/XI Nr. 46, C 31/III Nr. 245-8538 u. C 31/III Nr. 246-8540

Raymond Lo. 121

1) 20. 9. 1944 in Nürnberg
5) Germaine Marie Lo., verheiratet, 1917
6) Lucien Felix Lo., 1910
Zum Vater:
7) Bordeaux, Frankreich
8) von Bordeaux, seit 26. 5. 1943 in Nürnberg
2) Schweinauer Straße 38, *Lager*
9) Deutsche Reichsbahn Ausbesserungswerk Nürnberg, Austraße 69; Werkhelfer
Das Ehepaar hatte 1935 in Bordeaux geheiratet. Die Ausländerpolizeiakte des Ehemannes enthält neben dem Namen der Ehefrau die Namen von fünf in Frankreich zwischen 1933 und 1940 geborenen Kinder. Die Großmutter väterlicherseits lebte in Bordeaux; versorgte sie die Kinder?

Am 15.5.1944 wurde der Ehemann und Vater vom Sondergericht Nürnberg wegen „Beschimpfung des deutschen Reiches" zu einer Gefängnisstrafe von einem Jahr verurteilt. Er verbüßte die Strafe im Strafgefängnis Landsberg/Lech. Seine Entlassung sollte am 15.2.1945 erfolgen.
StadtAN, C 31/III Nr. 489-18813
Arolsen Archives, https://tinyurl.com/yck677wm

Wilhelm Julius van Ly. **122**

1) 9.9.1944 in Nürnberg, Klinikum
5) Magdalene Felizia van Ly., verheiratet, 1920
6) André Charles van Ly., 1919
7) Belgien
Zum Vater:
8) von Belgien, seit 3.9.1944 in Nürnberg
2) Maxplatz 10–12, Hintere Marktstraße 40
9) kaufmännischer Angestellter

Die Eltern hatten am 20.4.1940 in Halle/Belgien geheiratet. 1941 und 1943 kamen dort die Töchter Liliana und Erika zur Welt. Die Spur der Kinder und Eltern führte 1944 nach Nürnberg in die Hintere Marktstraße 40. Unter dieser Adresse war der Ehemann und Vater, der als kaufmännischer Angestellter eingesetzt war, gemeldet. Erika, das zweite Kind der Familie, starb in Nürnberg im Alter von einem Jahr und vier Monaten.
StadtAN, C 21/XI Nr. 47
StadtAN, C 27/II Nr. 2301/1575
zu Erika Sabine Ernestine van Ly. siehe Nr. 280

Maria Ma. **123**

1) 21.12.1944 in Nürnberg
5) Stefania Ma., ledig, 1921
7) Polen
8) von Großmannsdorf, Landkreis Bamberg, seit 27.4.1944 in Nürnberg
2) Leonhardstraße 20
9) Arbeiterin

Als sie in Nürnberg ankam, war Stefania Ma. vermutlich schon schwanger.
StadtAN, C 21/XI Nr. 47
Arolsen Archives, https://tinyurl.com/2p9abn94

Renate Hedwig Ma. 124

1) 7. 10. 1944 in Nürnberg
5) Irena Ma., ledig, 1926
7) Litzmannstadt (Lodz), Polen
8) von Litzmannstadt, seit 26. 9. 1941 in Nürnberg
2) Pillenreutherstraße 33, Kirchenweg 21, Adamstraße 68, Schoppershofstraße 75 – Metrawatt AG
9) Metrawatt AG, Fabrik Elektrischer Messgeräte; Hilfsarbeiterin

Am 17. 1. 1945 wandte sich die Metrawatt AG an das Polizeipräsidium betreffs einer *Reisegenehmigung* für die Polin Ma. Irene für die Zeit vom 20. 1. 1945 bis einschließlich 28. 1. 1945; Reiseziel Litzmannstadt. M. „will ihr 3 Monate altes Kind zu ihren Eltern nach Litzmannstadt bringen in Begleitung ihres Bräutigams Za., da es in unserem Ausländer-Lager, das am 2. 1. 1945 vollständig zerstört wurde, nicht mehr untergebracht werden kann. Unsere Ausländerinnen sind zur Zeit in einer Notunterkunft untergebracht. Reiseschein anbei."

Es ist nicht belegt, ob die *Reise* nach Litzmannstadt genehmigt wurde. Dokumentiert ist, dass die Mutter des Kindes am 30. 4. 1946 in Nürnberg ihren Bräutigam Johann Za., geboren 1913, heiratete und das Kind dessen Namen erhielt.

StadtAN, C 21/XI Nr. 48 u. C 31/IV Nr. 92

Eriks Juris Ma. 125

1) 21. 12. 1944 in Nürnberg, Klinikum
2) ab 2. 1. 1945 in der städtischen Säuglingsklinik, Kirchenweg 48
5) Irma Ma., verheiratet, 1925
6) Juris Ma., Landwirt
7) Lettland

Zur Mutter:

9) Dezember 1944 – Februar 1945 Metall-Guß u. Preßwerk Heinrich Diehl GmbH

Zum Vater:

9) *SS-Legionär*

Die Mutter des Kindes wurde am 19. 3. 1945 durch einen Luftangriff getötet, bei dem 17 Menschen starben, neun von ihnen auf dem Gelände der Frauenklinik. Ein Gebäude der Klinik wurde schwer beschädigt. Das Kind

war bis Ende März 1945 in der städtischen Säuglingsklinik untergebracht. Danach verlor sich seine Spur.
StadtAN, C 27/II Nr. 2846/470
Arolsen Archives, https://tinyurl.com/y74238cd, https://tinyurl.com/5f5dchrm
Arolsen Archives, https://tinyurl.com/2p886fe4
Schramm, Bomben auf Nürnberg, S. 184

Walburga Ma. 126
1) 22.7.1944 in Nürnberg, Lager
2) Brunecker Straße 110, *Ostarbeiterlager*
5) Katharina Ma., verheiratet
6) Maxim Ma., Schlosser
7) UdSSR
StadtAN, C 21/XI Nr. 48

Maria Ma. 127
1) 9.5.1944 in Nürnberg, Klinikum
2) Fürth, Maistraße 18, *Kleinkinderheim*; Nürnberg, Neudörferstraße 8, *Säuglingsheim* der Firma Haeberlein-Metzger
5) Zorka Ma., ledig, 1925
7) Jugoslawien
8) seit 22.7.1942 in Nürnberg
2) Schlehengasse 2, *Gemeinschaftslager*; Urbanstraße 16, *Lager*; Neudörferstraße 8; ab 21.11.1944 Pillenreutherstraße 33
9) Siemens-Schuckertwerke, Haeberlein-Metzger AG, Aluminium Werke GmbH; Hilfsarbeiterin, Maschinenarbeiterin

Zorkca Ma. war laut Ausländerpolizei serbischer Volks- und kroatischer Staatszugehörigkeit. Die Hochschwangere war im *Gemeinschaftslager* in der Schlehengasse 2 untergebracht. Drei Tage nach der Entbindung wurde sie von den Siemens-Schuckertwerken in Nürnberg in die Siemens-Porzellanwerke in Höchstadt a.d. Aisch versetzt. Die Spur des Kindes führte nach Fürth, in das *Kleinkinderheim* in der Maistraße 18.

Vom 5.6.1944 bis 26.6.1944 arbeitete Zorka Ma. bei Haeberlein-Metzger in Nürnberg; Mutter und Kind lebten in dieser Zeit in der Neudörferstraße 8. Die Firma meldete der Ausländerpolizei, dass Zorka Ma. „vom kroatischen Verbindungsmann bei der DAF übernommen" worden war. Sie

musste nun an einer Maschine in den Aluminium Werken in der Nopitschstraße arbeiten.
StadtAN, C 31/IV Nr. 57 u. C 31/III Nr. 118-2644

Maria Ma. 128

1) 18.4.1944 in Nürnberg, Klinikum
5) Anna Ma., ledig, 1922
7) Polen
8) von Polen, seit 4.8.1942 in Nürnberg
2) Seeweg 5, am 6.9.1944 nach Schwabach abgemeldet

Das Kind war viereinhalb Monate alt, als die Mutter nach Schwabach abgemeldet wurde. Über den Verbleib des Kindes ist nichts bekannt. Seine Spur fand sich wieder nach dem Krieg, als die Mutter am 29.12.1945 Andrzeij Sz. heiratete und das Kind 1949 laut Beschluss des Amtsgerichts Brückenau die Rechtsstellung eines ehelichen Kindes erlangte.
StadtAN, C 21/XI Nr. 49

Wera Ma. 129

1) 9.4.1944 in Weißenburg i. Bay., *Ostarbeiterlager*
5) Irena Ma., ledig, 1922, Landarbeiterin
7) Bezirk Kiew, Ukraine
8) seit 22.7.1943 in Nürnberg, Sigmundstraße 40, *Lager* der Mars-Werke A.G.
9) Mars-Werke A.G., Sigmundstraße 40; Hilfsarbeiterin

Die hochschwangere Irena Ma. kam am 20.3.1944 im *Ostarbeiterlager* Weißenburg i. Bay. zur Entbindung an und war nach der Geburt des Kindes mit dem Neugeborenen noch elf Tage in diesem Lager untergebracht.
StadtAN, C 31/III Nr. 251-8849
Arolsen Archives, https://tinyurl.com/2p97h4wk

Anatolij Ma. 130

1) 2.5.1944 in Nürnberg
5) Nina, Ma., „faktische Ehe“, 1923, Landarbeiterin
6) Aleksei Ma., 1922, Landarbeiter
Zu Mutter und Vater:
7) Bezirk Poltawa, Ukraine

8) von Neumarkt, Durchgangslager; seit 14. 12. 1942 in Nürnberg
2) Mettingstraße 1–3, Gemeinschaftslager Goldbach
9) Lumophon-Werke Karl Stark, Schloßstraße 62/64; Hilfsarbeiterin, Fräser
StadtAN, C 31/III Nr. 247-8615/16
Arolsen Archives, https://tinyurl.com/mr2zbthm

Valentina Ma. 131
1) 12. 6. 1944 in Nürnberg, Klinikum
5) Jelena Ma., ledig, 1922, Landarbeiterin
7) Bezirk Kiew, Ukraine
8) seit 28. 7. 1942 in Nürnberg
2) Komotauerstraße, Lager; Flaschenhofstraße 35, *Gemeinschaftslager*
9) Metall-Guß- u. Preßwerk Heinrich Diehl GmbH, Stephanstraße 49; Metallarbeiterin
Zum Zeitpunkt ihrer Niederkunft lebte Jelena Ma. im *Gemeinschaftslager* Flaschenhofstraße 35.
Stadt AN C 21/XI Nr. 50 u. C 31/III Nr. 254-9023

Olga Ma. 132
1) 14. 7. 1944 in Nürnberg
2) Peterstraße 41, *Ostarbeiterlager*
5) Lidia Ma.
7) UdSSR
2) Peterstraße 41, *Russenlager*
9) Arbeiterin
StadtAN, C 21/XI Nr. 50

Johann Ma. 133
1) 9. 8. 1940 in Nürnberg Klinikum
5) Maria Ma., ledig, 1919, landwirtschaftliche Arbeiterin
8) seit 14. 4. 1940 in Nürnberg
Maria Ma. war laut Ausländerpolizei ukrainische Volksangehörige und Staatsangehörige der ehemaligen Republik Polen. Bei ihrer Ankunft in Nürnberg war sie im fünften Monat schwanger. Die Spur des Kindes, es war inzwischen vier Monate alt, führte am 16. 12. 1940 in den Heimatort der Mutter.
StadtAN, C 21/XI Nr. 50 u. C 31/III Nr. 370-15344

Themistokles van Me. 134

1) 22. 8. 1940 in Nürnberg

5) Edith Agnes van Me., ledig, 1918, Studentin

7) Holland

8) von München, seit 7. 5. 1940 in Nürnberg

2) Effeltricher Straße 53, Hiltpoltsteiner Straße 64

9) Bayerische Milchversorgung, Milchhofstraße 2, Verkäuferin

Edith Agnes van Me. war Studentin der Akademie der angewandten Künste in München. Nach ihrer Ankunft in Nürnberg, sie war im sechsten Monat schwanger, schrieb sie an das Ausländeramt, dass sie durch die „Kriegsverhältnisse" kein Geld mehr von ihren Eltern aus Holland bekommen könne und deswegen „irgendeine Arbeit, meine Lebenskosten zu decken", sucht. Sie bekam eine Arbeitskarte *für ausländische Arbeitnehmer als Handelshilfsarbeiterin* ausgestellt.

In München hatte sie ihren späteren Bräutigam kennenglernt. Für den 11. bis 15. 10. 1940 erhielt sie eine Reisegenehmigung dahin mit der Auflage, sich nach ihrer Ankunft bei der Ortspolizeibehörde zu melden. Ihr Kind war zu diesem Zeitpunkt zwei Monate alt.

Wenige Wochen später erhielt die ledige junge Mutter die polizeiliche Erlaubnis, nach Holland zurückzukehren. Sie trat die Rückreise aus Nürnberg am 23. 11. 1940 an. Die Spur des Säuglings führte nach Tüchersfeld in der Fränkischen Schweiz zu Familie E., bei der er seit 20. 11. 1940 lebte.

StadtAN, C 21/XI Nr. 51 u. C 31/III Nr. 425-16998

Stanislaw Mi. 135

1) 23. 11. 1944 in Nürnberg, Klinikum

5) Karolina Mi.

2) Flaschenhofstraße 35

9) Bohrerin

StadtAN, C 21/XI Nr. 51

Andreas Mi. 136

1) 21. 10. 1943 in Nürnberg, Klinikum

2) Hasstraße 25, *Gemeinschaftslager*

5) Eugenie Mi., ledig, 1924, ohne Beruf

7) Polen

8) von Fischbach 88, seit 30. 7. 1942 in Nürnberg

2) Hasstraße 23, *Lager*; Hübnersplatz 2, *Lager* Englischer Hof;
am 27. 10. 1942 Rückkehr in ihren Heimatort in Polen;
seit 6. 2. 1943 wieder in Nürnberg, Hübnersplatz 2 Englischer Hof,
ab 22. 5. 1943 Hasstraße 23, *Lager*

9) N.S.F. Nürnberger Schraubenfabrik Elektrowerk GmbH,
Fürther Straße 101a; Hilfsarbeiterin

Die junge Polin kam im Alter von 16 Jahren im September 1940 als Arbeiterin in eine Porzellanfabrik in Mitterteich im Landkreis Marktredwitz. Von dort wurde sie nach Fischbach bei Nürnberg verbracht. Wegen „unerlaubten Verlassens des Wohnbezirks und Nichttragens des polnischen Kennzeichens“ wurde sie zu zwei Monaten und drei Wochen Gefängnis verurteilt, die sie im *Haftraum Nr. 50* in Fischbach verbüßte. Drei Monate nach ihrer Ankunft in Nürnberg stellte ihr die Nürnberger Schraubenfabrik am 21. 10. 1942 einen Rückkehrschein für ihren Heimatort aus. Begründung: wegen Schwangerschaft. Die Fahrtkosten übernahm der Betrieb. Die *Deutsche Arbeitsfront Gauwaltung Franken Hauptabteilung Arbeitseinsatz*, Nürnberg Essenweinstraße 1, bewilligte die Benutzung des *Regelzugs*. Eine Fahrkarte wurde ausgestellt und Eugenie Mi. aus Nürnberg polizeilich abgemeldet. Das Kind verstarb gleich nach der Geburt.

Seit 6. 2. 1943 war die junge Frau wieder in Nürnberg, musste erneut in der Nürnberger Schraubenfabrik arbeiten und bekam wieder ein Quartier im Lager Hübnersplatz 2 zugewiesen. Als sie von dort noch einmal in das Lager in der Hasstraße 23 umquartiert wurde, war sie im fünften Monat schwanger. Ihr zweites Kind, Andreas, wurde im Klinikum Nürnberg geboren.

StadtAN, C 21/XI Nr. 52 u. C 31/III Nr. 371-15403

Fabian Mi. 137

1) 7. 7. 1944 in Nürnberg, Klinikum

2) Vestnertorgraben 9

5) Anna Mi., verheiratet, 1917

6) Franjo Mi., Landwirt

7) Kroatien
Zur Mutter:

8) seit 19. 2. 1942 in Nürnberg; „Mann wohnt in Kroatien“

2) Gugelstraße 93, *Lager*; Platenstraße 19; ab 15. 7. 1944 Hagenstraße 11; mit Kind vom 11. 12. –14. 12. 1944 Kirchenweg 48

9) Montiererin

Am Vestnertorgraben 9 war ein städtisches Säuglingsheim. Wie lange sich das Kind dort befand, ist nicht belegt. Im Dezember 1944, der Säugling war inzwischen fünf Monate alt, kamen Mutter und Kind für drei Tage in die städtische Säuglingsklinik, Kirchenweg 48.

StadtAN, C 21/XI Nr. 52

Michael Mu. **138**

1) 26. 2. 1944 in Nürnberg, *Lager*

5) Dassja Mu., verheiratet

6) Iwan Mu.

7) Ukraine

Arolsen Archives, https://tinyurl.com/ytxrzw6k

Leonid Mu. **139**

1) 19. 4. 1944 in Nürnberg, Klinikum

5) Antonia Mu.

7) UdSSR

2) Irrhainstraße 11

StadtAN, C 21/XI Nr. 54

Boris Na. **140**

1) 22. 2. 1944 in Nürnberg

2) Rückertstraße 9, *Lager*

5) Feodora Na., ledig, 1924, Landarbeiterin

7) Bezirk Dnepropetrowsk, Ukraine

8) seit 17. 6. 1942 in Nürnberg

2) Rückertstraße 9, Lager

9) J. S. Staedtler Mars-Bleistiftfabrik; Hilfsarbeiterin

Boris Na. war eines der *Ostarbeiterkinder* im Lager Rückertstraße 9. Er war ein Jahr und einen Monat alt, als die Kinder laut Mitteilung der Firma am 14. 4. 1945 „von den Müttern beim Abtransport mit fortgenommen" wurden.

StadtAN, C 21/XI Nr. 54 u. C 31/III Nr. 261-9476

Arolsen Archives, https://tinyurl.com/55jfc7kc

Wolodimer Ne. 141

1) 31.3.1945 in Nürnberg, Klinikum
2) Klingenhofstraße 72, *Gemeinschaftslager*
5) Olga Ne., verheiratet, 1921
6) Iwan Ne., 1924
Zu Mutter und Vater:
7) Krynytschky, Bezirk Dnepropetrowsk, Ukraine
8) seit 12.7.1942 in Nürnberg
2) Klingenhofstraße 72, Lager
9) Kabel- und Metallwerke Neumeyer Aktiengesellschaft Nürnberg; Hilfsarbeiter*in

StadtAN, C 21/XI Nr. 55 u. C 31/III Nr. 262-9530/32

Milica Ne. 142

1) 28.10.1943 in Nürnberg, Klinikum
2) ab 22.3.1944 Von-der-Tann-Straße 120
5) Etela Ne., verheiratet, 1910
6) Dragoljub Ne., 1906
Zu Mutter und Vater:
7) Serbien
8) von Belgrad, Serbien, seit 4.8.1943 in Nürnberg
Zur Mutter:
2) Heisterstraße, Lager; Flurstraße 7, städtische Frauenklinik; ab 22.3.1944 Von-der-Tann-Straße 120
9) Siemens-Schuckertwerke, Maschinenarbeiterin; ab 13.1.1944 städtische Frauenklinik; ab 23.6.1944 Badeamt der Stadt, Putzfrau
Zum Vater:
2) Eibacher Hauptstraße 25, *Lager*; Pachelbelstraße, *Lager*; ab 22.3.1944 Von-der-Tann-Straße 120
9) Siemens-Schuckertwerke, Mechaniker

Die Eltern hatten am 5.6.1941 in Belgrad geheiratet. Etela Ne. war bei ihrer Ankunft in Nürnberg etwa Ende des sechsten Monats schwanger. Die Siemens-Schuckertwerke stellten ihr zwei Wochen nach Beginn ihres Arbeitseinsatzes einen Rückkehrschein aus, mit einer Fahrkarte bis zur Reichsgrenze. Der Rückkehrschein wurde von der Betriebskrankenkasse und vom Arbeitsamt abgezeichnet. Etela Ne. trat die Fahrt nicht an. Sie brachte ihr Kind in Nürnberg zur Welt. Die Siemens-Schuckertwerke stellten der Wöchnerin wenige Tage nach der Entbindung am 2.11.1943 erneut einen Rückkehrschein inklusive Fahrkarte bis zur Reichsgrenze aus, nun mit der Begründung: „mangels Unterbringungsmöglichkeit Ihres neugeborenen Kindes". Das Arbeitsverhältnis erklärte der Betrieb für „ordnungsgemäß beendet". Das Arbeitsamt zeichnete auch den neuen Rückkehrschein ab und die DAF Gauwaltung Franken bewilligte die Benützung des *Regelzugs*. Die Wöchnerin trat auch diese Fahrt nicht an. Schließlich wurde die junge Mutter als Arbeitskraft bei der Stadt Nürnberg eingesetzt. Und ab 22.3.1944, das Kind war inzwischen fast fünf Monate alt, durfte die Familie laut Bestätigung der *Deutschen Arbeitsfront Kreiswaltung Nürnberg Hauptabteilung Arbeitseinsatz* privat in der Von-der-Tann-Straße 120 wohnen.

Vier Jahre nach Kriegsende führte die Spur der Familie nach Australien. Das Kind Milica war inzwischen sechs Jahre alt und hatte zwei jüngere Geschwister im Alter von vier und zwei Jahren.

StadtAN, C 21/XI Nr. 55 u. C 31/III Nr. 29 690/91
Arolsen Archives, https://tinyurl.com/3bhev2k2

Stefanie Ni. 143

1) 8.8.1944 in Nürnberg, Klinikum
5) Eva Ni., verheiratet, 1913,
7) Stawczany, Ukraine
8) von Stawczany, seit 8.10.1941 in Nürnberg
2) Braunsbacher Weg
9) landwirtschaftliche Arbeiterin
StadtAN, C 21/XI Nr. 55 u. Nr. 57

Ludmilla Ni. 144

1) 13.3.1945 in Nürnberg, Klinikum
5) Galina Ni., ledig, 1927, Schülerin
7) Bezirk Kiew, Ukraine
8) von Wien, seit 3.10.1944 in Nürnberg
2) Deutschherrnstraße 5
9) Auto Kropf, Deutschherrnstraße 3–5; Hilfsarbeiterin

Die ukrainische Schülerin war bei ihrer Ankunft in Nürnberg 16 oder 17 Jahre alt und im vierten oder fünften Monat schwanger.
StadtAN, C 21/XI Nr. 55 u. C 31/III Nr. 264-9657

Jakobje Margarete Ny. **145**

1) 30. 10. 1943 in Nürnberg, Klinikum
5) Rosina Ny., verheiratet, 1905
6) Geert Ny., 1915
Zur Mutter:
2) Schildgasse 3
Zum Vater:
7) Holland
8) seit 30. 6. 1942 in Nürnberg
2) Alte Regensburger Straße 44, DAF-Lager; Untere Talgasse 9; Hintere Fischergasse 14; Spitzenberg 5; ab 7. 10. 1943 Schildgasse 3
9) Landarbeiter

Die Mutter des Kindes war Deutsche, der Vater Holländer. Die Eltern hatten drei Wochen vor der Entbindung am 7. 10. 1943 in Nürnberg geheiratet.
StadtAN, C 21/XI Nr. 56

Wera Ol. **146**

1) 26. 1. 1943 in Nürnberg, Klinikum
5) Raißa Ol., verheiratet, 1919, Kindergärtnerin
6) Wassiliy Ol., 1920
7) Ukraine
8) seit 19. 6. 1942 in Nürnberg
Zur Mutter:
2) Hasstraße 23, *Lager*
9) N.S.F. Nürnberger Schraubenfabrik und Elektrowerk GmbH Nürnberg, Fürther Straße 101a; Maschinenarbeiterin
Zum Vater:
2) Hasstraße, *Lager*
9) Hilfsarbeiter

Raißa Ol. war bei ihrer Ankunft in Nürnberg seit einigen Wochen schwanger.
StadtAN, C 21/XI Nr. 56 u. C 31/III Nr. 266-9793

Viktor On. 147

1) 14.4.1944 in Nürnberg, Klinikum
5) Odarka On., verheiratet, 1916, Landarbeiterin
6) Michail On.
Zur Mutter:
7) Bezirk Kiew, Ukraine
8) seit 29.8.1943 in Nürnberg
2) Conradtystraße 15, *Lager*; Katzwanger Straße 165
9) Deutsche Reichsbahn, Bahnmeisterei Nürnberg Rangierbahnhof Hochbau; Hilfsarbeiterin

Der Wohnort des Vaters war laut Ausländermeldekartei nicht bekannt.

StadtAN, C 21/XI Nr. 56
StadtAN, C 31/III Nr. 268-9870

Valdis Oz. (m) 148

1) 23.12.1944 in Nürnberg
5) Martha Alvine Oz., verheiratet, 1910, Hausfrau
6) Janis Alfreds Oz., 1907, Landwirt
Zu Mutter und Vater:
7) Valmieras, Lettland
8) von Treuchtlingen, seit 17.11.1944 in Nürnberg
2) Flaschenhofstraße, *Lager* (*Kunstschule*), am 3.3.1945 abgemeldet nach Röthenbach a.d. Pegnitz, *Lager* Diehl
9) Heinrich Diehl Nürnberg, Hilfsarbeiter*in

Das Paar hatte 1929 in Valmieras geheiratet. 1941 kam dort ihr erstes Kind zur Welt. Die Eltern und ihr dreijähriger Junge wurden mit einem *Sammeltransport des Generalbevollmächtigten für den Arbeitseinsatz* ins Deutsche Reich verbracht. Das zweite Kind war unterwegs und wurde fünf Wochen nach Ankunft der Familie in Nürnberg geboren. Als die Eltern von Nürnberg nach Röthenbach gebracht wurden, musste der Dreijährige mit der Mutter mit. Der inzwischen zwei Monate alte Säugling Valdis befand sich zu diesem Zeitpunkt in der städtischen Säuglingsklinik am Kirchenweg. 1949 führte die Spur der vierköpfigen Familie in die USA.

StadtAN, C 21/XI Nr. 57 u. C 31/III Nr. 54-1211/12
Arolsen Archives, https://tinyurl.com/y49vysjp
Arolsen Archives, https://tinyurl.com/54vwyh4h

Richard Georg Pa. **149**

1) 29. 7. 1943 in Nürnberg

5) Marjanna Pa., ledig, 1919

7) Polen

8) von Quaregnon, Belgien, seit 1. 3. 1941 in Nürnberg

2) Krelingstraße 23; am 1. 4. 1942 abgemeldet nach Brüssel;
ab 2. 9. 1942 erneut in der Krelingstraße gemeldet;
ab 2. 4. 1943 Hübnersplatz 2, ab 22. 5. 1943 Hasstraße 23, *Lager*

9) Krelingstraße 23, Hausgehilfin

Die polnische Hausgehilfin erhielt im März 1942 einen Rückkehrschein wegen Schwangerschaft mit dem Ziel Brüssel. Fünf Monate später kam sie nach Nürnberg zurück in ihr vormaliges Quartier und an denselben Arbeitsort in der Krelingstraße. Sie musste sich wöchentlich beim 6. Polizeirevier melden, jeweils „mittwochs in der Zeit von 3–5 Uhr". Zu einem Kind enthalten die Quellen keine Informationen.

Zurück in Nürnberg, wurde Marjanna Pa. ein zweites Mal schwanger und war Anfang April 1943 im fünften Monat, als sie von dem Quartier in der Krelingstraße in den Hübnersplatz 2, Lager in einer Gaststätte, umquartiert wurde. Zwei Monate vor der Entbindung führte ihre Spur in das Lager Hasstraße 23, das zur Nürnberger Schraubenfabrik gehörte.

StadtAN, C 21/XI Nr. 57 u. C 31/III Nr. 380-15686

Maria Pa. **150**

1) 15. 10. 1944 in Nürnberg, Klinikum

5) Georgia Pa., ledig, 1919

7) Griechenland

8) von München, seit 4. 4. 1944 in Nürnberg

2) Klingenhofstraße 72, Lager

9) Hilfsarbeiterin

Als Georgia Ma. in Nürnberg ankam, war sie im dritten Monat schwanger.

StadtAN, C 21/XI Nr. 57

Juaqui Pa. (m) **151**

1) 28. 2. 1943 in Nürnberg, Klinikum

5) Jeanne Pa., ledig, 1920

7) Frankreich

8) von Wolfratshausen bei München, seit Anfang September 1942 in Nürnberg

2) Conradtystraße 15, Ledigenheim; Eibacher Hauptstraße 25, *Lager*; am 8. 1. 1943 abgemeldet nach Frankreich; am 20. 2. 1943 von Frankreich nach Nürnberg, Schonerstraße 7

9) Hilfsarbeiterin

Jeanne Pa. war etwa im dritten Monat schwanger, als sie in Nürnberg ankam, und Ende des siebten Monats, als sie nach Frankreich abgemeldet wurde. Wenige Tage vor der Entbindung kam sie zurück nach Nürnberg. Der Grund für die Reise und den Aufenthalt in Frankreich ist nicht bekannt.

StadtAN, C 21/XI Nr. 58

Anatoly Pa. **152**

1) 28. 6. 1944 in Nürnberg, *Lager* Rückerstraße 9

2) *Lager* Rückertstraße 9

5) Jewdokija Pa., ledig, 1919, Laborantin

6) Tichon Ag., 1920, Mechaniker

Zu Mutter und Vater:

7) Bezirk Dnepropetrowsk, Ukraine

8) seit 2. 7. 1942 in Nürnberg

2) *Lager* Rückertstraße 9

9) J. S. Staedtler Mars Bleistiftfabrik, Rückerstraße 9; Bleistiftarbeiter

Anatoly Pa. war eines der *Ostarbeiterkinder* im Lager Rückertstraße 9. Er war neun Monate alt, als die Kinder laut Mitteilung der Firma am 14. 4. 1945 „von den Müttern beim Abtransport mit fortgenommen“ wurden.

StadtAN, C 31/III Nr. 271-10089 u. Nr. 167-3827

Arolsen Archives, https://tinyurl.com/4rvdntwy

Stefan Pa. **153**

1) 22. 10. 1943 in Nürnberg, Klinikum

5) Anna Pa., verheiratet, 1912, landwirtschaftliche Arbeiterin

6) Jan Pa., 1909

7) Polen

Zu Mutter und Vater:

8) seit 23. 3. 1942 in Nürnberg

2) Nopitschstraße

9) landwirtschaftliche Arbeiterin; Gartenarbeiter
Die Ausländerpolizei vermerkte bei der Mutter: „Ukrainerin nach Volkszugehörigkeit" und „Staatsangehörige des ehemaligen Polen".

Das Ehepaar war in Nürnberg mit zwei Kleinkindern, Slavka und Romko, geboren 1939 und 1940, angekommen. Untergebracht waren sie in der Nopitschstraße. Am 15. 5. 1944 wurde die inzwischen fünfköpfige Familie nach Schwabach abgemeldet. Das jüngste Kind, in Nürnberg geboren, war zu diesem Zeitpunkt ein halbes Jahr alt.

StadtAN, C 21/XI Nr. 58 u. C 31/III Nr. 381-15724

Richard Ignatz Pe. 154

1) 1. 11. 1941 in Nürnberg, Klinikum
5) Johanna Pe., verheiratet, 1912
6) Ignatz Pe., 1906, Gärtner
7) Polen
Zur Mutter:
8) von Neu Sandez (Nowy Sącz), Polen, seit 5. 12. 1940 in Nürnberg
2) Mittelstraße 90a, ab 22. 12. 1940 Schleifweg 33;
am 3. 1. 1942 mit Kind in ihre Heimat zurückgekehrt
Zum Vater:
8) *von Stalag XIII* (Strafgefangenenlager im Wehrkreis XIII),
seit 5. 8. 1940 in Nürnberg
2) Schmausengartenstraße 23, Neutorstraße 12; im Januar 1942 abgemeldet nach Neu-Sandez, Polen; ab 17. 3. 1942 in Nürnberg, Neutorstraße 12; am 22. 5. 1942 erneut abgemeldet nach Neu-Sandez; seit 28. 7. 1943 wieder in Nürnberg: Winklerstraße 3, Mittelstraße 90a, Kanalstraße 5a

Das polnische Ehepaar war 1940 in seiner Heimat getrennt worden und in Nürnberg in verschiedenen Quartieren untergebracht. Das Kind war zwei Monate alt, als die Mutter „von ihrem Arbeitgeber entlassen" und mit „Einverständnis des Arbeitsamtes" mit dem Kind in ihren polnischen Heimatort zurückgeschickt wurde, in Begleitung ihres Mannes. Nach etwa zwei Monaten kam der Ehemann zurück nach Nürnberg. Laut Ausländermeldekartei gab es während des Krieges einen weiteren Aufenthalt des Vaters bei Mutter und Kind.

StadtAN, C 21/XI Nr. 58
https://de.wikipedia.org/wiki/Nowy_S%C4%85cz

André René Pe. 155

Zwilling

1) 1. 12. 1944 in Nürnberg

5) Maria Geertruida Pe., verheiratet

6) Johann René Pe., Schlosser
Zu Mutter und Vater:

7) Frankreich

2) Aufseßplatz 1

Das Kind hatte einen Zwillingsbruder namens Johann. Er starb drei Tage nach der Entbindung.

StadtAN, C 21/XI Nr. 59, zu Johann Pe siehe Nr. 292

Daniel Pe. 156

1) 9. 3. 1945 in Nürnberg, Klinikum

5) Carmen Pe., ledig, 1922

7) Frankreich

8) von Nancy, Frankreich, seit 3. 6. 1942 in Nürnberg

2) Pachelbelstraße, *Lager SSW*; Wiesenstraße, (*SSW Merkur*);
Eibacher Hauptstraße 25, Heisterstraße, *Lager*; Frauentorgraben 61;
ab 10. 10. 1944 Schlehengasse 2, *SSW-Lager*

9) Siemens-Schuckertwerke (SSW), Arbeiterin

Carmen Pe. arbeitete seit dem 3. 6. 1942 in den Siemens-Schuckertwerken. Sie war im vierten Monat schwanger, als der Betrieb sie in der Schlehengasse 2 (Gaststätte Bäckerhof) einquartierte.

StadtAN, C 21/XI Nr. 59

Arolsen Archives, https://tinyurl.com/49vekwub

Johann Maria Pe. 157

1) 19. 2. 1945 in Nürnberg

5) Johanna Pe., ledig, 1913

7) St. Amandsberg, Belgien

8) von St. Amandsberg, seit 30. 11. 1942 in Nürnberg

2) Voltastraße 89, Lager der Deutschen Arbeitsfront (DAF);
Feuerweg 9, Lager der Süddeutschen Apparate Fabrik (S.A.F.)

9) Montiererin

StadtAN, C 21/XI Nr. 60

Renate Isabelle Pi. 158

1) 1. 10. 1943 in Nürnberg, Klinikum
2) Prechtelsgasse, *Gemeinschaftslager*
5) Johanna Pi., ledig, 1924
6) Johann Sa.
7) Polen
Zur Mutter:
8) von Warthenau, Polen,
seit 24. 4. 1942 in Nürnberg
2) 24. 4. 1942 Prechtelsgasse 16, MAN *Gemeinschaftslager*;
18. 2. 1943 Pillenreutherstraße
9) Hotel Süd; Küchenhilfe

Laut Ausländermeldekartei war das Kind im Gemeinschaftslager in der Prechtelsgasse gemeldet. Die Frage, ob die Mutter nach der Entbindung mit ihrem Kind in diesem Lager untergebracht war, beantworten die Quellen nicht.

Die Mutter und der Vater des Kindes, der Dreher Johann Sa. (1919), heirateten nach dem Krieg am 7. 7. 1945 in Nürnberg. Ihr Kind war bei der Hochzeit ein Jahr und neun Monate alt.

StadtAN, C 21/XI Nr. 60
StadtAN, C 21/XI Nr. 67

Jewgenia Pi. 159

1) 4. 4. 1945 in Nürnberg
2) Kernstraße 6, *Lager des Arbeitsamtes*
5) Marija Pi.
6) Georgij Pi.
Zu Mutter und Vater:
7) Sowjet-Rußland
2) Eltern wohnhaft in Oberrieden No. 8

Das Kind kam kurz vor Kriegsende in Nürnberg zur Welt und wurde in der Ausländermeldekartei registriert. Bei der Meldeadresse Kernstraße 6 handelte es sich um eine Berufsschule, in der die Deutsche Arbeitsfront (DAF) ein Gemeinschaftslager unterhielt. Wann und wie die werdende Mutter von Oberrieden (Gemeindeteil von Altdorf, Landkreis Nürnberger Land) nach Nürnberg kam, ist unbekannt.

StadtAN, C 21/XI Nr. 60

Roland Viktor Pl. 160

1) 29. 5. 1944 in Nürnberg
5) Marcelle Marie Pl., ledig, 1920
6) Giovanni Ma.
Zur Mutter:
7) Frankreich
8) von Paray le Monial, Frankreich,
seit 13. 3. 1942 in Nürnberg
2) Mühlhofer Hauptstraße 5, Leonerstraße
Zum Vater:
7) Italien
StadtAN, C21/XI Nr. 61
Arolsen Archives, https://tinyurl.com/58cnx3t4

Theodor Jaroslaus Po. 161

1) 4. 6. 1942 in Nürnberg
5) Marie Po., ledig, 1914
6) Franz Bi.
Zur Mutter:
7) Tschechoslowakei
2) Gothaerstraße 18
9) Hilfsarbeiterin

Im März 1940 wurde Marie Po. bei der Gestapo wegen Vergehens gegen das *Heimtückegesetz* angezeigt. Dieses NS-Gesetz kriminalisierte alle kritischen Äußerungen, die angeblich das Wohl des Reiches, das Ansehen der Reichsregierung oder der NSDAP schwer schädigten. Das Verfahren gegen Marie Po. wurde im Mai 1941 eingestellt.

Franz Bi., der Vater ihres Kindes, war deutscher Staatsangehöriger.

StadtAN, C 31/III Nr. 725-24826
Arolsen Archives, https://tinyurl.com/yey3km4k

Richard Günter Po. 162

1) 21. 2. 1943 in Nürnberg, Klinikum
5) Eva Po., verheiratet, 1911
6) Johann Po., 1905
7) Ungarn

8) von Ungarn, seit 17. 3. 1942 in Nürnberg
Zum Vater:
2) Sterzinger Straße 4, *Lager der SAP*
Zur Mutter:
2) Platenstraße 55, *Lager*
Zu Mutter und Vater:
2) Maxplatz 10, *Rückwandererheim*;
im April 1943 wurde „die ganze Familie" nach München abgemeldet.
Das Kind war bei der Abmeldung der Familie aus Nürnberg fünf Wochen alt.
StadtAN, C 21/XI Nr. 61

Boris Po. 163
1) 24. 8. 1944 in Nürnberg, Klinikum
5) Palageja Po., verheiratet, 1922, Landarbeiterin
6) Simon Po., 1913, Landarbeiter, *Hilfspolizist bei der Gendarmerie im Osten*
Zu Mutter und Vater:
7) Bezirk Charkow, Ukraine
8) von Dachau,
seit 1. 12. 1943 in Nürnberg
2) Brunecker Straße 110, *Gemeinschaftslager* der Reichsbahn
9) Reichsbahnausbesserungswerk Nürnberg, Austraße 69;
Maschinenarbeiterin u. Schlosserhelfer
StadtAN, C 21/XI Nr. 61 u. C 31/III Nr. 280-10590/94

Michelle Po. (w) 164
1) 16. 2. 1945 in Nürnberg, Klinikum
5) Jeanne Po., verheiratet, 1922
6) Henri Louis Po.
Zur Mutter:
7) Frankreich
8) seit 19. 2. 1944 in Nürnberg
2) Hintere Ledergasse 4
StadtAN, C 21/XI Nr. 62

Lilia Po. 165
1) 28. 10. 1943 in Nürnberg
5) Warwara Po., verheiratet, 1913
6) Pawel Po., 1917
Zu Mutter und Vater:
7) Werchnjodniprowsk, Ukraine
8) seit 26. 6. 1942 in Nürnberg
2) Austraße 108
9) Keim & Co. Nürnberg, Fürther Straße 188; Maschinenarbeiter*in
StadtAN, C 31/III Nr. 281-10639/40
Arolsen Archives, https://tinyurl.com/ywdnnj4j

Katharina Po. 166
1) 17. 11. 1942 in Nürnberg, Klinikum
2) Hasstraße 25, *Lager*
5) Matrona Po., verheiratet
6) Gregore Po.
Zu Mutter und Vater:
7) Rußland
2) Hasstraße 25, *Zivillager*
StadtAN, C 21/XI Nr. 62

Jacqueline Gabriella Pr. 167
1) 3. 4. 1945 in Nürnberg, Klinikum
5) Reneé Suzanne Julia Pr., ledig, 1910
7) Saint-Sauveur, Frankreich
8) von Saint-Sauveur, seit 22. 7. 1942 in Nürnberg
2) Schlehengasse 2, *SSW-Lager*; Eibach Gasthaus Schwarzer Adler; 3. 3. 1943 *Lager* Pachelbelstraße; Gefängnis Rothenfeld; ab 1. 11. 1943 Nürnberg, Voltastraße 89; ab März 1944 Pachelbelstraße, *SSW-Lager*; 23. 10. 1944 Feuerweg 9; am 30. 10. 1944 abgemeldet nach Zirndorf
9) Siemens-Schuckertwerke (SSW); Hilfsarbeiterin;
Süddeutsche Apparate Fabrik (S.A.F.); Montiererin

Die französische Arbeiterin Renée Pr. war am 30. 4. 1943 vom Amtsgericht Nürnberg wegen verbotenen Umgangs mit Kriegsgefangenen zu einer Gefängnisstrafe von sechs Monaten verurteilt worden. Sie verbüßte die

Strafe im Frauenstrafgefängnis Rothenfeld bei Starnberg. Nach dem Gefängnis kam sie zunächst in Nürnberg als Arbeiterin in die Süddeutsche Apparatefabrik; wurde dann aber erneut in den Siemens-Schuckertwerken eingesetzt. Sie war im vierten Monat schwanger, als sie nach Zirndorf, Landkreis Fürth i. Bay. abgemeldet wurde. Ihr Kind brachte sie im Klinikum Nürnberg zur Welt. Laut Ausländermeldekartei war sie „nur zur Entbindung" hier.
StadtAN, C 21/X Nr. 62 u. C 31/III Nr. 511-19451

Valentina Pr. **168**

1) 3. 10. 1943 in Nürnberg, Klinikum
2) Rückertstraße 9, *Lager*
5) Polina Pr., ledig, 1922, Landarbeiterin
7) Bezirk Dnepropetrowsk, Ukraine
8) seit 2. 7. 1942 in Nürnberg
2) Rückertstraße 9, *Lager*
9) J. S. Staedtler Mars-Bleistiftfabrik, Rückertstraße 1; Hilfsarbeiterin

Valentina Pr. war eines der *Ostarbeiterkinder* im Lager Rückertstraße 9. Sie war ein Jahr und sechs Monate alt, als die Kinder laut Mitteilung der Firma am 14. 4. 1945 „von den Müttern beim Abtransport mit fortgenommen" wurden.
StadtAN, C 21/XI Nr. 62 u. C 31/III Nr. 282-10719
Arolsen Archives, https://tinyurl.com/2p9x4duy

Michael Pu. **169**

1) 13. 3. 1944 in Nürnberg, Klinikum
5) Anna Maria Pu., verheiratet, 1915
6) Theodor Pu., 1894
Zum Vater:
8) von Paris, seit 7. 11. 1940 in Nürnberg
2) Markgrafenstraße 39, Ziegelgasse 56, Hagenstraße 9, Hintere Ledergasse 43, Gibitzenhofstraße 71, Tafelfeldstraße 29
9) Maschinenschlosser

Anna Maria Pu. war in Straßburg geboren und lebte seit 1933 in Nürnberg. Theodor Pu. war zunächst in der Ausländermeldekartei als Weißrusse registriert. Der Eintrag wurde gestrichen und durch staatenlos ersetzt.

Das Paar heiratete am 16. 10. 1943 in Nürnberg. Anna Maria war zu diesem Zeitpunkt im vierten Monat schwanger. Die Eheleute lebten nach der Hochzeit in der Tafelfeldstraße 29. Sie bekamen in Nürnberg am 31. 8. 1945 ein zweites Kind.
StadtAN, C 21/XI Nr. 63

Gertrud und Therese Ra. .... 170 u. 171
Zwillinge
1) 9. 1. 1944 in Nürnberg, Klinikum
5) Stanislawa Ra., ledig, 1918
7) Polen
8) von Noyelles, Frankreich, seit 9. 10. 1941 in Nürnberg
2) Voltastraße 89, *SAF-Lager*
(SAF = Süddeutsche Apparate Fabrik);
Platenstraße 19, *SAF-Lager*
Stadt AN C 21/XI Nr. 63

Marianne Ra. 172
1) 11. 3. 1945 in Nürnberg
5) Katharina Margarete Ra., ledig, 1905
6) Salvatore Mu., verwitwet, 1911, Schriftsteller
Zur Mutter:
7) Wendelstein, Landkreis Schwabach bei Nürnberg
Zum Vater:
7) von Italien, seit 12. 2. 1944 in Nürnberg
2) Alte Regensburger Straße 44, am 19. 4. 1945 nach Fürth i. Bay., *Lager* Königstraße 105

Katharina Ra. und der italienische Arbeiter Salvatore Mu. heirateten am 14. 7. 1945 in Fürth i. Bay. Das Kind war bei der Hochzeit vier Monate alt.
StadtAN, C 21/XI Nr. 54

Franz Re. 173
1) 10. 8. 1942 in Nürnberg, Klinikum
5) Franziska Re., verheiratet, 1921
6) Zdenek Re., 1913, Schreiner
7) Protektorat Mähren

Zur Mutter:
8) von Mährisch Schönberg, seit 6.9.1939 in Nürnberg
2) am 5.10.1940 abgemeldet nach Mährisch Schönberg;
31.12.1940 Nürnberg, Trierer Straße 30;
am 21.9.1942 abgemeldet nach Königsgrund/Sudetengau
9) Hilfsarbeiterin
Zum Vater:
8) von Krasice, Mähren,
seit 18.7.1939 in Nürnberg
2) Trierer Straße 30;
ab Dezember 1944 Ludwigstraße 36, Polizeipräsidium

Franziska Re. kehrte im Oktober 1940 im siebten Monat schwanger in ihren Heimatort zurück. Dort brachte sie am 8.12.1940 ihr erstes Kind, Zdenek, zur Welt. Drei Wochen nach der Entbindung kam sie mit dem Säugling in Nürnberg an. Die junge Familie wohnte in der Trierer Straße 30; ein zweites Kind, Franz, kam hinzu. Es war fünf Wochen alt, als die Mutter mit beiden Kindern im September 1942 nach Königsgrund/Sudetengau, ihrem Geburtsort, abgemeldet wurde.

StadtAN, C 21/XI Nr. 64

Anatolij Ri. 174

1) 10.11.1943 in Nürnberg, Rückerstraße 9, *Lager*
2) Rückerstraße 9, *Lager*
5) Jekaterina Ri., ledig, 1921, Landarbeiterin
7) Bezirk Dneprorpetrowsk, Ukraine
8) seit 2.7.1942 in Nürnberg
2) Rückerstraße 9, *Lager* von Staedtler
9) J.S. Staedtler Mars-Bleistiftfabrik, Rückertstraße 1;
Bleistiftarbeiterin

Anatolij Ri. war eines der *Ostarbeiterkinder* im Lager Rückertstraße 9. Er war ein Jahr und fünf Monate alt, als die Kinder laut Mitteilung der Firma am 14.4.1945 „von den Müttern beim Abtransport mit fortgenommen" wurden.

StadtAN, C 31/III Nr. 286-10982
Arolsen Archives, https://tinyurl.com/2p8twerb
Arolsen Archives, https://tinyurl.com/2p8dr9nr

Viktor Ro. 175

1) 5. 1. 1945 in Nürnberg
2) Ludwig-Feuerbach-Straße, *Lager*
5) Marija Ro.
7) Ukraine
2) Ludwig-Feuerbach-Straße, *Lager*
9) Hilfsarbeiterin
StadtAN, C 21/XI Nr. 66

Jarny Sa. 176

1) 15. 9. 1944 in Nürnberg, Klinikum
5) Anna Sa., ledig, 1913
7) Polen
8) seit 6. 11. 1941 in Nürnberg
2) Prechtelsgasse 16, *Gemeinschaftslager*
9) Revolverdreherin
StadtAN, C 21/XI Nr. 67

Gustav Sa. 177

1) 13. 10. 1944 in Nürnberg, Klinikum
5) Sabina Sa., ledig, 1923
7) Litzmannstadt (Lodz), Polen
8) von Litzmannstadt, seit 9. 9. 1941 in Nürnberg
2) Kreutzerstraße 69, Camerariusstraße 2
9) VDM Halbzeugwerke Niederlassung Nürnberg, Geiseestraße; Hilfsarbeiterin

Laut Mitteilung der VDM (= Vereinigte Deutsche Metallwerke) war Sabina Sa. am 11. 8. 1944 „aus [der] Firma ausgeschieden". Sie war zu diesem Zeitpunkt Ende des siebten Monats schwanger.
StadtAN, C 21/XI Nr. 67 u. C 31/IV Nr. 138

Nikolei Sa. 178

1) 2. 6. 1944 in Nürnberg
5) Wera Sa., verheiratet, 1914, Landarbeiterin
6) Dorofer Sa.
Zur Mutter:

7) Bezirk Kiew, Ukraine
8) von Neumarkt i. d. Opf., seit 24. 3. 1944 in Nürnberg
2) Veilhofstraße, *Lager*; ab 11. 6. 1944 Grolandstraße, *Lager*
9) Eisenwerk Tafel; Luftschutzpolizei; Kinderbetreuerin
Bei ihrer Ankunft in Nürnberg war Wera Sa. im siebten Monat schwanger. Ihre *Umvermittlung* aus dem Eisenwerk Tafel zur Luftschutzpolizei erfolgte nach der Geburt des Kindes.
StadtAN, C 31/III Nr. 290-11238
Arolsen Archives, https://tinyurl.com/8ddkt7dw

Michael Sa. **179**
1) 21. 1. 1945 in Nürnberg
5) Maria Sa., verheiratet, 1922
6) Nikolai Sa.
Zur Mutter:
7) Rußland
9) Fa. Schrottag, Bayerische Schrott-Aktiengesellschaft
StadtAN, C 31/IV Nr. 172
Arolsen Archives, https://tinyurl.com/4xkx8ver

Sina Sa. **180**
1) 30. 8. 1943 in Nürnberg
5) Jefrosinja Sa., verheiratet, 1925
6) Alexander Sa.
Zur Mutter:
7) Bezirk Dnepropetrowsk, Ukraine
8) seit 10. 7. 1942 in Nürnberg
9) Kabel- und Metallwerke Neumeyer Aktiengesellschaft;
ab 9. 9. 1943 Keim & Co., Fürther Straße 188; Hilfsarbeiterin
StadtAN, C 31/III Nr. 292-11335
Arolsen Archives, https://tinyurl.com/y6uke8ah

Wladimir Sch. **181**
1) 31. 7. 1943 in Nürnberg
2) Rückerstraße 9, *Lager*
5) Anna Sch.

8) von Neumarkt, *Lager, Sammeltransport,* seit 2.7.1942 in Nürnberg
2) Rückerstraße 9, *Lager*
9) J.S. Staedtler Bleistiftfabrik, Rückertstraße 1; Köchin im *Ostarbeiterlager*
Wladimir Sch. war eines der *Ostarbeiterkinder* im Lager Rückertstraße 9. Er war ein Jahr und acht Monate alt, als die Kinder laut Mitteilung der Firma am 14.4.1945 „von den Müttern beim Abtransport mit fortgenommen" wurden.
Arolsen Archives, https://tinyurl.com/y8khzvt3, https://tinyurl.com/2p9cjaej
Arolsen Archives, https://tinyurl.com/58tmxwyw

Marie Luise Sch. **182**
1) 27.2.1945 in Nürnberg, Klinikum
2) Klingenhofstraße 72, *Lager*
5) Marthe Sch.
7) Frankreich
2) Klingenhofstraße 72, *Lager*
9) Arbeiterin
StadtAN, C21/XI Nr. 69

Walja Sch.(w) **183**
1) 24.9.1943 in Nürnberg, Klinikum
2) Hasstraße 23, *Lager*
5) Anna Sch., verheiratet
6) Maksim Sch.
7) UdSSR
StadtAN, C 21/XI Nr. 70

Manfred Sch. **184**
1) 29.1.1945 in Nürnberg, Klinikum
5) Henriette Sch., ledig, 1923
7) Marchienne-au-Pont, Belgien
8) seit 1.11.1942 in Nürnberg
2) Wallensteinstraße 146
Henriette Sch. heiratete nach dem Krieg am 16.4.1946 in Nürnberg Johann B., geboren 1923, deutscher Staatsangehöriger, von Beruf Mechaniker.
StadtAN, C 21/XI Nr. 70

Wera Sch. 185

1) 3. 6. 1944 in Nürnberg, Rückertstraße 9, *Lager* Staedtler
2) Rückertstraße 9, *Lager* Staedtler
5) Maria Sch.
7) Ukraine
2) Rückertstraße 9, *Lager* Staedtler
9) J. S. Staedtler Mars-Bleistiftfabrik, Rückertstr 1; Bleistiftarbeiterin

Wera Sch. war eines der *Ostarbeiterkinder* im Lager Rückertstraße 9. Sie war zehn Monate alt, als die Kinder laut Mitteilung der Firma am 14. 4. 1945 „von den Müttern beim Abtransport mit fortgenommen" wurden.

StadtAN, C 21/XI Nr. 70
Arolsen Archives, https://tinyurl.com/52cjwenv

Lydia Sch. 186

1) 16. 9. 1944 in Nürnberg
2) Witschelstraße, *Gemeinschaftslager*
5) Jefrosinija Sch.
2) Witschelstraße, *Gemeinschaftslager*
9) Arbeiterin

StadtAN, C 21/XI Nr. 71

Michael Se. 187

1) 7. 8. 1944 in Nürnberg, Mommsenstraße 24
5) Pelagija Se., ledig, 1923
7) Ukraine
2) Stromerstraße 12
9) Hausmädchen

In der Mommsenstraße 24 befand (und befindet) sich das St. Theresien-Krankenhaus.

StadtAN, C 21/XI Nr. 71 u. C 31/III Nr. 306-12159a

Ursula Ingeborg Si. 188

1) 11. 1. 1945 in Nürnberg, Klinikum
5) Alma Si., geschieden
7) Estland

8) von Ostpreußen, seit 4.6.1944 in Nürnberg
2) Schanzäckerstraße 39, Obere Pirckheimerstraße 23
9) kaufmännische Angestellte
Als Alma Si. in Nürnberg ankam, war sie im zweiten Monat schwanger.
StadtAN, C 21/XI Nr. 71

Valentina Si. 189

1) 14.4.1943 in Nürnberg
5) Anna Si, verheiratet
6) Leonid Si.
Zu Mutter und Vater:
2) Ludwig-Feuerbach-Straße 77
StadtAN, C 21/XI Nr. 72

Marie Si. 190

1) 2.2.1944 in Neumarkt i.d.Opf., Durchgangslager
5) Nastia Si., verheiratet, 1922
6) Iwan Si., 1925
7) Ukraine
Zur Mutter:
9) Keim & Co. *Blechindustrie* Nürnberg, Fürther Straße 188
Zum Vater:
8) von Kitzingen, seit 29.2.1944 in Nürnberg
2) Regensburger Straße 215, DAF-*Lager*
9) städtische Fahrbereitschaft
Iwan Si. war am 29.2.1944 „mit zehn weiteren sowjetrussischen Arbeitskräften (Ukrainer) von der Fahrbereitschaft Kitzingen der Fahrbereitschaft Nürnberg zugewiesen worden". Am 17.8.1944 „wurden die insgesamt 380 Ostarbeiter der Fahrbereitschaft Nürnberg auf Anordnung des Gauarbeitsamtes Nürnberg [...] zurückgezogen und der Industrie zur Verfügung gestellt".
StadtAN, C 31/IV Nr. 40 u. Nr. 166
Arolsen Archives, https://tinyurl.com/3hmej23d
StadtANM Standesamt Durchgangslager, Geburten 1944 Nr. 81

Peter Si. 191

1) 3. 11. 1943 in Nürnberg, Klinikum
5) Maria Si., ledig, 1926, Landarbeiterin
7) Polen
8) seit 1. 6. 1942 in Nürnberg
2) Nürnberg-Buch, Seeweg 30;
am 31. 11. 1944 abgemeldet nach Poppenreuth bei Fürth
9) Magd

Mutter und Kind, es war inzwischen ein Jahr alt, hatten in Fürth ein Quartier in der Poppenreuther Straße 167.

Die Mutter heiratete nach dem Krieg am 21. 6. 1945 in Fürth den landwirtschaftlichen Arbeiter Ilko Pa., geboren 1922.

StadtAN, C 21/XI Nr. 72 u. C 31/III Nr. 393-16071
Arolsen Archives, https://tinyurl.com/yeb6732b

Dimitrij Sk. 192

1) 14. 3. 1945 in Nürnberg
5) Anna Sk., „in faktischer Ehe", 1924, Landarbeiterin
6) Andrej Sk., 1923, Landarbeiter
Zu Mutter und Vater:
7) Bezirk Poltawa, Ukraine
8) von Neumarkt i. d. Opf., Durchgangslager, seit 14. 12. 1942 in Nürnberg
2) Mettingstraße 1–3, *Gemeinschaftslager*
9) Lumophon-Werke, Schloßstraße 62–64; Metallarbeiterin und Dreher

StadtAN, C 31/III Nr. 309-12372/73
Arolsen Archives, https://tinyurl.com/yeyvwufx

Maria So. 193

1) 7. 9. 1943 in Nürnberg
5) Stanislawa So., ledig, 1918
7) Polen
8) seit 28. 1. 1942 in Nürnberg
2) Deutenbacher Straße 8,
seit 24. 9. 1943 in Kalchreuth (Landkreis Erlangen-Höchstadt)
9) landwirtschaftliches Dienstmädchen

StadtAN, C 21/XI Nr. 73

Roman So. **194**

1) 24.9.1944 in Nürnberg
5) Maria So., ledig, 1924
7) Polen
2) Obere Kanalstraße 22, Agnesgasse 3
9) Hausgehilfin

Laut Ausländermeldekartei wurde „das Anwesen [Agnesgasse 3] beim Angriff am 3.10.1944 zerstört; Aufenthalt (von Maria So.) zur Zeit unbekannt".
StadtAN, C 21/XI Nr. 73

Lubitza St. **195**

1) 8.4.1944 in Nürnberg, Klinikum
2) ab 17.4.1944 Neudörferstraße 8
5) Mila St., ledig, 1921
7) Mitrovica, Jugoslawien
8) von Mitrovica, seit 10.8.1943 in Nürnberg
2) Heisterstraße, *Gemeinschaftslager*; Frauentorgraben 61, *Frauenlager* SSW; ab 8.1.1944 Schlehengasse 2 (Gaststätte Bäckerhof); ab 17.4.1944 Neudörferstaße 8
9) Siemens-Schuckertwerke (SSW); ab 17.4.1944 Haeberlein-Metzger AG; Arbeiterin

Mila St. war im sechsten Monat schwanger, als sie von den Siemens-Schuckertwerken, in denen sie arbeitete, in der Schlehengasse 2 untergebracht wurde. Von dort kam sie zur Entbindung ins Klinikum. Neun Tage später wurde sie mit dem Neugeborenen der Firma Haeberlein-Metzger „für unser Säuglingsheim zugewiesen".
StadtAN, C 21/XI Nr. 74 u. C 31/IV Nr. 57

Grigorij St. **196**

1) 15.10.1944 in Nürnberg, Rückerstraße 9, *Lager* der Fa. Staedtler
2) Rückerstraße 9, *Lager* der Fa. Staedtler
5) Marija St., ledig, 1923, Landarbeiterin
7) Bezirk Dnepropetrowsk, Ukraine
8) seit 2.7.1942 in Nürnberg
2) Rückerstraße 9, *Lager* der Fa. Staedtler
9) J.S. Staedtler Mars-Bleistiftfabrik, Rückertstraße 1; Bleistiftarbeiterin

Grigorij St. war eines der *Ostarbeiterkinder* im Lager Rückertstraße 9. Er war sechs Monate alt, als die Kinder laut Mitteilung der Firma am 14. 4. 1945 „von den Müttern beim Abtransport mit fortgenommen" wurden.
StadtAN, C 31/III Nr. 316-12764
Arolsen Archives, https://tinyurl.com/yymtn6fm, https://tinyurl.com/4h3fsmj2

Wilhelm St. 197
1) 27. 5. 1943 in Nürnberg
5) Katharina St., verheiratet, 1913
6) Karl St., 1903
7) Jugoslawien
Zum Vater:
8) seit 30. 9. 1941 in Nürnberg
2) Alte Regensburger Straße 44, *Lager* der DAF;
ab 25. 4. 1942 Spittlertormauer 13 – „ganze Familie"
9) Bohrer
Karl St. wohnte in der Spittlertormauer 13 „mit der ganzen Familie" – mit seiner Ehefrau und den beiden Kindern Aloisia (geb. 1932) und Yasefina (geb. 1933). Laut Eintrag in der Ausländermeldekartei vom 10. Mai 1943 erwarb der Vater für seine Person „die deutsche Staatsangehörigkeit auf Widerruf – nach einem Gesetz über den Erwerb der Staatsangehörigkeit in den befreiten Gebieten der Untersteiermark und Oberkrain vom 10. 2. 1942; die Ehefrau und die beiden Kinder haben noch die jugoslawische Staatsangehörigkeit", wurde vermerkt.
StadtAN, C 21/XI Nr. 75
Arolsen Archives, https://tinyurl.com/2p89efa5

Christine und Sigmund Su. .... 198 u. 199
Zwillinge
1) 4. 4. 1945 in Nürnberg
5) Anna Su., ledig, 1919
7) Polen
8) von Diepersdorf (Landkreis Nürnberger Land), seit 9. 4. 1942 in Nürnberg
2) Almoshofer Hauptstraße 105
9) Dienstmagd
StadtAN, C 21/XI Nr. 76

Erika Sz. 200

1) 17. 12. 1943 in Nürnberg-Eibach

5) Michaelina Sz., ledig, 1919

7) Polen

8) von Weinzierlein (Landkreis Fürth), seit 4. 9. 1941 in Nürnberg

2) Zeitenwendeplatz 7 (Eibach)

9) landwirtschaftliche Arbeiterin

StadtAN, C 21/XI Nr. 76

Halina Sz. 201

1) 18. 12. 1944 in Nürnberg

5) Jrena Sz., ledig, 1925

7) Polen

8) von München, seit 4. 4. 1944 in Nürnberg

2) Klingenhofstraße 72, *Lager*

Als Jrena Sz. in Nürnberg ankam, war sie möglicherweise schon schwanger.

StadtAN, C 21/XI Nr. 76

Arolsen Archives, https://tinyurl.com/34yhna3u

Miriana Te. 202

1) 20. 2. 1945 in Nürnberg

5) Natalya Te., ledig, 1925

7) Serbien

8) von München, seit 4. 4. 1944 in Nürnberg

2) Klingenhofstraße 72, *Lager*

9) Hilfsarbeiterin

StadtAN, C 21/XI Nr. 77

Arolsen Archives, https://tinyurl.com/2ab7hefc

Edith Martha To. 203

1) 6. 12. 1943 in Nürnberg, Klinikum

2) Bogenstraße 12; 24. 5. 1944 abgemeldet nach Dombovar, Ungarn; laut *Meldeblatt* 11. 9. 1944 Pfälzerstraße 3, Kinderheim St. Ludwig; am 3. 3. 1945 abgemeldet nach Neunkirchen a. Brand, Landkreis Forchheim

5) Maria To., ledig, 1917

7) Dombovar, Ungarn

8) seit 23. 5. 1942 in Nürnberg

2) Bogenstraße 12; 6. 3. 1944 Peter Vischerstraße 27;
17. 3. 1944 abgemeldet nach Windsheim, Landkreis Neustadt a. d. Aisch;
30. 6. 1944 Nürnberg, Holzgartenstraße 7; 3. 8. 1944 Conradtystraße 15
(Ledigenheim), 11. 12. 1944 Eilgutstraße 7 (*Reichsbahnlager*)

9) Arbeiterin

Laut Ausländermeldekartei wurde das Kind am 24. 5. 1944 nach Dombovar, in den Heimatort der Mutter, abgemeldet. Einem Aufenthalt des Kindes in Dombovar steht entgegen, dass es kurz nach der Geburt vom 15. 12. 1943 bis 7. 6. 1944 und vom 17. 6. bis 9. 9. 1944 in der städtischen Säuglingsklinik aufgenommen war. Der Grund dafür ist nicht bekannt. Nach seinem Aufenthalt in der Säuglingsklinik kam das inzwischen neun Monate alte Mädchen in das katholische Kinderheim St. Ludwig. Am 2. 3. 1945 brachte Maria To. ein zweites Kind zur Welt, Elfriede Monika. Das Mädchen wurde nur sechs Tage alt.

StadtAN, C 21/XI Nr. 78
Arolsen Archives, https://tinyurl.com/59chrbsu
zu Elfriede Monika To. siehe Nr. 308

Wladimer To. 204

1) 25. 6. 1944 in Nürnberg

2) Ludwig-Feuerbach-Straße 77, *Lager*

5) Irina To., verheiratet, 1919, Landarbeiterin

6) Nikolai To., 1913, Heizer
Zu Mutter und Vater:

7) Bezirk Dneprepetrowsk, Ukraine

8) seit 12. 7. 1942 in Nürnberg

9) Victoria-Werke A.G. Nürnberg, Ludwig-Feuerbach-Straße 59;
angelernte Fräserin, Hilfsschlosser

StadtAN, C 21/XI Nr. 78 u. C 31/III Nr. 324-13270/71

Horst Tr. 205

1) 11. 5. 1943 in Nürnberg, Klinikum

5) Angela Tr., verheiratet, 1918

7) Frankreich

8) von Fürth i. Bay., seit 23. 5. 1942 in Nürnberg

2) Johannisstraße 80; ab 10. 10. 1942 Pachelbelstraße, *Lager*;
ab 6. 4. 1943 Wiesenstraße 18; am 14. 5. 1943 nach Frankreich
abgemeldet, ab 10. 6. 1943 in Nürnberg, Am Anger 30

Als Angela Tr. im Lager Pachelbelstraße untergebracht wurde, war sie im zweiten Monat schwanger. Hochschwanger kam sie von dort in ein Quartier in der Wiesenstraße 18. Laut Mitteilung des Standesamts Nürnberg ist „das Kind außerehelich geboren".

Im Juli 1944 brachte Angela Tr. in Nürnberg ein zweites Kind, Peter Friedrich, zur Welt.

StadtAN, C 21/XI Nr. 79

Peter Friedrich Tr., Bruder von Horst Tr. **206**

1) 21. 7. 1944 in Nürnberg

Informationen zur Mutter unter Horst Tr., Nr. 205

StadtAN, C 21/XI Nr. 79

Wladimir Tr. **207**

1) 27. 6. 1944 in Weißenburg i. Bay.
2) seit 6. 7. 1944 in Nürnberg
5) Marija Tr., verheiratet, 1922, Landarbeiterin
6) Wassilij Tr., 1922, Landarbeiter
Zu Mutter und Vater:
7) Bezirk Saporoschje, Ukraine
8) von Neumarkt i. d. Opf., seit 10. 8. 1943 in Nürnberg
2) Klingenhofstraße, *Lager*
9) Kabel & Metallwerke Neumeyer A.G., Nürnberg, Klingenhofstraße;
Streifenwäscherin/Hilfsarbeiterin; Hilfsarbeiter

Laut Ausländermeldekartei erfolgte der *Zuzug* von Mutter und Kind aus Weißenburg nach Nürnberg neun Tage nach der Entbindung am 6. 7. 1944.

StadtAN, C 21/XI Nr. 79 u. C 31/III Nr. 326-13353/54

Valentina Tr. **208**

1) 22. 10. 1944 in Nürnberg, Klinikum
5) Jewdokja Tr., 1921, ledig
7) UdSSR
8) von Wien Altdorf, seit 9. 6. 1944 in Nürnberg

2) Lerchenbühlstraße 24
9) Magd
Jewdokja Tr. war bei ihrer Ankunft in Nürnberg bereits im fünften Monat schwanger.
StadtAN, C 21/XI Nr. 79
Arolsen Archives, https://tinyurl.com/yc2htc5v

Miltiadis Alois Ts. **209**
1) 5. 7. 1943 in Nürnberg, Klinikum
5) Anna Ts., verheiratet, 1923
6) Spiridon Ts., 1924
Zum Vater:
7) Griechenland
8) seit 1942 in Nürnberg
2) Brettergartenstraße 53
9) Maschinen- und Apparate-Bau Haas & Matthes, Nürnberg; Schlosser
Die Mutter des Kindes war Deutsche, der Vater Grieche. Das Kind wurde *außerehelich* geboren; die Eltern heirateten nach seiner Geburt. Die Familie ging nach Kriegsende nach Griechenland.
StadtAN, C 21/XI Nr. 79
Arolsen Archives, https://tinyurl.com/mr97cmms

Katarina Tsch. **210**
1) 6. 1. 1944 in Nürnberg
2) Rückertstraße 9, *Lager* der Bleistiftfabrik Staedtler
5) Galina Tsch., ledig, 1925, Landarbeiterin
7) Bezirk Dnepropetrowsk, Ukraine
8) seit 2. 7. 1942 in Nürnberg
9) J. S. Staedtler-Mars-Bleistiftfabrik, Nürnberg; Bleistiftarbeiterin
Katarina Tsch. war eines der *Ostarbeiterkinder* im Lager Rückertstraße 9. Sie war ein Jahr und drei Monate alt, als die Kinder laut Mitteilung der Firma am 14. 4. 1945 „von den Müttern beim Abtransport mit fortgenommen" wurden.
StadtAN, C 31/III Nr. 328-13470
Arolsen Archives, https://tinyurl.com/2r6s6emx
Arolsen Archives, https://tinyurl.com/3da9xkx4

Antonius Tsch. **211**

1) 23.6.1944 in Nürnberg, Ludwig-Feuerbach-Straße 77, *Lager*
2) Ludwig-Feuerbach-Straße 77
5) Natalija Tsch., verheiratet, 1922, Landarbeiterin
7) Bezirk Dnepropetrowsk, Ukraine
8) seit 6.7.1942 in Nürnberg
2) Ludwig-Feuerbach-Straße 77
9) Victoria-Werke A.G., Werk I, Ludwig-Feuerbach-Straße 53; angelernte Dreherin

StadtAN, C 31/III Nr. 328-13490

Swidlana Tsch. **212**

1) 31.1.1945 in Nürnberg
5) Jelena Tsch., ledig, 1923, Arbeiterin in einer Spritfabrik
7) Bezirk Kiew, Ukraine
8) seit 16.6.1942 in Nürnberg
2) Komotauerstraße, *Lager*
9) Heinrich Diehl G.m.b.H. Nürnberg, Stephanstraße 49; Metall-/Lagerarbeiterin

StadtAN, C 31/III Nr. 329-13551
Arolsen Archives, https://tinyurl.com/224a5ph3

Torga Tsch. (w) **213**

1) 29.7.1943 in Nürnberg, Klinikum
2) *Durchgangslager für Ostarbeiter, Neumarkt/Oberpfalz*
5) Raisa Tsch., ledig, 1922
7) Rußland
2) Reuth, Haus Nr. 4, Gemeinde Gersdorf, Landkreis Nürnberg
9) landwirtschaftliche Arbeiterin

Die Mutter des Kindes starb einen Tag nach der Entbindung am 30.7.1943. Als Todesursache wurde „Placenta pravis“ und „Herzschwäche“ eingetragen. Das Neugeborene kam laut Ausländermeldekartei ins *Durchgangslager für Ostarbeiter* in Neumarkt/Opf.

StadtAN, C 21/XI Nr. 79 u. C 27/II Nr. 2832/1319

NN Tsch. (w) **214**

1) 19. 8. 1944 in Weißenburg i. Bay., *Ostarbeiterlager*

2) seit 22. 8. 1944 in Nürnberg, Allersberger Straße 190, *Gemeinschaftslager*

5) Raisa Tsch., ledig 1925

6) Velemir Dy, 1919

Zur Mutter:

7) Ukraine

2) Allersberger Straße 190, *Gemeinschaftslager*

9) TEKADE Süddeutsche Telefon-Apparate, Kabel- und Drahtwerke AG

Der Vater des Kindes war „ein serbischer Kriegsgefangener, welcher am 22. 7. 1944 verstorben ist“, schrieb die TEKADE zwei Tage nach dem Eintreffen von Mutter und Neugeborenem in Nürnberg an das Ausländeramt im Polizeipräsidium Nürnberg-Fürth. Obige Informationen entstammen diesem Schreiben. Der Vorname des Kindes ist nicht genannt.

StadtAN, C 31/IV Nr. 130

Viktor Tsch. **215**

1) 11. 4. 1944 in Weißenburg i. Bay.

2) seit 19. 4. 1944 in Nürnberg, Neudörferstraße 8

5) Jakelina Tsch., ledig, 1917

7) UdSSR

2) Muggenhofer Straße 135; seit 19. 4. 1944 Neudörferstraße 8

9) AEG; seit 19. 4. 1944 Haeblerlein-Metzger; Montiererin

Die Mutter und ihr acht Tage altes Neugeborenes wurden der Firma Haeberlein-Metzger „vom Arbeitsamt zugewiesen“.

StadtAN, C 31/IV Nr. 57 u. C 21/XI Nr. 79

Gregor Tsch. **216**

1) 28. 1. 1945 in Nürnberg, Klinikum

2) Witschelstraße 127, DAF-*Gemeinschaftslager*

5) Hascha Tsch., ledig, 1920, Landarbeiterin

7) Bezirk Schitomir, Ukraine

8) seit 4. 12. 1942 in Nürnberg

2) Witschelstraße 127, DAF-*Gemeinschaftslager*

9) Fa. Georg Beißbarth Metallwarenfabrik Nürnberg, Fürther Straße 40; Maschinenarbeiterin

StadtAN, C 21/XI Nr. 79 u. C 31/III Nr. 330-13627

Irene Emilia Uk. **217**

1) 29. 6. 1944 in Nürnberg, Klinikum

2) seit 29. 7. 1944 Veilhofstraße 36

5) Izabella Uk., ledig, 1912,

7) Bezirk Lemberg (Lwiw), Ukraine

8) von Heroldsberg, Landkreis Erlangen-Höchstadt;
seit 16. 10. 1943 in Nürnberg

2) Untere Grasersgasse 7, 29. 7. 1944 Veilhofstraße 36, 18. 9. 1944
Veilhofstraße 91 *Lager*, 13. 10. 1944 Äußere Sulzbacher Straße 65

9) Küchenhilfe, Hausgehilfin

Izabella Uk. war bei ihrer Ankunft in Nürnberg möglicherweise bereits schwanger. Nach der Entbindung lebte sie mit dem vier Wochen alten Säugling in einem Quartier in der Veilhofstraße 36. Aus diesem kam sie knapp zwei Monate später in das Lager in der Veilhofstraße 91. Was zu diesem Zeitpunkt mit dem Kind geschah ist, offen.

Die Spur von Mutter und Kind fand sich nach Kriegsende in Nürnberg wieder, als die Mutter sich um die Auswanderung nach Frankreich oder Kanada bemühte. Sie wurde als Polin klassifiziert. Neben Polnisch, Russisch und Ukrainisch sprach sie Französisch und Deutsch. Als Beruf gab sie Köchin und in einem Hotel beschäftigt an, auch Schneiderin nannte sie. Izabella Uk. hatte Glück und durfte in die USA einwandern, wo sie als Hausangestellte unterkam – mit ihrem Kind, das inzwischen im Kindergartenalter war.

StadtAN, C 21/XI Nr. 79

Arolsen Archives, https://tinyurl.com/mtjjxdhr u. https://tinyurl.com/y73pb7cf

Adam Heinrich Uk. **218**

Cousin von Irene Emilia Uk.

1) 27. 3. 1945 in Nürnberg, Klinikum

2) Allfahrtstraße 1

5) Emilia Uk., ledig, 1923

7) Bezirk Lemberg (Lwiw), Ukraine

8) von Heroldsberg, Landkreis Erlangen-Höchstadt;
seit 30. 7. 1943 in Nürnberg

2) Karolinenstr. 15; Pfannenschmiedsgasse 20, Hotel Blaue Traube;
6. 3. 1944 abgemeldet nach Langenzenn;
ab 1. 4. 1944 in Nürnberg, Allfahrtstraße 1

9) Hausangestellte
Emilia Uk. war die Schwester von Izabella Uk. und Namensgeberin für den zweiten Vornamen ihrer Nichte Irene Emilia (s.o.). Zwei Monate nach der Geburt ihres Sohnes Adam Heinrich, der Krieg war inzwischen zu Ende, heiratete Emilia Uk. am 25. 5. 1945 in Fürth i. Bay. den Vater ihres Kindes, Henryk Sl.
StadtAN, C 21/XI Nr. 79
Arolsen Archives, https://tinyurl.com/2p84t8a7
Nachtrag zur Allfahrtstraße: Sie war 1933–1945 nach Felix Allfahrt, einem 1923 getöteten *Hitlerputschisten* benannt. Im Zuge der Entnazifizierung der Straßen- und Ortsbezeichnungen wurde sie 1945 nach dem Dorf Kammerstein bei Schwabach benannt (siehe Lexikon der Nürnberger Straßennamen).

Vera Ul. **219**
1) 26. 3. 1944 in Nürnberg
5) Anna Ul., verheiratet, 1923, Laborantin
6) Musie Ul.
Zur Mutter:
7) Kobeljaky, Bezirk Poltawa, Ukraine
8) von Erlangen, seit 4. 2. 1944 in Nürnberg
2) Gartenstraße 17, *Lager*
9) Fa. Arnold & Co., Deutschherrnstraße 47; Maschinenarbeiterin
Als Anna Ul. in Nürnberg ankam, war sie bereits im achten Monat schwanger.
StadtAN, C 31/III Nr. 332-13702; Arolsen Archives, https://tinyurl.com/2ktwch4f

Diana Un. **220**
1) 13. 4. 1943 in Nürnberg, Klinikum
5) Gabriella Un., ledig, 1918
7) Hansbeke, Belgien
8) von Hansbeke, seit 23. 5. 1942 in Nürnberg
2) Hintere Beckschlagergasse 36; ab 18. 4. 1943 Untere Grasersgasse 12
9) Hausgehilfin
Die Mutter des Kindes heiratete knapp drei Monate nach der Entbindung am 6. 7. 1943 den rumänischen Staatsangehörigen Karl Johann Sch (geb. 1914). Das Kind wurde *legitimiert.*
StadtAN, C 21/XI Nr. 80

Swetlana Us. 221

1) 7.7.1944 in Weißenburg i. Bay.
2) seit 14.7.1944 in Nürnberg, Neudörferstraße 8
5) Serafina Us., 1915
2) seit 14.7.1944 Neudörferstraße 8
9) Diehl; seit 14.7.1944 Haeberlein-Metzger

Die *Ostarbeiterin* Serafina Us. wurde der Firma Haeberlein-Metzger vom Arbeitsamt zugewiesen, meldete diese der Ausländerpolizei.

StadtAN, C 31/IV Nr. 57

Willi Joseph Va. 222

1) 31.7.1943 in Nürnberg, Klinikum
2) Ottostraße 13
5) Clara Jeanette Va., ledig, 1917
7) Belgien
8) von Belgien, seit 26.1.1942 in Nürnberg
2) Ottostraße 13
9) Hausangestellte

Rudolph Va., Bruder von Willi Joseph Va. 223

1) 21.11.1944 in Nürnberg, Klinikum
5) Clara Jeanette Va. (siehe Willi Joseph Va.)

Die Mutter der beiden Buben heiratete 1957 den deutschen Staatsangehörigen Christian St. (geb. 1907).

StadtAN, C 21/XI Nr. 80

Guy Marceau Ve. (m) 224

1) 13.3.1945 in Nürnberg, Klinikum
5) Susanne Ve., 1922
7) Remiremont, Département Vosges (Vogesen), Frankreich
8) von Remiremont, seit 14.10.1942 in Nürnberg
2) 1942: Johannisstraße 80, Eibacher Hauptstraße 25; 1943: Lager Wiesenstraße, Pachelbelstraße, SSW-Lager, Frauentorgraben 61; 1944: Eibacher Hauptstraße, Sudetendeutsche Straße 80, SSW-Lager; o. D. Schlehengasse *Gemeinschaftslager* (Gaststätte Bäckerhof)
9) Arbeiterin

Laut Geburtsurkunde ihres Kindes war Susanne Ve. zum Zeitpunkt der Niederkunft im *Gemeinschaftslager* Schlehengasse untergebracht.
StadtAN, C 21/XI Nr. 81

Jan Alexander Verbaan **225**

1) 16.12.1944 in Nürnberg, Klinikum
2) ab 24.12.1944 Leyher Straße 46d
5) Cornelia Verbaan, ledig, 1923
6) Antoni Lisowski
Zur Mutter:
7) Holland
8) aus Holland, seit 21.8.1942 in Nürnberg
2) Fürther Straße 57, ab 10.10.1944 Königstraße 27,
ab 1.11.1944 Siegelsdorfer Straße 10,
ab 24.12.1944 Leyher Straße 46d
9) Opernhaus, Hilfskraft in Küche und Kantine; ab Herbst 1944
Gaststätte *Mohrenkeller*, Königstraße, Hilfskraft in der Küche
Zum Vater:
7) Polen
2) ab Herbst 1944 Leyher Straße 46d
9) Opernhaus, Bühnenarbeiter;
ab Herbst 1944 Maschinenfabrik Paul Leistritz

Nach Kriegsende wurde die dreiköpfige Familie von den Amerikanern in einem Zimmer in der ehemaligen SS-Kaserne untergebracht. Cornelia Verbaan und Antoni Lisowski wurden im amerikanischen Standesamt als Ehepaar registriert. Im Juni 1945 verließen sie Nürnberg.
StadtAN, C 21/XI Nr. 81 u. Verbaan-Lisowska, Erinnerungen

Zarko Ve. (m) **226**

1) 28.9.1943 in Nürnberg, Klinikum
5) Ljepojka Ve., verheiratet, 1917
6) Bozidar Ve., 1912
Zur Mutter:
7) Kroatien
8) von Tuzla, Kroatien, seit 2.12.1942 in Nürnberg
2) Äußere Sulzbacher Straße

Zum Vater:
7) Kroatien
8) von Tuzla, Kroatien, seit 9. 12. 1941 in Nürnberg
2) Fichtestraße 41, *Lager* der Fa. Scharlach
9) Hilfsarbeiter
Die Stadt Tuzla liegt in Bosnien-Herzegowina.
StadtAN, C 21/XI Nr. 81

Josephina van Vl. 227
1) 19. 10. 1944 in Nürnberg
5) Maria van Vl., verheiratet, 1922
6) Corneil van Vl., 1922, Musiker
Zur Mutter:
7) Belgien
Zum Vater:
7) Belgien
8) von Stuttgart, seit 1. 1. 1944 in Nürnberg
2) Pfannenschmiedsgasse 22, Schwanhardtstraße 27, Hafenstraße 166
Die Eltern des Kindes hatten am 8. 2. 1944 in Antwerpen geheiratet. Sieben Tage nach der Eheschließung war der Ehemann wieder in Nürnberg gemeldet.
StadtAN, C 21/XI Nr. 82

Petrus Hendricus Maria Vr. 228
Zwilling
1) 10. 1. 1943 in Nürnberg, Klinikum
2) Bahnhofstraße 118, Feucht bei Nürnberg
5) Rida Wilhelmina Vr., verheiratet, 1915
6) Hendrikus Florentius Marius Vr., 1909
Zur Mutter:
7) Holland
8) von Vught, Holland; seit 27. 8. 1942 in Nürnberg
2) Königstraße 78; ab 10. 9. 1942 Ebenseestraße 9
9) Gasthof Pillhofer; Hausgehilfin
Zum Vater:
7) Holland
8) von Vught, Holland, seit 3. 7. 1942 in Nürnberg

2) Königsstraße 78; ab 10. 9. 1942 Ebenseestraße 9;
am 30. 11. 1942 abgemeldet nach Feucht bei Nürnberg
9) Lagerarbeiter
Die Eltern hatten am 26. 5. 1942 in Vught geheiratet. Wenige Wochen nach der Hochzeit kam das Paar voneinander getrennt in Nürnberg an. Die Ehefrau war bei ihrer Ankunft etwa im fünften Monat schwanger. Sie brachte in Nürnberg Zwillinge zur Welt, einen Jungen und ein Mädchen. Der Junge überlebte. Das Mädchen, Margareta Wilhelmine Maria, starb zwei Tage nach der Geburt.
StadtAN, C 21/XI Nr. 82, C 31/III Nr. 431-17151 u. C 27/II Nr. 2824/70
zu Margareta Wilhelmine Maria Vr. siehe Nr. 314

Miroslawa Wa. (w) 229
1) 12. 10. 1944 in Nürnberg
2) Veilhofstraße 91, *Lager*
5) Tola Wa.
7) Polen
StadtAN, C 21/XI Nr. 83

Wera Wi. 230
1) 6. 1. 1944 in Nürnberg
5) Hala Wi., verheiratet
6) Iwan Wi., Bauer
Zu Mutter und Vater:
7) Russland
2) Brückenstraße 31, *Lager*
StadtAN, C 21/XI Nr. 84

Lydia Wl. 231
1) 20. 10. 1944 in Nürnberg
2) Veilhofstraße 91, *Lager*
5) Pascha Wl., verheiratet
6) Michaelo Wl.
Zu Mutter und Vater:
7) Ukraine
StadtAN, C 21/XI Nr. 85

Ljudmilla Wo. 232

1) 10. 11. 1944 in Nürnberg

2) Feuerbachstraße 94, *Lager*

5) Nadeschda Wo., ledig, 1924, Krankenschwester

7) Kiew, Ukraine

8) von Kiew, seit 1942 in Nürnberg

2) Feuerbachstraße 94, *Lager*

9) Frühwald und Jäger;
Hilfsarbeiterin

StadtAN, C 21/XI Nr. 85 und C 31/III Nr. 338-14092

Nickoley [Nikolaij] Wo 233

1) 12. 9. 1944 in Nürnberg

2) Rückertstraße 9, *Lager*

5) Anfisa Wo., verheiratet

6) Andrej Wo.
Zu Mutter und Vater:

7) Ukraine

Nickoley Wo. war eines der *Ostarbeiterkinder* im Lager Rückertstraße 9. Das Kind war dort unter dem Mädchennamen der Mutter registriert. Es war sieben Monate alt, als die Kinder laut Mitteilung der Firma am 14. 4. 1945 „von den Müttern beim Abtransport mit fortgenommen" wurden.

StadtAN, C 21/XI Nr. 85

Arolsen Archives, https://tinyurl.com/mrxnwapr

Peter Wo. 234

1) 1. 3. 43 in Nürnberg

2) Rückertstraße 9, *Lager* Staedtler

5) Anna Wo., verheiratet, 1922, Landarbeiterin

6) Piotr Wo., 1917, Traktorist
Zu Mutter und Vater:

7) Bezirk Dnepropetrowsk, Ukraine

8) seit 2. 7. 1942 in Nürnberg

2) Rückertstraße 9, *Lager* Staedtler

9) J. S. Staedtler Mars-Bleistiftfabrik, Rückertstraße;
Hilfsarbeiter*in

Maria Wo., Schwester von Peter Wo. 235

1) 16. 3. 1944 in Nürnberg

2) Rückertstraße 9, *Lager* Staedtler

Informationen zu Mutter und Vater siehe oben bei Peter Wo., Nr. 234

Peter und seine Schwester Maria Wo. waren zwei der *Ostarbeiterkinder* im Lager Rückertstraße 9. Peter war zwei Jahre und einen Monat, seine Schwester ein Jahr und einen Monat alt, als die Kinder laut Mitteilung der Firma am 14. 4. 1945 „von den Müttern beim Abtransport mit fortgenommen" wurden.

StadtAN, C 31/III Nr. 339-14121/122 u. C 21/XI Nr. 85

Arolsen Archives, https://tinyurl.com/bdf2ayh3

Arolsen Archives, https://tinyurl.com/h4yd33dh

Charlotte Eleonora Za. 236

1) 19. 4. 1943 in Nürnberg

5) Meta Eleonora Za., verheiratet, 1923

6) Anton Za., 1912, Elektromonteur

Zur Mutter:

7) Nürnberg, Deutschland

2) Kernstraße 45

Zum Vater:

7) Slowakei

8) von Charleroi, Belgien; seit 1. 11. 1940 in Nürnberg

2) Sperlingstraße 14; am 19. 8. 1943 abgemeldet nach Charleroi

9) Siemens-Schuckertwerke; Elektromonteur

Die Eltern hatten am 20. 2. 1943, zwei Monate vor der Geburt des Kindes, in Nürnberg geheiratet.

StadtAN, C 31/III Nr. 437-17296

Arolsen Archives, https://tinyurl.com/yf3u9cfb

Nikolai Zi. 237

1) 13. 6. 1943 in Nürnberg

5) Olga Zi.

6) Andre Zi., Arbeiter

Zu Mutter und Vater:

2) Brückenstraße 31, Lager

StadtAN, C 21/XI Nr. 86

Verstorbene Fremdarbeiterkinder

Wasilij Alexandrow 238

1) 27. 1. 1945 in Weißenburg i. Bay.
2) in Nürnberg, Witschelstraße, *Gemeinschaftslager* der DAF
3) 11. 2. 1945 in diesem Lager, „Lebensschwäche seit Geburt“
4) zwei Wochen
5) Daria Alexandrowa, ledig
StadtAN, C 41 o. Nr., Eintrag Nr. 308 u. C 27/II Nr. 3071/ 882

Damara Babenko 239

1) 8. 5. 1944 in Nürnberg, Klinikum
2) Sigmundstraße 40, Gemeinschaftslager
3) 20. 3. 1945 in diesem Lager, Todesursache unbekannt
4) zehn Monate
5) Nina Babenko, ledig
StadtAN, C 27/II Nr. 3075/1555

Karl Dieter Baudoin 240

1) 7. 4. 1942 in Nürnberg
2) Äußere Rollnerstraße 27
3) 8. 7. 1942 in dieser Wohnung, „tot im Bett aufgefunden“
4) drei Monate
5) Lucie Baudoin, ledig, 1921
7) Frankreich
8) von Pleurtuit, Bretagne, Frankreich, seit 15. 6. 1941 in Nürnberg
9) Hausangestellte, Äußere Rollnerstraße 27
Der Tod des Kindes wurde „auf schriftliche Anzeige des Oberstaatsanwalts beim Landgericht Nürnberg“ beim Standesamt registriert.
StadtAN, C 27/II Nr. 2268/1005 u. C 21/XI Nr. 5

Michel Belewitsch 241

1) 21. 2. 1945 in Nürnberg
2) Ziegelsteinstraße, *Lager* der Baufirma Luda
3) 5. 3. 1945 in diesem Lager
4) zwölf Tage

5) Fjockla Belewitsch, geb. Paxuka, verheiratet, 1897,
6) Fjodor Belewitsch, 1896
7) Rußland
8) aus Briest, Westhavelland, Brandenburg; seit 27. 8. 1944 in Nürnberg
9) Baufirma Georg Luda

Die Eltern hatten am 2. 2. 1924 in Rußland geheiratet. Fjockla Belewitsch war bei ihrer Ankunft in Nürnberg im dritten oder vierten Monat schwanger.

StadtAN, C 27/II Nr. 2308/966 u. C 31/ III Nr. 173-4191/4192

Wikdor Bilnizka **242**

1) 14. 2. 1944 in Nürnberg, Klinikum
2) Platenstraße 45, *Gemeinschaftslager*
3) 3. 9. 1944 in diesem Lager, „Lebensschwäche“
4) sechs Monate
5) Halina Bilnizka, geb. Naida, verheiratet, 1923
6) Nikolai Bilnizka
7) Ukraine
Zur Mutter:
9) Süddeutsche Apparate-Fabrik GmbH,
Fabrik für elektrische und Fernsprechapparate, Nürnberg, Platenstraße
Zum Vater:
9) Schlosser, Nürnberg

StadtAN, C 27/II Nr. 3058/1657, C 41 o. Nr., Eintrag Nr. 233 u. C 31/IV Nr. 128

Heinrich Johann Buchwald **243**

1) 28. 6. 1944 in Nürnberg, Klinikum
2) Hasstraße 25, *Gemeinschaftslager*
3) 24. 8. 1944 in der städtischen Säuglingsklinik, Kirchenweg 48, „Ernährungsstörung“
4) knapp zwei Monate
5) Stanislawa Buchwald, ledig, 1920
7) Litzmannstadt (Lodz), Polen
8) von Bayreuth, seit 2. 3. 1942 in Nürnberg
2) Veilhofstraße 91, Nimrodstraße 25, Hübnersplatz 2
(Gaststätte Englischer Hof), seit 24. 5. 1943 Hasstraße 25, *Lager*

StadtAN, C 41 o. Nr., Eintrag Nr. 228, C 27/II Nr. 2840/903 u. C 21/ XI Nr. 11

Duschanka Burazer 244

1) 12. 9. 1944 in Nürnberg
2) Hasstraße 25, *Lager*
3) am 21. 2. 1945 beim Luftangriff auf Nürnberg
im Lager Redtenbacherstraße getötet
4) fünf Monate
5) Zorka Burazer, geb. Novakovic, verheiratet, 1916
8) von Berlin, seit 11. 12. 1943 in Nürnberg
2) Otto Scharlach Metallwerke, Äußere Sulzbacher Straße 14

Laut Ausländermeldekartei hatte das Kind zwei Mütter. Wahrscheinlich war es Zorka Burazer (siehe oben), denn Pava Burazor, bei der das Kind auch eingetragen wurde, war seit März 1944 in Schillingsfürst und zur Geburt des Kindes nicht wieder in Nürnberg angemeldet. Wie das Kind ohne die Mutter in das Lager Hasstraße kam, bleibt rätselhaft.

Die Redtenbacherstraße/Hasstraße 23/25 begrenzte das Barackenlager der Nürnberger Schraubenfabrik (NSF).

StadtAN, C 27/II Nr. 3099/1233, C 41 o. Nr., Liste der Todesopfer des Luftangriffs am 21. 2. 1945 im Lager der Firma NSF in der Redtenbacherstraße, C 21/XI Nr. 11 u. Korrespondenz mit Gerhard Jochem, Stadtarchiv Nürnberg, Sachgebiet NS-Zeit vom 13./14. 12. 2021
Arolsen Archives, https://tinyurl.com/yausc6y3

Georg Burenko 245

1) 5. 2. 1945 in Nürnberg
2) Sandstraße 34, *Lager*
3) 10. 3. 1945 in diesem Lager, „Lungenentzündung“
4) fünf Wochen
5) Tamara Burenko, geb. Maslova, verheiratet, 1923
6) Nikolaus Burenko
Zur Mutter:
7) Rußland
8) seit 26. 6. 1944 in Nürnberg
2) Conradtystraße 15, *Lager*; ab 13. 2. 1945 Sandstraße 34, *Lager*
9) Küchenhilfe

Tamara Burenko war bei ihrer Ankunft in Nürnberg wohl schon schwanger.
StadtAN, C 41 o Nr., Eintrag Nr. 324 und C 21/XI Nr. 11

NN Chible (m) 246

1) 18.8.1944 in Nürnberg, Klinikum, Totgeburt
5) Solange Chible, ledig, 1921
7) Bayel, Departement Aube, Frankreich
8) seit 3.6.1942 in Nürnberg
2) Aufseßplatz 18, Pachelbelstraße, Frauentorgraben 61 (*Gemeinschaftslager*)
9) Siemens-Schuckertwerke
StadtAN, C 27/II Nr. 2840/895 u. C 21/XI Nr. 14
Arolsen Archives, https://tinyurl.com/2vdptswv

Jwonne Chodorowska 247

1) 4.8.1943 in Nürnberg, Klinikum
2) Redtenbacherstraße, *Lager*
3) am 21.2.1945 beim Luftangriff auf Nürnberg
im Lager Redtenbacherstraße getötet
4) ein Jahr und sechs Monate
5) Sofia Chodorowska, ledig, 1914
7) Warschau, Polen
8) von Fischbach bei Nürnberg, seit 30.7.1942 in Nürnberg
2) Hübnersplatz 2, Gastwirtschaft Englischer Hof;
ab 24.5.1943 Hasstraße 25, *Lager*
3) am 21.2.1945 beim Luftangriff auf Nürnberg
im Lager Redtenbacherstraße getötet

Das Barackenlager der Nürnberger Schraubenfabrik befand sich auf dem Gelände Redtenbacherstraße/Hasstraße. Als Sofia Chodorowska im Lager Hasstraße ankam, war sie bereits im siebten Monat schwanger. Der Ort Fischbach war vor 1945 eine eigenständige Gemeinde.

StadtAN, C 27/II Nr. 3099/1244, C 21/XI Nr. 14, C 41 o. Nr., Liste der Todesopfer des Luftangriffs am 21.2.1945 im Lager der Fa. NSF in der Redtenbacherstraße

Robert Cu., Bruder von Noelle Cu. 248

1) 11.2.1944 in Nürnberg, Klinikum
3) 29.2.1944 in d. städtischen Säuglingsklinik, Frühgeburt/„Lebensschwäche"
4) zweieinhalb Wochen

Informationen zu den Eltern von Robert Cu. siehe Noelle Cu., Nr. 36

StadtAn C 27/II Nr. 2836/251 und C 21/XI Nr. 16

Jurij Demidowa 249

1) 14. 2. 1945 in Nürnberg, Klinikum

2) Ludwig-Feuerbach-Straße 53

3) 15. 3. 1945 in der städtischen Säuglingsklinik, Versagen des Kreislaufs

4) vier Wochen

5) Marija Demidowa, ledig

7) Ukraine

9) Radspannerin

Radspannerinnen wurden u. a. in der Motorradherstellung eingesetzt.

StadtAN, C 41 o. Nr., Eintrag Nr. 344 u. C 27/II Nr. 2846/429

Yvonne Dequidt 250

1) 24. 6. 1943 in Nürnberg, Klinikum

3) 25. 6. 1943 in der städtischen Säuglingsklinik, „Lebensschwäche"

4) ein Tag

5) Maria Dequidt, ledig, 1923

7) Hénin-Liétard, Département Pas-de-Calais, Frankreich

8) Méricourt, Frankreich, seit 27. 11. 1941 in Nürnberg

2) Ludwigstraße 33, Leipzigerstraße 38, Arndtstraße 4, Hinterm Bahnhof 4

9) Hausgehilfin

StadtAN, C 27/II Nr. 2831/1152 u. C 21/XI Nr. 18

Jacques Dinjon 251

1) 19. 2. 1945 in Nürnberg

3) 20. 2. 1945 in der städtischen Säuglingsklinik, „Lebensschwäche"

4) ein Tag

5) Lucette Dinjon, geb. Guyot, verheiratet, 1924

6) Emile Dinjon, 1914

Zur Mutter:

7) Sens, Département Yonne, Frankreich

2) Klingenhofstraße 72, *Gemeinschaftslager*

9) von Juni 1943 bis April 1945 bei den Kabel- und Metallwerke(n) Neumeyer

Die Eltern hatten am 14. 2. 1942 in Sens geheiratet. Emile Dinjon lebte in Rohrbach/Saar.

StadtAN, C 41 o. Nr., Eintrag Nr. 310 u. C 27/II Nr. 2845/276

Arolsen Archives, https://tinyurl.com/2p9favtd

Harald Georg Dinneweth 252

1) 16. 7. 1944 in Nürnberg, Klinikum
3) 9. 10. 1944, „gefallen" (bei einem Luftangriff getötet)
4) knapp drei Monate
5) Elsa Euphrasie Dinneweth, ledig, 1923
8) von Brügge, Belgien, seit 27. 11. 1941 in Nürnberg
2) Zufuhrstraße 29, Deutschherrnstraße 6
9) Hausgehilfin
3) 3. 10. 1944 durch „Fliegerangriff gefallen"
StadtAN, C 21/XI Nr. 19

Valentina Dolinskaja 253

1) 29. 5. 1943 in Nürnberg
2) Mettingstraße 1–3, *Ostarbeiterlager*
3) 5. 2. 1944 in diesem Lager, „Lungenentzündung", „Herzschwäche"
4) acht Monate
5) Marija Dolinskaja, geb. Bandarenko, verheiratet, 1918, Arbeit in der Landwirtschaft
7) Kiew, Ukraine
8) von Regensburg, seit 1. 2. 1943 in Nürnberg
9) Lumophon-Werke, Schloßstraße 62–64
Als Marija Dolinskaja vom Arbeitsamt Regensburg zum Arbeitseinsatz nach Nürnberg überstellt wurde, war sie im fünften Monat schwanger.
StadtAN, C 41 o. Nr., Eintrag Nr. 154, C 27/II Nr. 3049/267, C 21/XI Nr. 19 u. C 31/III Nr. 190-5217

Wolodja Dzen (m) 254

1) 29. 12. 1943 in Nürnberg
2) Kleinreuther Weg 27
3) 23. 1. 1944, Kleinreuther Weg 27, „Blut erbrochen" und „Herzlähmung"
4) drei Wochen
5) Lida Dzen, ledig, 1922, Landarbeiterin
7) Bezirk Kiew, Ukraine
8) seit 12. 6. 1942 in Nürnberg
2) Brückenstraße 31, *Lager*
9) Lyra-Orlow Bleistiftfabrik, Großweidenmühlstraße 26, Bleistiftarbeiterin

StadtAN, C 41 o. Nr., Eintrag Nr. 153, C 27/II Nr. 2292/105, C 21/XI Nr. 21 u. C 31/III Nr. 193-5387

Konrad Fischtschuk **255**

1) 11. 9. 1943 in Neumarkt i. d. Opf., Durchgangslager
2) in Nürnberg, Mittelstraße 56
3) 6. 4. 1944, Mittelstraße 56;
Bronchitis, „Lungenentzündung", „Herzschwäche"
4) sechs Monate
5) Ekaterina Fischtschuk, ledig, 1921
7) Ukraine
2) Mittelstraße 56
9) landwirtschaftliche *Ostarbeiterin*, Dienstmagd in der Mittelstraße 56
StadtAN, C 41 o. Nr., Eintrag Nr. 175,
StadtAN, C 27/II Nr. 2295/495 u. C 21/XI Nr. 23

Benito Federico Ga., Bruder von Giovanni Ga. **256**

1) 18. 4. 1941 in Nürnberg, Klinikum
2) Burgschmietstraße 10, „bei der Mutter"
3) 29. 6. 1941, Burgschmietstraße 10, „plötzlicher Herztod"
4) zwei Monate
Informationen zu den Eltern siehe Giovanni Ga., Nr. 57
StadtAN. C 21/XI Nr. 25 u. C 27/II Nr. 2256/951

Josef Grab **257**

1) 22. 11. 1944, Nürnberg, Klinikum
3) 22. 11. 1944, Nürnberg, Klinikum, Frühgeburt, „Lebensschwäche"
4) dreißig Minuten
5) Anna Grab, ledig, 1893
7) Ukraine
8) seit 23. 10. 1942 in Nürnberg
2) Allersberger Straße 190, *Gemeinschaftslager*
9) Süddeutsche Telefon-Apparate-, Kabel- und Drahtwerke
Aktiengesellschaft TEKADE
StadtAN, C 41 o. Nr., Eintrag Nr. 257, C 27/II Nr. 2842/1251, C 31/III Nr. 202-5943 u. C 21/XI Nr. 28

Es bestehen Zweifel an der Mutterschaft von Anna Grab aufgrund ihres Alters: Anna Grabs Akte bei der Ausländerpolizei enthält die Geburtsmeldung und die Sterbefallmeldung des Kindes.

Marie Hausseguy **258**

1) 26. 7. 1944 in Nürnberg, Klinikum
3) 27. 7. 1944 in Nürnberg, Klinikum, Frühgeburt, „Lebensschwäche"
4) ein Tag
5) Marie Jeanne Hausseguy, ledig, 1923
7) Biarritz, Département Basses-Pyrénées, Frankreich
8) von Biarritz, seit 23. 4. 1944 in Nürnberg
2) Buchenbühl, *Gemeinschaftslager*
9) Hilfsarbeiterin

Marie Jeanne Hausseguy war im sechsten Monat schwanger, als sie von Biarritz nach Nürnberg kam. Am 29. 12. 1944 wurde sie wegen Diebstahls angezeigt. Die Staatsanwaltschaft ermittelte. Was aus der Strafsache geworden ist, ist nicht bekannt.

StadtAN, C 27/II Nr. 2840/828, 31/III Nr. 576-21410 u. C 21/XI Nr. 31

Valerj Horiajo (m) **259**

1) 17. 11. 1944 in Nürnberg
2) Klingenhofstraße 72, Lager
3) 3. 5. 1945 im Cnopf'schen Kinderspital, Hallerwiese 24; „Lungenentzündung"
4) fünf Monate
5) Tatiana Horiajo, geb. Kubek, verheiratet
6) Jurg Horiajo
7) UdSSR

StadtAN, C 41 o. Nr., Eintrag Nr. 406, C 27/II Nr. 2311/1540 u. C 21/XI Nr. 33

Anni Hoste **260**

1) 4. 3. 1945 in Nürnberg, Klinikum
3) 1. 5. 1945 in der städtischen Säuglingsklinik
4) knapp zwei Monate
5) Yvonne Hortencia Theophilus Hoste, ledig, 1924
7) St. Nikolaas, Belgien

8) von St. Nikolaas, seit 10. 11. 1941 in Nürnberg
2) Theresienstraße 16, ab 6. 11. 1942 Bahnhofsplatz 9
9) Putzfrau
StadtAN, C 27/II Nr. 2847/607 u. C 21/XI Nr. 33

Marietta van den Hoven **261**
1) 22. 12. 1944 in Nürnberg, Klinikum
3) 23. 12. 1944 in der städtischen Säuglingsklinik
4) ein Tag
5) Maria Jacoba van den Hoven, ledig, 1922
7) Delft, Niederlande
8) von Delft, seit 1. 1. 1944 in Nürnberg
2) Rohrmattenstraße 5, Guntherstraße 65,
ab 12. 6. 1944 in Buchenbühl, *Gemeinschaftslager*
9) Hausgehilfin, Presserin
Maria Jacoba van den Hoven war im dritten Monat schwanger, als sie im *Gemeinschaftslager* Buchenbühl untergebracht wurde.
StadtAN, C 27/II Nr. 2843/1381 u. C 21/XI Nr. 33

Claude Jablonski **262**
1) 15. 8. 1944 in Nürnberg
2) Äußere Rollnerstraße 27
3) 30. 10. 1944 in dieser Wohnung, „Lebensschwäche"
4) zweieinhalb Monate
5) Marie Jablonski, ledig, 1926
7) Lallaing, Frankreich
8) von Lallaing, seit 28. 11. 1941 in Nürnberg
2) Eintrachtstraße 54, ab 13. 2. 1942 Äußere Rollnerstraße 27
9) Hausgehilfin
StadtAN, C 27/II Nr. 2300/1373 u. C 21/XI Nr. 34
Arolsen Archives, https://tinyurl.com/ysf82sn3 [3. 11. 2021]

Viktor Jakowenko **263**
1) 6. 7. 1944 in Weißenburg i. Bay., *Ostarbeiterlager*
2) seit 13. 7. 1944 in Nürnberg, Veilhofstraße 91, *Lager*
3) 25. 3. 1945 in Nürnberg

4) acht Monate
5) Katja Jakowenko, 1925
7) Sowjetunion
2) seit 13. 7. 1944 Veilhofstraße 91, *Lager*
9) bis 23. 6. 1944 bei den städtischen Werken und Bahnen (WuB), anschließend Überführung nach Weißenburg i. Bay., seit 13. 7. 1944 Eisenwerk Nürnberg

Die hochschwangere junge Arbeiterin wurde kurz vor ihrer Niederkunft auf Anordnung des Arbeitsamtes Nürnberg an das Arbeitsamt Weißenburg überführt, meldeten die städtischen Werke und Bahnen der Ausländerpolizei; und sie käme „nach der Entbindung nicht mehr zurück". Die Geschichte verlief anders. Die Arbeitskraft der jungen Mutter wurde in Nürnberg gebraucht. Sechs Tage nach der Entbindung musste Katja Jakowenko im Eisenwerk Nürnberg arbeiten. Sie und ihr Neugeborenes wurden im betrieblichen Barackenlager in der Veilhofstraße 91 untergebracht. In diesem Lager sind mehrfach Mütter mit Kindern belegt.

StadtAN, C 41 o. Nr., Eintrag Nr. 341, C 31/IV Nr. 146
Arolsen Archives, https://tinyurl.com/msjxx8rb
Arolsen Archives, https://tinyurl.com/283bze2p

Josef und NN (m) Jasuiska .... 264 u. 265

Zwillinge
1) 21. 10. 1944 in Nürnberg, Klinikum
Zu Josef
3) 23. 10. 1944 in Nürnberg, Klinikum, Frühgeburt, „Lebensschwäche"
4) zwei Tage
Zur Mutter der Zwillinge:
5) Julia Jasuiska, ledig, 1916
7) Polen
2) Höfleser Hauptstraße 79

Julia Jasuiska brachte am 21. 1. 1944 im Klinikum Nürnberg Zwillinge zur Welt. Das zweite Kind, auch ein Junge, wurde tot geboren.

StadtAN, C 41 o. Nr., Eintrag Nr. 245
StadtAN, C 27/II Nr. 2842/1129/1130
StadtAN, C 21/XI Nr. 35

Margareta Marie Helene Jégu 266

1) 1. 11. 1944 in Nürnberg, Klinikum
2) Stieberstraße 15, Nürnberg-Mühlhof
3) 19. 4. 1945 in dieser Wohnung, „Lungenentzündung“, „Herzmuskelschwäche“
4) fünfeinhalb Monate
5) Hélène Margarita Jégu, 1924, ledig
7) Frankreich
8) aus Frankreich, seit 31. 8. 1944 in Nürnberg
2) Stieberstraße 15, Nürnberg-Mühlhof
9) Hilfsarbeiterin

Hélène Margarita Jégu war bereits Ende des siebten Monats schwanger, als sie in Nürnberg ankam.

StadtAN, C 27/II Nr. 1975/25 u. C21/XI Nr. 35

Nadja Jurkow 267

1) 24. 7. 1943 in Nürnberg, Klinikum
2) Austraße 108, *Lager*
3) 31. 10. 1943 in diesem *Lager*, „Ernährungsstörung“
4) drei Monate
5) Galina Jurkow, geb. Bondarenko, verheiratet
6) Kizil Jurkow, 1907
Zum Vater:
7) Kamjanez-Podilskyj, Ukraine
8) aus der Ukraine, seit 12. 7. 1942 in Nürnberg
9) Kabel- und Metallwerke Neumeyer AG, Bauhelfer; ab 22. 4. 1944 bei Keim & Co. Blechindustrie, Fürther Straße 188, Maschinenarbeiter

Die Eltern des Kindes hatten am 5. 5. 1942 in der Ukraine geheiratet.

StadtAN, C 27/II Nr. 3044/2593 u. C 31/III Nr. 214-6665

Alexandra Jzydorczyk 268

1) 26. 6. 1944 in Nürnberg, Klinikum
2) Redtenbacherstraße, *Lager* – „bei der Mutter“
3) 21. 2. 1945, beim Luftangriff auf Nürnberg im Lager Redtenbacherstraße getötet

4) knapp acht Monate
5) Johanna Jzydorczyk, ledig, 1920, Verkäuferin
7) Litzmannstadt (Lodz), Polen
8) Von Litzmannstadt (Lodz), seit 26. 9. 1940 in Fischbach bei Nürnberg, *Lager Kurhaus*, Fischbach 88, seit 30. 7. 1942 in Nürnberg
2) Hübnersplatz 2, *Lager*; ab 17. 4. 1943 Hasstraße 23, *Lager*
9) Nürnberger Schraubenfabrik (NSF)
Das Lagergelände erstreckte sich über die Redtenbacher-/Hasstraße.
StadtAN, C 21/XI Nr. 37, C 31/III Nr. 356-14800 u. C 41 o. Nr., Liste der Todesopfer des Luftangriffs am 21. 2. 1945 im Lager der Firma NSF in der Redtenbacherstraße

Marian Kacmarek **269**
1) 1. 7. 1944 in Weißenburg i. Bay.
2) seit 11. 7. 1944 in Nürnberg, Hasstraße 23, *Gemeinschaftslager*
3) 24. 8. 1944 in der städtischen Säuglingsklinik, „Ernährungsstörung“
4) siebeneinhalb Wochen
5) Krystina Kacmarek, ledig, 1926
7) Litzmannstadt (Lodz), Polen
8) von Fischbach 88, seit 30. 7. 1942 in Nürnberg
2) Hübnersplatz, Englischer Hof, ab 17. 4. 1943 Hasstraße 23, *Lager*
StadtAN, C 27/II Nr. 2840/ 923
StadtAN, C 41 o. Nr., Eintrag Nr. 229
StadtAN, C 21/XI Nr. 37

Erich Karasow **270**
1) 4. 6. 1943 in Nürnberg, Klinikum
3) 4. 6. 1943 in Nürnberg, Klinikum, Frühgeburt und „Lebensschwäche“
4) weniger als ein Tag
5) Alexandra Karasow, geb. Nedawmya, verheiratet
6) Viktor Karasow, Elektromonteur
7) Ukraine
Die Eltern des Kindes hatten am 15. 5. 1935 in Tscherkassy bei Kiew, Ukraine, geheiratet.
StadtAN, C 27/II Nr. 2830/1057
StadtAN, C 21/XI Nr. 37

Alexander Katschenko 271

1) 20. 12. 1944 in Nürnberg
2) Mettingstraße 1, *Lager*
3) 15. 4. 1945 in Lauf a. d. Pegnitz, Landkreis Nürnberger Land, „Ernährungsstörung"
4) knapp vier Monate
5) Lidija Katschenko
2) Mettingstraße 1, *Russenlager*
StadtAN, C 21/XI Nr. 38 u. Arolsen Archives, https://tinyurl.com/5t4c9bmc

Wladimir Konowalow 272

1) 30. 4. 1944 in Nürnberg, Klinikum
2) Veilhofstraße 91, *Lager*
3) 14. 5. 1944 in diesem Lager, Blasenleiden seit Geburt
4) zwei Wochen
5) Pelergeja Konowalow, geb. Grjbanowa, verheiratet
6) Ilja Konowalow, 1904
Zum Vater:
7) Krasnograd, Bezirk Charkow, Ukraine
8) von Regensburg, seit 21. 10. 1942 in Nürnberg
9) Kabel- und Metallwerke Neumeyer AG, Maurer
Die Eltern des Kindes hatten am 25. 12. 1940 in Krasnograd geheiratet.
StadtAN, C 41 o. Nr., Eintrag Nr. 202, C 27/II Nr. 2296/663, C 31/III Nr. 225-7313 u. C 21/XI Nr. 40

Iwan Kowalenko 273

1) 7. 7. 1944 in Nürnberg, Klinikum
3) 8. 7. 1944 in der städtischen Säuglingsklinik, Frühgeburt, „Lebensschwäche"
4) ein Tag
5) Halina Kowalenko, geb. Sologina, verheiratet
6) Iwan Kowalenko, 1924
7) Ukraine
Zum Vater::
8) von Dnepopetrowsk, seit 12. 7. 1942 in Nürnberg
2) Klingenhofstraße 72, *Gemeinschaftslager*

9) Kabel- und Metallwerke Neumeyer AG
StadtAN, C 41 o. Nr., Eintrag Nr. 218, C 27/II Nr. 2839/777, C 31/III 230-7632
StadtAN, C 21/XI Nr. 41

Wladislawa Kowalska **274**

1) 17. 8. 1944 in Nürnberg
2) Veilhofstraße 91, *Gemeinschaftslager*
3) 20. 2. 1945 in der städtischen Säuglingsklinik, „Ernährungsstörung"
4) sechs Monate
5) Martha Kowalska, ledig, 1921
7) Bedzin, Polen
8) von Bedzin, seit 15. 8. 1940 in Nürnberg
2) Äußere Sulzbacher Straße 144, ab 31. 10. 1941 Veilhofstraße 91, *Lager*
9) Eisenwerk Nürnberg, Fräserin
StadtAN, C 41 o. Nr., Eintrag Nr. 311
StadtAN, C 27/II Nr. 2845/272
StadtAN, C 21/XI Nr. 41

Guido Lanfernini **275**

1) 3. 1. 1945 in Nürnberg
2) Hasstraße 25, *Lager*
3) 25. 1. 1945 in diesem Lager
4) drei Wochen
5) Fernanda Lanfernini, geb. Wecchi, verheiratet
7) Italien
6) Bruno Lanfernini, wohnhaft in Mailand, Italien, Kaufmann
StadtAN, C 27/II Nr. 3067/246

Alois Lecomte **276**

1) 6. 10. 1944 in Nürnberg, Klinikum
2) Denisstraße 71, ab 9. 11. 1944 in der Fürther Straße 272
3) 18. 3. 1945 in der Fürther Straße 272, Wohnung
4) fünf Monate
5) Suzanne Marie Lecomte, ledig, 1923
7) Epinal, Vogesen, Frankreich
8) von Fürth i. Bay., seit 25. 6. 1943 in Nürnberg

2) Denisstraße 71
9) Kabel- und Metallwarenfabrik
Die junge Mutter wurde am 8. 12. 1944 vom Arbeitsamt nach Schweinfurt *umvermittelt.* Ihr damals zwei Monate alter Säugling blieb offenbar in Nürnberg zurück; er starb hier drei Monate später.
StadtAN, C 27/II Nr. 3075/1518, C 31/III Nr. 486-18724
StadtAN, C 21/XI Nr. 44

Stefan Le., Bruder von Natalia Le. 277
1) 26. 10. 1941 in Nürnberg, Klinikum
3) 27. 10. 1941 in der städtischen Säuglingsklinik
4) ein Tag; Frühgeburt und „Lebensschwäche“
StadtAN, C 21/XI Nr. 45 u. C 27/II Nr. 2808/1499;
Information zu den Eltern siehe Natalia Le., Nr. 113

Walja Luhowska (w) 278
1) 19. 4. 1944 in Weißenburg i. Bay.
2) in Nürnberg, Hasstraße 25, *Ostarbeiterlager*
3) 22. 6. 1944 im Cnopf'schen Kinderspital, Brechdurchfall
4) zwei Monate
5) Wera Luhowska, geb. Gretschko, verheiratet
6) Wassily Luhowska
9) Maschinenarbeiter
Die Eltern des Kindes waren in Nürnberg registriert. Näheres ist nicht bekannt.
StadtAN, C 41 o. Nr., Eintrag Nr. 215 u. C 27/II Nr. 2297/831

Weslawa Lukasinska (w) 279
1) 18. 8. 1944 in Weißenburg i. Bay.
2) seit 26. 8. 1944 in Nürnberg, Redtenbacherstraße/Hasstraße 25, *Lager*
3) 21. 2. 1945 beim Luftangriff auf Nürnberg im *Deckungsgraben* Hasstraße 25 getötet
4) sechs Monate
5) Weronika Lukasinska, ledig, 1922, Schneiderin
7) Litzmannstadt (Lodz), Polen
8) von Fischbach 88, seit 30. 7. 1942 in Nürnberg

2) Hübnersplatz 2/Gaststätte Englischer Hof – *Lager*;
ab April 1943 Hasstraße 23, Lager
9) Nürnberger Schraubenfabrik Elektrowerk
Bevor die polnische Arbeiterin Weronika Lukasinska nach Nürnberg kam, war sie bereits vom 8.5.1941 bis 15.9.1941 in der Porzellanfabrik Hutschenreuther in Selb, Kreis Rehau, Oberfranken, zur Arbeit eingesetzt. Das Arbeitsamt überstellte sie von dort nach Fischbach 88 (Kurhaussaal), ein Lager für polnische Arbeiterinnen. Von Fischbach wurde sie dann vom Arbeitsamt nach Nürnberg in die Nürnberger Schraubenfabrik *umvermittelt*.

Die junge Frau verhielt sich widerständig. Sie verstieß gegen die *Kenntlichmachung polnischer Arbeiter* und hielt sich in der Nacht vom 19.9.1943 auf 20.9.1943 verbotenerweise außerhalb des Lagers auf, meldete die Lagerführerin des Lagers Hasstraße. Polnische Arbeitskräfte mussten ab 21:00 Uhr in ihrer Unterkunft sein. Weronika Lukasinska wurde zu einer Geldstrafe in Höhe von 60 RM oder drei Wochen Straflager verurteilt. Weronika Lukasinska und ihre sechs Monate alte Tochter wurden beim Luftangriff am 21.2.1945 getötet.
StadtAN, C 31/III Nr. 367-15215, C 21/XI Nr. 47
StadtAN, C 41 o. Nr., Liste der Todesopfer des Luftangriffs am 21.2.1945 im Lager der Firma NSF in der Redtenbacherstraße

Erika Sabine Ernestine van Ly.,
Schwester von Wilhelm Julius van Ly. 280
1) 2.8.1943 in Halle/Belgien
2) Nürnberg, Hintere Markstraße 40
3) 10.12.1944, Cnopf'sche Kinderspital. Die Todesursache ist unbekannt.
4) ein Jahr und vier Monate
Informationen zu den Eltern siehe Wilhelm Julius van Ly., Nr. 122
StadtAN, C 21/XI Nr. 47 u. C 27/II Nr. 2301/1575

Anadoli Maksimenko 281
1) 2.10.1944 in Nürnberg, Veilhofstraße 91, *Ostarbeiterlager*
2) Veilhofstraße 91, *Ostarbeiterlager*
3) 27.12.1944 im Cnopf'schen Kinderspital, „Lungenentzündung"
4) knapp drei Monate
5) Dusja Maksimenko, geb. Putschkowa, verheiratet

6) Leonid Maksimenko
7) Ukraine
2) Mutter und Vater in der Veilhofstraße 91, *Lager*
Die Eltern des Kindes hatten im Dezember 1943 in Nürnberg geheiratet.
StadtAN, C 41 o. Nr., Eintrag Nr. 272, C 27/II Nr. 2301/1661
StadtAN, C 31/III Nr. 249-8745a
StadtAN, C 21/XI 48

Mirko Malinic 282

1) 12. 7. 1944 in Nürnberg, Klinikum
2) Hasstraße 25, *Gemeinschaftslager*
3) 25. 8. 1944 in der städtischen Säuglingsklinik, „Ernährungsstörung"
4) sechs Wochen
5) Savka Malinic, ledig, 1924
7) Sevarlije, Kroatien
8) seit 5. 8. 1942 in Nürnberg
2) Eibacher Hauptstraße 25, Urbanstraße 16, Schlehengasse 2, Heisterstraße; Hasstraße 23, *Lager*
Der Ort Sevarlije liegt in Bosnien-Herzegowina.
StadtAN, C 41 o. Nr., Eintrag Nr. 230, C 27/II Nr. 2840/908 u. C 21/XI Nr. 48
https://en.wikipedia.org/wiki/%C5%A0evarlije_(Doboj)

Hans Markac 283

1) 16. 12. 1943 in Nürnberg, Klinikum
2) Platenstraße 19, *Gemeinschaftslager*
3) 25. 12. 1943 in der städtischen Säuglingsklinik, Dermatitis exfoliativa (eine seltene Hauterkrankung)
4) neun Tage
5) Marija Markac, ledig, 1923 oder 1925
7) Koprivnica, Kroatien
8) von Koprivnica, seit 23. 2. 1942 in Nürnberg
2) Platenstraße 42, Gugelstraße 93, Dieselstraße 24, Voltastraße 89
9) Süddeutsche Apparate Fabrik, Vernicklerin
Am 5. 3. 1945 wurde Marija Markac von Nürnberg nach Miltigau bei Marienbad (Sudentengau) abgemeldet.
StadtAN, C 27/II Nr. 2834/1797, C 31/III Nr. 108-2428 u. C 21/XI Nr. 49

Nikolei Masenko 284

1) 10. 1. 1944 in Nürnberg, Klinikum
2) Maiachstraße 100, Lager
3) 27. 2. 1945 in diesem Lager, Bronchitis
4) ein Jahr und sechs Wochen
5) Marija Masenko, geb. Kosak, verheiratet, 1920, Landarbeiterin
6) Grigory Masenko, 1923, Landarbeiter
Zu Mutter und Vater:
7) Bezirk Kiew, Ukraine
8) von Kiew über das Durchgangslager Neumarkt i. d. Opf., seit 12. 6. 1942 in Nürnberg
9) Lyra-Orlow Bleistiftfabrik, Großweidenmühlstr. 26, Bleistiftarbeiter/in; ab 12. 11. 1943 Süddeutsche Apparatefabrik, Platenstraße; Montiererin

Die Eltern des Kindes hatten 1939 in der Ukraine geheiratet. Als das Ehepaar in die Süddeutsche Apparatefabrik umgesetzt wurde, war Marija Masenko bereits im achten Monat schwanger.

StadtAN, C 41 o. Nr., Eintrag Nr. 315, C 27/II Nr. 3072/990
StadtAN, C 31/III Nr. 252-8939/40

Witold Nadrajkowska 285

1) 6. 11. 1943 in Nürnberg, Klinikum
3) 7. 11. 1943 in der städtischen Säuglingsklinik, Asphyxie (Atemstillstand)
4) ein Tag
5) Galina Nadrajkowska, ledig, 1924, Schneiderin
6) Stanislaus Drijgas, 1915
7) Polen
Zur Mutter:
8) von Warschau, seit 24. 9. 1941 in Nürnberg
2) Äußere Sulzbacher Straße 60, Veilhofstraße 91, Kirchenweg 21, ab März 1943 Adamstraße 68
9) Metrawatt AG, Eisenwerk Nürnberg

Der jungen polnischen Arbeiterin wurde eröffnet, dass sie sich jeden Sonntag in der Zeit von 8 bis 11 Uhr persönlich beim 5. Polizeirevier melden muss und dass bei einem Verstoß dagegen sowie gegen die für polnische Arbeitskräfte geltenden besonderen Anordnungen das Ausländeramt im Polizeipräsidium verständigt wird. Am 22. 2. 1943 wurde Galina Nadrajkowska beim *Ausländeramt* „wegen nicht rechtzeitigen Eintreffens im Lager sowie wegen Nichttragens des Volkstumskennzeichen ‚P' ernstlich verwarnt und darauf aufmerksam gemacht, dass sie im Wiederholungsfalle mit einer Ordnungsstrafe von 10,00 RM zu rechnen hat".

Die Eltern des Kindes heirateten am 22. 12. 1945 in Nürnberg.

StadtAN, C 27/II Nr. 2834/1629, C 31/III Nr. 373-15460 u. C 21/XI Nr. 54

Lucien Nénant **286**

1) 31. 10. 1944 in Nürnberg, Klinikum
2) Eberhardshofstraße 18
3) 16. 2. 1945 „in dieser Wohnung"
4) dreieinhalb Monate
5) Madeleine Nénant, geb. Lagrue, verheiratet
6) René Nénant
7) Frankreich
Zum Vater:
2) Eberhardshofstraße 18
9) Drucker

Die Eltern des Kindes hatten am 3. 5. 1944 in Nürnberg geheiratet.

StadtAN, C 27/II Nr. 3071/851

Nina Nesterenko **287**

1) 13. 3. 1944 in Neumarkt i. d. Opf., Durchgangslager
2) in Nürnberg, Bayernstraße 66, *Lager*
3) 6. 12. 1944 in diesem Lager, „Lungenentzündung"
4) achteinhalb Monate
5) Tatjana Nesterenko, verheiratet, 1919
6) Paul Nesterenko
Zur Mutter:
7) Kiew, Ukraine
Zum Vater:
7) Ukraine
9) Feuerwerker
2) die Eltern lebten in Nürnberg, Adresse unbekannt

Die Mutter des Kindes starb nach Kriegsende am 27. August 1945 im *Ausländerkrankenhaus* in Nürnberg, Regensburger Straße 622.

StadtAN, C 41 o. Nr., Eintrag Nr. 265, C 27/II Nr. 3065/2732 u. Nr. 3087/3470, C 21/XI Nr. 55; StadtANM, Standesamt Durchgangslager, Geburten 1944 Nr. 127

Roman Nowieka **288**

1) 25. 1. 1945 in Nürnberg, Hasstraße 25, *Lager*
2) Redtenbacher-/Hasstraße 25, *Lager*
3) 21. 2. 1945 beim Luftangriff im Lager Redtenbacher-/Hasstraße 25 getötet
4) knapp vier Wochen
5) Salomea Nowieka, ledig, 1924
7) Posen (Poznan), Polen
8) von Posen, seit 26. 6. 1944 in Nürnberg
2) Redtenbacher-/Hasstraße 25, *Lager*
9) Nürnberger Schraubenfabrik (NSF), Packerin

Salomea Nowieka war bei ihrer Ankunft in Nürnberg bereits schwanger. Sie und ihr Kind wurden beim Luftangriff vom 21. 2. 1945 im Lager Redtenbacher-/Hasstraße 25 getötet.

StadtAN, C 31/III Nr. 376-15559, C 21/XI Nr. 55 u. C 41 o. Nr., Liste der Todesopfer des Luftangriffs am 21. 2. 1945 im Lager der Firma NSF in der Redtenbacherstraße

Anatoly Opanatschenko **289**

1) 31. 1. 1944 in Nürnberg
2) Kleinreuther Weg 27
3) 18. 4. 1944, Kleinreuther Weg 27, „plötzlicher Tod"
4) zweieinhalb Monate
5) Marija Opanatschenko, geb. Borsenko, verheiratet, 1922, Landarbeiterin
6) Iwan Opanatschenko, Bauer
7) ein Dorf nahe Kiew, Ukraine
Zur Mutter:
8) von Kiew, seit 12. 6. 1942 in Nürnberg
2) Brückenstraße 31, *Lager*
9) Lyra-Orlow Bleistiftfabrik, Großweidenmühlstraße 26, Bleistiftarbeiterin
Zum Vater:
2) Brückenstraße 31, *Lager*

StadtAN, C 41 o. Nr., Eintrag Nr. 190, C 27/II Nr. 2295/565, StadtAN, C 31/III Nr. 268-9880/9880a u. C 21/XI Nr. 56

Johann Josef Paduwat 290

1) 5. 2. 1945 in Nürnberg
2) Mühlhofer Hauptstraße 10
3) 2. 3. 1945 „in dieser Wohnung“, „Asthenie“
4) knapp vier Wochen
5) Alphonsine Paduwat, geb. Dierkx, verheiratet, 1917
6) Jules Paduwat, Bergmann
Zur Mutter:
7) Fleurus, Belgien
8) von Fleurus, Belgien, seit 26. 3. 1942 in Nürnberg
2) Stieberstraße 18, Mühlhofer Hauptstraße 10
9) Leonische Drahtwerke, Mühlhofer Hauptstraße

Die Eltern des Kindes hatten 1935 in Belgien geheiratet. Der Ehemann lebte in Fleurus. *Asthenie* ist keine Erkrankung, sondern bedeutet einen Zustand der Schwäche und Entkräftung, z. B. infolge mangelhafter Ernährung.

StadtAN, C 27/II Nr. 1975/10
StadtAN, C 21/XI Nr. 57

Robert Papini 291

1) 15. 12. 1944 in Nürnberg, Klinikum
2) Siegfriedstraße 35b
3) 24. 3. 1945 in der städtischen Säuglingsklinik, „Lungenentzündung“
4) drei Monate
5) Angela Papini, geb. Fabri, verheiratet, 1921
6) Mario Santi Papini, 1911
7) Italien
Zur Mutter:
2) wohnhaft in Nürnberg
9) Hilfsarbeiterin
Zum Vater:
8) von Italien, seit 7. 4. 1944 in Nürnberg
2) Conradtystraße, *Lager*; Ingolstädter Straße, *Lager*; Katzwanger Straße, *Lager*; Willstraße 2
9) Presser

StadtAN, C 27/II Nr. 2846/457
StadtAN, C 21/XI Nr. 58

Johann Pe. **292**

Zwilling

1) 1.12.1944 in Nürnberg

3) 4.12.1944

4) drei Tage

Das Kind hatte einen Zwillingsbruder namens André René, der überlebte.

StadtAN, C 21/XI Nr. 59

Information zu den Eltern siehe André René Pe., Nr. 155

Walter Piuro **293**

1) 1.5.1944 in Nürnberg, Klinikum

3) 2.5.1944 im Klinikum, „Lebensschwäche"

4) ein Tag

5) Hedwig Piuro, ledig, 1923

7) Polen

8) von München, seit 4.4.1944 in Nürnberg

2) Klingenhofstraße 72, *Lager*

Hedwig Piuro war hochschwanger, als sie von München nach Nürnberg kam.

StadtAN, C 27/II Nr. 2838/547 u. C 21/XI Nr. 61

Michael Rostriopa **294**

1) 9.6.1944 in Nürnberg, Klinikum

2) Klingenhofstraße 72, *Lager*

3) 13.4.1945, „Exudative Diathese"

4) zehn Monate

5) Katherina Rostriopa, geb. Sljusarenko, verheiratet, 1919

6) Dimitry Rostriopa, 1918

Zu Mutter und Vater:

7) Dnepropetrowsk, Ukraine

8) von Dnepropetrowsk, seit 12.7.1942 in Nürnberg

9) Kabel- und Metallwerke Neumeyer AG,
Maschinenarbeiterin und Scheuerhelfer

Exudative Diathese bedeutet Verlust von Sekret, Körperstoffen. Es ist heute ein unüblicher Begriff.

StadtAN, C 41 o. Nr., Eintrag Nr. 396, C 31/III Nr. 288-11075/76,
StadtAN, C 21/XI Nr. 66

Ludmilla Saikowa 295

1) 13. 7. 1944 in Nürnberg
2) Ambergerstraße 25, Lager
3) 30. 12. 1944 in Nürnberg, „Lungenentzündung"
4) fünfeinhalb Monate
5) Jawdokija Saikowa, geb. Koroschowa, verheiratet, 1918
6) Dimitrj Saika, 1920
7) Ukraine
Zu Mutter und Vater:
8) seit Mitte Dezember 1943 in Nürnberg
9) Reichsbahnausbesserungswerk Nürnberg

Jawdokija Saikowa war bei ihrer Ankunft in Nürnberg vermutlich schon seit zwei Monaten schwanger.

StadtAn C 41 o. Nr., Eintrag Nr. 273
Arolsen Archives, https://tinyurl.com/mr2xu4hp
Arolsen Archives, https://tinyurl.com/yc39p8h7, https://tinyurl.com/mrabwkb4

Gernadi Schitowa (m) 296

1) 18. 3. 1945 in Nürnberg, Klinikum
2) Industriestraße 18, Eisenbahnwagen
3) 26. 3. 1945 in diesem Eisenbahnwagen
4) acht Tage
5) Alexandra Schitowa, geb. Suchanowa, verheiratet, 1918, Fischerin
6) Wassilij Schitow, 1916
Zur Mutter:
7) Bezirk Leningrad, Rußland
8) von Strasshof bei Wien, Österreich; seit 22. 10. 1944 in Nürnberg
Zu Mutter und Vater:
2) Industriestraße 18, Eisenbahnwagen
9) Thomas Ammon Alteisen und Metalle, Industriestraße 18

Alexandra Schitowa war bei ihrer Ankunft in Nürnberg bereits Ende des vierten Monats schwanger. Die *Deutsche Arbeitsfront Gauwaltung Franken, Hauptabteilung Arbeitseinsatz – Lagerbetreuung* bestätigte „dem Ostarbeiterehepaar Schitow Wassilij, […], und Ehefrau Schitowa Alexandra, […], dass sie privat und zwar bei ihrem Arbeitgeber Thomas Ammon in der Industriestraße 18 in einem Eisenbahnwagen wohnen dürfen".

StadtAN, C 41 o. Nr. Eintrag Nr. 339, C 27/II Nr. 3076/1673
StadtAN, C 31/III Nr. 300-11814 u. C 31/IV Nr. 4

Nataschka Schiwotok **297**

1) 9. 11. 1943 in Nürnberg
2) Kleinreuther Weg 27
3) 14. 4. 1944 im Kleinreuther Weg 27, Herzschwäche
4) fünf Monate
5) Galja Schiwotok, geb. Fedorenko, verheiratet, 1926, Landarbeiterin
6) Michailo Schiwotok, 1923, Landarbeiter
Zu Mutter und Vater:
7) Bezirk Kiew, Ukraine
8) von Kiew, seit 12. 6. 1942 in Nürnberg
2) Brückenstraße 31
9) Lyra-Orlow Bleistiftfabrik, Großweidenmühlstraße 26, Bleistiftarbeiter*in
StadtAN, C 41 o. Nr. Eintrag Nr. 192, C 27/II Nr. 2295/543
StadtAN, C 31/III Nr. 300-11821/22 u. C 21/XI Nr. 70

Nadjeschda Scholob **298**

1) 25. 7. 1944 in Nürnberg
2) Mettingstraße 1, *Ostlager*
3) 23. 10. 1944 in der städtischen Säuglingsklinik, „Ernährungsstörungen“ und „Lungenentzündung“
4) knapp drei Monate
5) Anastasia Scholob, 2. 11. 1923, Landarbeiterin
6) Nikola Pischtschuk, 20. 5. 1923, Landarbeiter
Zu Mutter und Vater:
7) Bezirk Poltawa, Ukraine
8) von Neumarkt i. d. Opf., seit 14. 12. 1942 in Nürnberg
2) Mettingstraße 1–3, *Gemeinschaftslager*
9) Lumophon-Werke, Schloßstraße 62–64; Montagearbeiterin und Dreher
Unter Familienstand der Eltern wurde in den Dokumenten „faktische Ehe“ eingetragen.
StadtAN, C 41 o. Nr. Eintrag Nr. 244, C 27/II Nr. 2842/1125
StadtAN, C 31/III Nr. 276-10397/98 u. C 21/XI Nr. 70

Swetlana (Janna) Selenkowa **299**

1) 9. 7. 1944 in Weißenburg i. Bay.
2) seit 14. 7. 1944 in Nürnberg, Neudörferstraße 8;
ab 11. 11. 1944 in Zirndorf, Landkreis Fürth i. Bay.
3) 1. 1. 1945 in Fürth i. Bay.
4) knapp sechs Monate
5) Sofia Selenkowa, geb. Pedan, verheiratet, 1919
7) Bezirk Dnepropetrowsk, Ukraine
8) seit 21. 4. 1942 in Nürnberg
2) ab 14. 7. 1944 Neudörferstraße 8;
ab 11. 11. 1944 in Zirndorf, Landkreis Fürth i. Bay.
9) Dynamit, Stadeln (ein Werk der Dynamit Nobel AG in Fürth);
seit 14. 7. 1944 in der Haeberlein-Metzger AG Nürnberg,
Neudörferstraße 8; ab 11. 11. 1944 in der Firma Michael Seidel,
Spiel- und Metallwarenfabrik in Zirndorf

Sofia Selenkowa kam mit einem der ersten *Ostarbeitertransporte* in Nürnberg an. Sie war am 7. 4. 1942 aus ihrer Heimat verschleppt worden. Elf Tage später traf sie im Barackenlager in Nürnberg-Langwasser ein. Nach viertägigem Aufenthalt in dem Durchgangslager in Langwasser kam sie an ihren ersten Arbeitseinsatzort.

StadtAN, C 31/III Nr. 304-12052 u. C 31/IV Nr. 57
Arolsen Archives, https://tinyurl.com/5ejm3pcp, https://tinyurl.com/2p9abpt7

Jelena Sotnitschenko **300**

1) 24. 3. 1944 in Nürnberg
2) Mettingstraße 1, *Gemeinschaftslager*
3) 31. 8. 1944 in diesem Lager, Bronchitis
4) fünf Monate
5) Fedossija Sotnitschenko, geb. Rij, verheiratet, 1920, Landarbeiterin
6) Iwan Sotnitschenko, 1920, Landarbeiter
Zu Mutter und Vater:
7) Bezirk Poltawa, Ukraine
8) vom Durchgangslager Neumarkt i. d. Opf., seit 14. 12. 1942 in Nürnberg
2) Mettingstraße 1–3, *Gemeinschaftslager Goldbach*
9) Lumophon-Werke, Schloßstraße 62–64;
Montagearbeiterin und Transportarbeiter

Fedossija Sotnitschenko, Schwester von Jelena Sotnitschenko … 301

1) 20. 3. 1945 in Nürnberg

2) Mettingstraße 1, *Gemeinschaftslager*

3) 23. 3. 1945 in der städtischen Säuglingsklinik, „Lebensschwäche bei Frühgeburt“

4) drei Tage

Die Eltern gaben ihrem zweiten Kind den Vornamen der Mutter. Informationen zu den Eltern siehe Jelena Sotnitschenko, Nr. 300

StadtAN, C 41 o. Nr. Eintrag Nr. 232 u. Nr. 338, C 27/II Nr. 3058/1645
StadtAN, Nr. 2846/455, C 31/III Nr. 314-12656/57 u. C 21/XI Nr. 73
Arolsen Archives, https://tinyurl.com/ykcsz4ec

Maria Theresia Spina … 302

1) 20. 9. 1944 in Nürnberg

2) seit 25. 9. 1944 Veilhofstraße 91, *Lager*, Barbiergasse 2

3) 12. 12. 1944, Frauentormauer 80

4) zweieinhalb Monate

5) Camilla Spina, ledig, 1924

7) Rovato, Italien

8) von Italien, seit 1. 2. 1944 in Nürnberg

2) Eibacher Hauptstraße 25, *Lager*; am 15. 3. 1944 nach Roth bei Nürnberg abgemeldet; seit 25. 9. 1944 in Nürnberg, Veilhofstraße 91, *Lager*; ab 15. 10. 1944 Barbiergasse 2

9) Eisenwerk Nürnberg, Metallarbeiterin

Als Camilla Spina nach Nürnberg kam, war sie wahrscheinlich schon schwanger. Fünf Tage nach der Entbindung musste sie ab 25. 9. 1944 im Eisenwerk Nürnberg arbeiten. Einquartiert wurden sie und ihr Neugeborenes in dessen betrieblichem Barackenlager in der Veilhofstraße 91.

Die junge Mutter floh mit ihrem Kind aus dem Lager. Der Betrieb schaltete am 30. 9. 1944 die Ausländer-Polizeifahndung ein, mit der „Bitte um Fahndung und Rückführung in unser Werk“. Aus Sicht des Betriebes hatte sich Folgendes ereignet: „Das Arbeitsamt Nürnberg hat uns die oben genannte Italienerin [Camilla Spina] zugewiesen. Wir mussten sie am Montag früh [25. 9. 1944] in der hiesigen Frauenklinik mit ihrem Kleinkind abholen. Sie wurde in unserem Lager untergebracht und schlief auch vom 25. auf 26. bei uns. Am 26. entfernte sie sich mit ihrem Kind vom Lager und kam bis heute nicht mehr zurück. Angeblich hatte sie die Erlaubnis, dass sie privat wohnen darf.“

Mutter und Kind fanden in der Barbiergasse 2 eine neue Unterkunft. Von dort führte die letzte Spur des Kindes in die Frauentormauer 80, wo es im Alter von zweieinhalb Monaten starb.
StadtAN, C 27/II Nr. 3065/2784, C 31/III Nr. 575-21354 u C 21/XI Nr. 73

Leonied Starikow **303**

1) 3. 12. 1943 in Nürnberg, Klinikum
3) 10. 4. 1944 in Nürnberg, „Lungenentzündung“
4) vier Monate
5) Nadeschda Starikowa, geb. Lyaschenko, verheiratet, 1923
6) Aleksandr Starikow, 1917
Zu Mutter und Vater:
7) Bezirk Dnepropetrowsk, Ukraine
8) vom Durchganslager in Neumarkt i. d. Opf., seit Juni 1942 in Nürnberg
2) Hasstraße 23/25, Lager
9) Nürnberger Schraubenfabrik, Maschinenarbeiter*in

Lida Starikowa, Schwester von Leonied Starikow **304**

1) 19. 11. 1944 in Weißenburg
2) in Nürnberg, Hasstraße 25, *Gemeinschaftslager*
3) 13. 12. 1944 in der städtischen Säuglingsklinik, „Ernährungsstörung“
4) dreieinhalb Wochen
Informationen zu den Eltern siehe Leonied Starikow, Nr. 303
StadtAN, C 41 o. Nr., Eintrag Nr. 181 u. Nr. 268, C 27/II Nr. 2843/1345, C 31/III Nr. 244-8474 u. Nr. 315-12699 u. C 21/XI Nr. 74

Leonid Stelwaga **305**

1) 24. 9. 1944 in Nürnberg, Klinikum
2) Austraße 108, *Gemeinschaftslager*
3) 5. 1. 1945 in der städtischen Säuglingsklinik, „Ernährungsstörung“
4) drei Monate
5) Nadeschda Stelwaga, geb. Fedjora, verheiratet, 1923
6) Jwan Stelwaga, 1924

Zu Mutter und Vater:
7) Bezirk Dnepropetrowsk, Ukraine
8) seit 26.6.1942 in Nürnberg
2) Austraße 108, *Gemeinschaftslager*
9) Keim & Co. Blechindustrie, Fürther Straße 188; Einfetterin, Schlosser und Schreiner
StadtAN, C 41 o. Nr., Eintrag Nr. 320
StadtAN, C 31/III Nr. 315-12733/34
StadtAN, C 21/XI Nr. 74
Arolsen Archives, https://tinyurl.com/yntrnhub

Peter Storos **306**
1) 5.3.1943 in Nürnberg
2) Kleinreuther Weg 27
3) 22.3.1943 im Kleinreuther Weg 27
4) zweieinhalb Wochen
5) Olga Storos, geb. Pawlowska, verheiratet
6) Wasselie Storos, Bauer
7) Galizien
Zur Mutter:
2) Großweidenmühlstraße 26
StadtAN, C 27/II Nr. 2279/581

Gerard Templin **307**
1) 8.10.1944 in Nürnberg, Klinikum
3) 8.10.1944 in Nürnberg, Klinikum; Frühgeburt, „Lebensschwach"
4) weniger als ein Tag
5) Jeannine Templin, ledig, 1925
7) Neuvy, Frankreich
8) von Neuvy, seit 8.5.1942 in Nürnberg
2) Prechtelsgasse 16 (*Lager MAN*), Schlehdornweg 31, Hainbuchenweg 17, Marterlach 38, Eibacher Hauptstraße 8, von 30.5.–29.11.1944 Schmausenbuckstraße 9, zuletzt Königstraße 1
9) MAN, Revolverdreherin; Hausgehilfin
StadtAN, C 27/II Nr. 2841/1086
StadtAN, C 21/XI Nr. 77

Elfriede Monika To., Schwester von Edith Martha To. **308**

1) 2. 3. 1945 Nürnberg, Klinikum
3) 8. 3. 1945 in der städtischen Säuglingsklinik, Kirchenweg 48
4) sechs Tage

Informationen zur Mutter des Kindes siehe Edith Martha To., Nr. 203

Arolsen Archives, https://tinyurl.com/2s3bj8ud,
Arolsen Archives, https://tinyurl.com/2zj8t3js

Alfons und Nena Tscherepkowa .... **309 u. 310**

Zwillinge

1) 2. 1. 1944 in Nürnberg, Klinikum
3) 3. 1. 1944 in der städtischen Säuglingsklinik, Frühgeburt und „Lebensschwäche“
4) ein Tag
5) Nadja Tscherepkowa, ledig, 1924
7) Rußland

Die Zwillinge Alfons und Neda Tscherepkowa kamen zu früh zur Welt. Beide Kinder starben am Tag nach der Entbindung.

StadtAN, C 27/II 2835/16
Arolsen Archives, https://tinyurl.com/yp6hfmy7
Arolsen Archives, https://tinyurl.com/yckfkhdk

Anna Tscherewatsch **311**

1) 18. 9. 1944 in Weißenburg i. Bay.
2) in Nürnberg, Ziegelsteinstraße 178, Wohnung
3) 29. 9. 1944 „in dieser Wohnung“, „Lebensschwäche“
4) elf Tage
5) Maria Tscherewatsch, ledig, 1923
7) Rußland

Die Wohnung in der Ziegelsteinstraße 178 gehörte zu einem Bauernhof. Die Landwirtsehefrau meldete den Tod des Kindes beim Standesamt.

StadtAN, C 41 o. Nr., Eintrag Nr. 240
StadtAN, C 27/II Nr. 2299/1232
StadtAN, C 21/XI Nr. 79

Aleksej Umanez, Bruder von Wlademir Umanjez ... 312

1) 13. 11. 1944 in Nürnberg, Mettingstraße 1, *Gemeinschaftslager Goldbach*
2) Mettingstraße 1, *Gemeinschaftslager Goldbach*
3) 14. 11. 1944 „in diesem Lager", „Lebensschwäche"
4) ein Tag
5) Marija Umanez, ledig, 1924, Landarbeiterin
7) Bezirk Poltawa, Ukraine
8) von Neumarkt i. d. Opf., Durchgangslager; seit 14. 12. 1942 in Nürnberg
2) Mettingstraße 1, *Gemeinschaftslager Goldbach*
9) Lumophon-Werke Karl Stark, Schloßstraße 62–64; Montagearbeiterin
StadtAN, C 41 o. Nr., Eintrag Nr. 255, C27/II Nr. 3063/2509
StadtAN, C 31/III Nr. 332-13703

Wlademir Umanjez ... 313

1) 22. 12. 1943 in Nürnberg
3) 23. 12. 1943 in der städtischen Säuglingsklinik,
Frühgeburt, „Lebensschwäche"
4) ein Tag
Informationen zur Mutter siehe Aleksej Umanez, Nr. 312.
In den Quellen wird der Nachname der Mutter Umanez und Umanjez geschrieben. Die Person ist dieselbe. Geburtsdatum, -ort und das Quartier in Nürnberg stimmen überein.
StadtAN, C 41 o. Nr., Eintrag Nr. 136, C 27/II Nr. 2834/1793
StadtAN, C 21/XI Nr. 80

Margareta Wilhelmine Maria Vr. ... 314

Zwilling
1) 10. 1. 1943 in Nürnberg, Klinikum
3) 12. 1. 1943 in der städtischen Säuglingsklinik,
Frühgeburt und „Lebensschwäche"
4) zwei Tage
Das Kind hatte einen Zwillingsbruder namens Petrus Hendricus Maria, der überlebte. Informationen zu ihm und zu den Eltern der Zwillinge siehe Petrus Hendricus Maria Vr., Nr. 228.
StadtAN, C 21/XI Nr. 82
StadtAN, C 27/II Nr. 2824/70

Iwan Wasilenko **315**

1) 4.4.1944 in Aichach (Oberbayern), Frauenzuchthaus
2) in Nürnberg, Kleinreuther Weg 27
3) 20.9.1944, Kleinreuther Weg 27, „tot aufgefunden im Heim"
4) fünfeinhalb Monate
5) Fewronja Wasilenko, geb. Martschenko, verwitwet, 23.6.1910, Landarbeiterin
7) Bezirk Kiew, Ukraine
8) von Aichach am 20.5.1944 mit dem Säugling nach Nürnberg überstellt
9) Lyra-Bleistiftfabrik Nürnberg, Großweidenmühlstraße 26/28; Hilfsarbeiterin

StadtAN, C 41 o. Nr., Eintrag Nr. 237
StadtAN, C 27/II Nr. 2299/1194
StadtAN, C 31/III Nr. 333-13797
Staatsarchiv München, Justizvollzugsanstalten Nr. 11520

Anna Wavk **316**

1) 4.7.1944 in Weißenburg i. Bay.
2) ab 14.7.1944 in Nürnberg, Neudörferstraße 8; Fürth i. Bay., Kronacher Straße, *Ostarbeiterlager*
3) 24.2.1945 in Fürth; Masern, Bronchitis und „Lungenentzündung"
4) siebeneinhalb Monate
5) Olga Wavk, 1912
2) Neudörferstraße 8; Fürth i. Bay., Kronacher Straße, *Ostarbeiterlager*
9) in Nürnberg: Zündapp-Werke, Haeberlein-Metzger

Olga Wavks erster Arbeitseinsatz war in den Zündapp-Werken in Nürnberg. Zehn Tage nach der Entbindung wurde sie vom Arbeitsamt mit dem Neugeborenen der Lebkuchenfabrik Haeberlein-Metzger in der Neudörferstraße 8 als Arbeitskraft zugewiesen. Von dort führte die Spur von Mutter und Kind nach Fürth in die Kronacher Straße ins *Ostarbeiterlager*. Die Mutter heiratete in Fürth und nahm den Namen Tschernochow an.

StadtAN, C 31/IV Nr. 57
Arolsen Archives, https://tinyurl.com/2r3hw4r4
Arolsen Archives, https://tinyurl.com/tsr2z7nu

Sergo Woltschanskaja **317**

1) 14. 5. 1944 in Nürnberg, Ludwig-Feuerbach-Straße 77, *Lager*
2) Ludwig-Feuerbach-Straße 77, *Lager*
3) 27. 5. 1944 „in diesem Lager", „Lebensschwäche"
4) dreizehn Tage
5) Wera Woltschanskaja, ledig, 1925, Schülerin
7) Bezirk Dnepropetrowsk, Ukraine
8) seit 12. 7. 1942 in Nürnberg
2) Ludwig-Feuerbach-Straße 77, *Lager*
9) Victoria-Werke, Ludwig-Feuerbach-Straße; angelernte Dreherin
StadtAN, C 41 o. Nr., Eintrag Nr. 211, C 27/II Nr. 2296/736, C 31/III Nr. 338-14083 u. C 21/XI Nr. 85

Walther Zabawa **318**

1) 16. 9. 1944 in Nürnberg, Klinikum
2) Baststraße 29, Nürnberg-Buch
3) 29. 9. 1944 „in dieser Wohnung", „Lebensschwäche"
4) dreizehn Tage
5) Helena Zabawa, ledig, 1924
7) Szerzyny, Polen
8) von Szerzyny, seit 24. 1. 1942 in Nürnberg
2) Höfleser Hauptstraße 80, ab 19. 3. 1942 Baststraße 29
9) Baststraße 29, landwirtschaftliche Magd
StadtAN, C 27/II Nr. 2024/45 u. C 21/XI Nr. 85

Lena Zachartschenko **319**

1) 15. 2. 1944 in Neumarkt i. d. Opf.
2) in Nürnberg, Fürther Straße 104, *Wohnung*
3) 22. 4. 1944 in dieser Wohnung, „Lungenentzündung"
4) zwei Monate
5) Eugenie Zachartschenko, verheiratet
6) Fedor Zachartschenko
7) Ukraine
Zum Vater:
Er lebte in Przemysl, Polen.

Die Gastwirtsehefrau P., wohnhaft in der Fürther Straße 104, meldete den Tod des Kindes beim Standesamt.
StadtAN, C 41 o. Nr., Eintrag Nr. 193
StadtAN, C 27/II Nr. 3054/981

Anton Zimová **320**

1) 31. 5. 1944 in Nürnberg, Klinikum
3) 31. 5. 1944 in Nürnberg, Klinikum, „Lebensschwäche“
4) zwanzig Minuten
5) Victorie Zimová, ledig, 1907
7) Obecnicka Pripram, Protektorat Böhmen und Mähren, Tschechoslowakei
9) Putzfrau
StadtAN, C 41 o. Nr., Eintrag Nr. 210
StadtAN, C 27/II Nr. 2839/663
StadtAN, C 21/XI Nr. 87

Josef Zurek **321**

1) 17. 1. 1943 in Nürnberg
2) Wallensteinstraße 146
3) 2. 2. 1943 in der städtischen Säuglingsklinik, Frühgeburt und „Lebensschwäche“
4) zwei Wochen
5) Maria Zurek, ledig, 1913
6) Josef Dabrowski
Zu Mutter und Vater:
7) Polen
Zur Mutter:
9) landwirtschaftliche Arbeiterin
StadtAN, C 27/II Nr. 2825/235 u. C 21/XI Nr. 87
Arolsen Archives, https://tinyurl.com/yck66h2d

Anhang

Unterkunftsadressen von *Fremdarbeiterkindern* in Nürnberg während des Zweiten Weltkrieges, ergänzt um die Nummer(n) der Biografie(n)

Äußere Rollnerstraße 27	B 240, B 262
Allersbergerstraße 190	B 214
Allfahrtstraße[1] 1	B 218
Ambergerstraße 25	B 105
Austraße 108	B 101, B 267, B 303
Barbiergasse 2	B 302
Baststraße 29, Nürnberg-Buch	B 318
Bauernfeindstraße 4	B 42
Bayernstraße 66	B 287
Bogenstraße 12	B 203
Brunecker Straße 110	B 126
Brückenstraße 31	B 120
Burgschmietstraße 10	B 256
Denisstraße 71	B 276
Dürrenhofstraße 2	B 7
Eberhardshofstraße 18	B 26, B 286
Frauentormauer 80	B 302
Fürther Straße 85a	B 54
Fürther Straße 104	B 319
Fürther Straße 272	B 276
Gibitzenhofstraße 30	B 11
Gudrunstraße 31	B 112
Hasstraße 23/ 25	B 56, B 62, B 64, B 94, B 96, B 136, B 166, B 183, B 243, B 244, B 269, B 275, B 278, B 282, B 304
Hinterer Kartäusergasse 33	B 112

1 Heute Kammersteiner Straße.

Hintere Marktstraße 40	B 280
Industriestraße 18	B 296
Karolinenstraße 43	B 110
Kirchenweg 48	B 125
Kleinreuther Weg 27	B 14, B 44, B 77, B 117, B 254, B 289, B 297, B 306, B 315
Klingenhofstraße 52	B 30
Klingenhofstraße 72	B 52, B 93, B 141, B 182, B 207, B 259, B 294
Kernstraße 6	B 159
Leyherstraße 46d	B 225
Ludwig-Feuerbach-Straße 53	B 249
Ludwig-Feuerbach-Straße 77	B 99, B 204, B 211, B 317
Ludwig-Feuerbach-Straße o. Nr.	B 175
Feuerbachstraße 94[2]	B 232
Maiachstraße 100	B 284
Mittelstraße 56	B 255
Mettingstraße 1–3	B 23, B 25, B 65, B 92, B 97, B 253, B 271, B 298, B 300, B 301, B 312
Mühlhofer Hauptstraße 10	B 290
Neudörferstraße 8	B 16, B 50, B 81, B 90, B 102, B 127, B 195, B 215, B 221, B 299, B 316
Ottostraße 13	B 222
Peterstraße 41	B 132
Pfälzerstraße 3	B 203
Platenstraße 19	B 283
Platenstraße 45	B 242
Prechtelsgasse o. Nr.	B 158
Redtenbacherstraße	B 247, B 268, B 279, B 288
Rückertstraße 9	B 5, B 48, B 67, B 69, B 140, B 152, B 168, B 174, B 181, B 185, B 196, B 210, B 233, B 234, B 235

2 Eine Feuerbachstraße gab es in Nürnberg nicht, siehe Lexikon der Nürnberger Straßennamen; möglicherweise war es eine Abkürzung für Ludwig-Feuerbach-Straße.

Sandstraße 34	B 245
Schnieglinger Straße 290	B 104
Schußleitenweg 59	B 38
Siegfriedstraße 35b	B 291
Sigmundstraße 40	B 239
Stieberstraße 15, Nürnberg-Mühlhof	B 266
Von-der-Tann-Straße 120	B 142
Triererstraße 160	B 8, B 9
Veilhofstraße 36	B 217
Veilhofstraße 91	B 55, B 83, B 229, B 231, B 263, B 272, B 274, B 281, B 302
Vestnertorgraben 9	B 137
Voltastraße 89	B 3
Wallensteinstraße 146	B 321
Witschelstraße o. Nr.	B 24, B 91, B 186, B 216, B 238
Ziegelsteinstraße 178	B 311
Ziegelsteinstraße o. Nr.	B 241

Orte, an denen *Fremdarbeiterkinder* in Nürnberg während des Zweiten Weltkrieges starben, ergänzt um die Nummer(n) der Biografie(n)

Ort	Biografie(n)
Äußere Rollnerstraße 27, Wohnung	B 240, B 262
Austraße 108, Lager	B 267
Baststraße 29, Nürnberg-Buch, Wohnung	B 318
Bayernstraße 66, Lager	B 287
Burgschmietstraße 10, Wohnung	B 256
Eberhardshofstraße 18, Wohnung	B 286
Flurstraße, städtisches Klinikum	B 257, B 258, B 264, B 270, B 293, B 307, B 320
Frauentormauer 80	B 302
Fürther Straße 104, Wohnung	B 319
Fürther Straße 272, Wohnung	B 276
Hallerwiese 24, Cnopf'sche Kinderspital	B 259, B 278, B 280, B 281
Hasstraße 23/25, *Gemeinschaftslager*	B 275, B 279
Industriestraße 18, *Eisenbahnwagen*	B 296
Kirchenweg 48, städtische Säuglingsklinik	B 243, B 248, B 249, B 250, B 251, B 260, B 261, B 269, B 273, B 274, B 277, B 282, B 283, B 285, B 291, B 298, B 301, B 304, B 305, B 308, B 309, B 310, B 313, B 314, B 321
Kleinreuther Weg 27, *Kinderheim*	B 254, B 289, B 297, B 306, B 315
Ludwig-Feuerbach-Straße 77, Lager	B 317

Maiachstraße 100, Lager	B 284
Mettingstraße 1–3, Lager	B 253, B 300, B 312
Mittelstraße 56	B 255
Mühlhofer Hauptstraße 10, Wohnung	B 290
Platenstraße 45, *Gemeinschaftslager*	B 242
Redtenbacherstraße[1], Lager	B 244, B 247, B 268, B 288
Sandstraße 34, Lager	B 245
Sigmundstraße 40, *Gemeinschaftslager*	B 239
Stieberstraße 15, Nürnberg-Mühlhof	B 266
Veilhofstraße 91, Lager	B 272
Witschelstraße, Lager der Deutschen Arbeitsfront	B 238
Ziegelsteinstraße, Lager der Baufirma Luda	B 241
Ziegelsteinstraße 178, Wohnung	B 311

1 Die Redtenbacherstraße/Hasstraße 23/25 begrenzte das Lager der Nürnberger Schraubenfabrik.

Lebenspuren Nürnberger *Fremdarbeiterkinder* in der Region, Ortsregister ergänzt um die Nummer(n) der Biografie(n)

Archive und Quellen

Arolsen Archives, Bad Arolsen, vormals International Tracing Service, Online-Archiv

Registrierungsdokumente

Geburtenlisten, Nürnberg, ausstellende Behörde: Standesamt Nürnberg, verfasst 1946

Aufenthaltslisten, Nürnberg, ausstellende Behörde: Der Stadtrat Nürnberg, städtische Säuglingsklinik, verfasst 1948

Aufenthaltsliste, Nürnberg, ausstellende Firma: Fa. Staedtler Mars-Bleistiftfabrik, Nürnberg, *Ostarbeiterinnen* und Kinder, verfasst 1947

Staatsarchiv München (StAM)

StAM Justizvollzugsanstalten Nr. 11520

Staatsarchiv Nürnberg (StAN)

StAN, KV-Anklage Interrogations

StAN, KV-Anklage Umdrucke deutsch, NO 1383

StAN, Landratsamt (LRA) Weißenburg, Abgabe 1996, Nr. 165

Stadtarchiv Neumarkt (StadtANM)

StadtANM Standesamt Durchgangslager, Geburten 1944

Stadtarchiv Nürnberg (StadtAN)

StadtAN, C 31/III Ausländerpolizeiakten

StadtAN, C 31/IV Ausländerpolizei / Firmenakten

StadtAN, C 21/XI Ausländermeldekarteien,

StadtAN, C 20/V Bauakten

StadtAN, C 41 o. Nr. Bestattungsamt

StadtAN, C 27/II Standesamt/Sterberegister

Stadtarchiv Weißenburg

Stadtarchiv Weißenburg i. Bay. Rep V 1007

Literatur (Auswahl)

Herbert, Ulrich, Geschichte der Ausländerbeschäftigung in Deutschland 1880 bis 1980, Berlin 1986.

Heusler, Andreas, Ausländereinsatz. Zwangsarbeit für die Münchner Kriegswirtschaft 1939–1945, München 1996.

Moissl, Norbert, Aspekte der Geburtshilfe in der Zeit des Nationalsozialismus 1933–1945 am Beispiel der I. Frauenklinik der Universität München, München 2005.

Ostyn, Barbara [Pseudonym für Barbara Jablonska], Die steinerne Rose. Erinnerungen einer polnischen Fremdarbeiterin in Deutschland 1942–1943. Hrsg. von Wolfgang Benz und Michael Diefenbacher, Berlin 2003.

Präger, Frank, Die erste Station für Zwangsarbeiter im nationalsozialistischen Deutschland. Das Durchgangslager bei Neumarkt in der Oberpfalz 1942–1945, in: Herbert May (Hrsg.), Zwangsarbeit im ländlichen Franken, Bad Windesheim 2008, S. 58–71.

Reiter, Raimond, Tötungsstätten für ausländische Kinder im Zweiten Weltkrieg. Zum Spannungsverhältnis von kriegswirtschaftlichem Arbeitseinsatz und nationalsozialistischer Rassenpolitik in Niedersachsen, Hannover 1993.

Schramm, Georg Wolfgang, Bomben auf Nürnberg: Luftangriffe 1940–1945, München 1988.

Schwarze, Gisela, Kinder, die nicht zählten. Ostarbeiterinnen und ihre Kinder im Zweiten Weltkrieg, Essen 1997.

Verbaan-Lisowska, Cornelia, Erinnerungen an Nürnberg 1942–1945, aufgezeichnet von Barbara Jablonska, in: Gerhard Jochem (Hrsg.), transit nürnberg # 3 – Menschen & Leben, Nürnberg 2009, S. 203–241.